उम्र से लम्बी सड़कों पर

गुलज़ार

उम्र से लम्बी सड़कों पर
गुलज़ार

विनोद खेतान

वाणी प्रकाशन

वाणी प्रकाशन
4695, 21-ए, दरियागंज, नयी दिल्ली 110 002

शाखा
अशोक राजपथ, पटना 800 004

फ़ोन: +91 11 23273167 फ़ैक्स: +91 11 23275710

www.vaniprakashan.in
vaniprakashan@gmail.com

UMRA SE LAMBI SADAKON PAR : GULZAR
by Binod Khaitan

ISBN : 978-93-5072-395-1
Poetry/Criticism

प्रथम संस्करण

आवरण एवं चित्र : अशोक भौमिक

मूल्य : ₹ 595

ओम ऑफ़सेट, दिल्ली-110093 में मुद्रित

वाणी प्रकाशन का लोगो मक़बूल फ़िदा हुसेन की कूची से

गीतों की बाँह थामे कविताओं के नाम !

अनुक्रम

15

शुरू में

गुलज़ार की अपनी फिल्मों के नाम में अमूमन एक ही लफ़्ज़ होता है– परिचय, आँधी, कोशिश, किनारा, किताब, लेकिन, इजाज़त, माचिस, मौसम वगैरह-वगैरह। इसलिए मुझे यह मौजूँ लगा कि उनके गानों के अलग-अलग समूह को भी इसी तरह एक लफ़्ज़ का एक-एक नाम दिया जाए। हर गाने में या तो कुछ ऐसा होता है, जो कौंधता है और यह कौंध आसमान के किसी एक कोने में कई-कई हों तो उनको एक नाम दिया जा सकता है– सितारों के समूह की तरह। या फिर उनके गानों के लफ़्ज़ों में, बिम्बों में कोई ऐसा मिज़ाज होता है, जिसे हम एक नाम दे सकते हैं। इस तरह धीरे-धीरे गानों का एक क्रम बनता गया और ख़यालों के नाम बनते गये– ख़्वाब, चाँद, दिल, रिश्ते, यादें, पल, आँखें, अदा, लिबास, सफ़र, थपकी। तीन नाम और उभरे–बेहद, जय हो, सरोकार और भी। यह आसान नहीं था, काफी जद्दोजहद हुई। इन समूहों के दायरे में गुलज़ार के गानों को समझने की कोशिश करता रहा और उनके लिखे पर लिखता रहा। बस यह किताब बन गयी।

इन गानों का जो क्रम है, वह मेरी व्यक्तिगत पसंद है। चाहें तो आप इसे बदल भी सकते हैं। वैसे भी गुलज़ार के गीतों को किन्हीं चौहद्दियों में बाँधना एक तरह की गुस्ताख़ी है– लमहों के शायर गुलज़ार को भला कोई बाँध कैसे सकता है– मुश्किलों के बीच भी जो कहता हो, ये लमहा फ़िलहाल जी लेने दे।

यों तो गुलज़ार की कविता के बारे में बहुत कुछ कहा जा चुका है और लिखा भी गया है। पर एक वक़्त आया, जब ऐसा लगा कि साहित्य की दुनिया में गुलज़ार काफी अर्से तक देखकर इसलिए अनदेखे किए गए, क्योंकि उनकी पहली पहचान फिल्मों से है– उनके गीतों से, उनकी पटकथाओं से, उनके संवादों से, उनके निर्देशन से। जब उन्हें साहित्य अकादमी पुरस्कार कहानी-संग्रह 'धुआँ' (हिन्दी में 'रावी पार') पर मिला तो लगा कि कहीं उनके कवि होने को एक बार फिर कमतर तो नहीं आँका गया। उनकी नज़्मों की कई किताबें समय-समय पर आईं। उनकी त्रिवेणियाँ बरबस ध्यान आकर्षित करती रहीं। ग़ज़लें उन्होंने उतनी नहीं लिखीं जितनी नज़्में, पर जो लिखीं वे बहुत खिलीं। पर सबसे ज्यादा वे जाने गए फिल्मों के लिए लिखे गीतों से। इन गीतों को श्रोताओं का एक विस्तृत संसार मिला और वे सारे ख़याल– जो वैसे भी

उनकी नज़्मों में कभी-न-कभी, किसी-न-किसी रूप में आते— फिल्मों की कहानी और पटकथा के दायरे में और किरदारों के मिज़ाज को समेटते हुए बख़ूबी कहे गये।

यह किताब गुलज़ार द्वारा फिल्मों के लिए लिखी गयी रचनाओं में कविता-तत्त्व की मौजूदगी को रेखांकित करने की कोशिश है।

गुलज़ार के गीतों को हम कभी ओक से पीते हैं, कभी चखते हैं, कभी उनका स्पर्श महसूस करते हैं और कभी उनका नशा तारी होता है। कभी उनमें गहरे डूबते हैं और कभी ख़यालों की भीनी-भीनी फुहार में भीगने के बाद देर तक गीले रहते हैं। दरअसल, गुलज़ार के गीत हवाओं में फैली अनगिन ख़ुशबुओं की तरह हैं। ऐसे में किन्हीं गानों को नाम देते वक़्त या तो वह नाम अधूरा रह जाता या एक ही गाने के किसी और मिसरे पर उसे कोई और नाम देने की ज़रूरत होती। ख़याल कभी इकहरे नहीं होते— धूप-छाँव की तरह मिज़ाज बदलते रहते हैं। इसलिए किन गानों को एक साथ रखा जाए, इसपर सबकी सहमति नहीं हो सकती। फिर भी नाम तो देना था। इस प्रक्रिया में जब कुछ गानों को एक साथ रखा तो उसमें से कोई उड़कर दूसरे गानों के बीच जा बैठता— और कभी वहाँ से कहीं और—

"शाख़ पर जब धूप आयी, हाथ छूने के लिए
छाँव छम् से नीचे कूदी हँसके बोली, आइए
यहाँ सुबह से खेला करती है शाम
हवाओं पे लिख दो हवाओं के नाम"।

बामुश्किल, बस एक क्रम बनाने के लिए गानों के ये समूह बनाकर उन्हें एक साथ रखा गया— हवाओं पर नाम लिखने की तरह। आप चाहें तो कुछ पल ठहरकर इन गीतों के आईने में ख़ुद को देख सकते हैं—

"चुलबुला यह पानी अपनी राह बहना भूलकर
लेटे लेटे आईना चमका रहा है फूल पर
ये भोले-से चेहरे हैं, मासूम नाम"।

या फिर इस सफ़र में सदियों तक चलते जा सकते हैं—

"मुसाफ़िर हूँ यारो, न घर न ठिकाना
मुझे चलते जाना है, बस, चलते जाना"।

नयी दिल्ली
अक्टूबर 2012

विनोद खेतान

जगते जादू फूँकेंगे रे
नींदें बंजर कर देंगे

19

बेहद

"रात भर सर्द हवा बहती रही...रात भर बुझते हुए रिश्ते को तापा हमने।" ये रात एक शायर की है, जो रूह से साँस लेता है और जिस्म का खोल उतारकर फेंक देता है। इस शायर की एक बेचारी नज़्म को रोज़मर्रा के सैकड़ों मसले घायल करते हैं और नज़्म का एक टुकड़ा किरचों की तरह दिन भर साँसों में ही सरकता रहता है। इस शायर का चाँद पुखराज का और रात पश्मीने की है।

जब ये शायर फिल्मों में किरदारों की ज़ुबान भी बोलता है तो नज़्मों और गीतों में वह सब कुछ कहता है, जो वह वैसे भी कहता। किरदार पीछे रह जाते हैं और शायरी बहुत आगे चली जाती है। दरअसल, फिल्मों में अक्सर जो सतही और चालू गाने 'सिचुएशन' के नाम पर बेचे जाते हैं, वे उन पैसों की तरह होते हैं जो *"मैल की तरह मिनटों में बह जाते हैं"*, जबकि गुलज़ार के ज़्यादातर गीत *"हाथ के छाप (अँगूठी) के नगीने की तरह हैं, जो पुश्तों में रह जाते हैं"*। प्यार के एहसास को कोई चालीस-पैंतालीस साल पहले 'ख़ामोशी' से यह कहनेवाले गुलज़ार कि *"हाथ से छू के इन्हें रिश्तों का इल्ज़ाम न दो"*, आज की तेज़-रफ़्तार ज़िन्दगी में प्यार के चरम आवेग को एक अनूठी ऊँचाई पर ले जाते हैं, *"देखना आसमाँ के सिरे खुल गए हैं ज़मीं से"*। कभी उन्होंने प्यार का मासूम इजहार किया, *"मुख़्तसर-सी बात है, तुमसे प्यार है"* और कभी वही बात बिलकुल अलग अंदाज़ में कही गयी, *"उम्रें लगीं कहते हुए, दो लफ़्ज़ थे, एक बात थी"*। कभी 'सन्नाटा' बोल पड़ता है, *"बस एक चुप-सी लगी है, नहीं, उदास नहीं"* और कभी अकेलेपन और उदासी की तवील रातें बोल पड़ती हैं, *"मैं एक सदी से बैठी हूँ, इस राह से कोई गुज़रा नहीं, कुछ चाँद के रथ तो गुज़रे थे, पर चाँद से कोई उतरा नहीं"*।

दरअसल गुलज़ार के बिम्बों में वे अक्स उभरते हैं, जो अमूर्त कला के सार्थक अभिप्रायों को व्यक्त करते हैं। अक्सर उनकी नज़्मों में एकदम नए अंदाज़ में कुछ कहानियाँ गुनगुनाने लगती हैं और कुछ गीत कहानियाँ सुनाने लगते हैं। कविता की कई दीवारें अर्थ के विस्तार में लुप्त हो जाती हैं और संज्ञाएँ

क्रिया बन जाती हैं और क्रियाएँ रूपाकार हो संज्ञा बन जाती हैं। यह उनका अपना विलक्षण अंदाज़ है– बात कहने का– जो एक साथ शैलेन्द्र की सादगी और साहिर की संजीदा शायरी का एहसास देता है। पुराने वक़्त की फिल्मों में चुप उदासी को *"आँख में क्यों नमी-सी रहती है, जाने कैसी कमी-सी रहती है"* और आज के वक़्त में छोटे कस्बों की उनींदी दुनिया के सामने मेट्रोपोलिटन की भागमभाग को *"बारिश कम-कम लगती है, नदियाँ मद्धम लगती हैं, हम समन्दर के अन्दर चले"* कहनेवाले गुलज़ार ही हो सकते हैं।

फिल्म जैसे माध्यम में उनके निहितार्थ कितने संश्लिष्ट हो सकते हैं इसके प्रमाण हमें उनके सैकड़ों गानों में मिलते हैं। *"तेरे बिना ज़िन्दगी से कोई शिकवा तो नहीं, तेरे बिना ज़िन्दगी भी लेकिन ज़िन्दगी तो नहीं"* में दूरी भी है और आत्मीयता भी। *"लागा रे जल लागा, बरसा रे जल बरसा"* और *"जल लागा रे, फल लागा"* में रेगिस्तान में पानी की बूँदों का महत्त्व और किसी स्त्री के गर्भवती होने के लज्जा-भरे आह्लाद का अद्‌भुत सम्प्रेषण है। रेगिस्तान में *"ऊँटनी पर जब चाँद चले और चाँद के पीछे रात चले और तारों की बारात चले"* तो लगता है शायर पेन्टर बनकर ख़ूबसूरत लैण्डस्केप बना रहा है और सबसे बड़े लड़ैया 'ओमकारा' में लगता है वह आल्हा-ऊदल के लोकगीतों की तरह क़िस्सागोई कर रहा है।

नई पीढ़ी के डांस फ्लोर पर जब 'कजरारे-कजरारे' से लोकप्रियता की सारी हदें टूट रही होती हैं, तब वहीं धीरे से शायर अपनी बातें बीच-बीच में कहता रहता है और तीखी और शोख़ अदाओं के नशीले सुरूर का एहसास कराता है, *"तेरी बातों में किमाम की ख़ुशबू है, तेरा आना भी गर्मियों की लू है"*। यानी वक़्त के साथ कहने का अंदाज़, शब्दों का चयन और बिम्बों का रूप कई बार बदलता है, पर शायरी हर जगह अपनी अद्‌भुत छटा बिखेरती रहती है। कभी *"धन्नो की आँखों में रात का सुरमा"* होता है और कभी *"आँखों के आले में रात भर बतियाँ जलती हैं"* और कभी तड़पकर आशिक़ कहता है *"बन्द कर ले ओ बन्द कर याराँ, डाका डालती आँखें"*। और यह वही शायर है जिसने आँखों की महकती ख़ुशबू को फिल्मों के शोर भरे माहौल में धीमे-धीमे फैलाया।

गुलज़ार की एक ख़ासियत है कि बड़ी उत्तेजक, मादक और ऐन्द्रिक

स्थितियों में भी वे ऐसे शब्द, ऐसे उपादान और ऐसे प्रतीक लाते हैं जो सब कुछ कह जाते हैं फिर भी न भदेस होते हैं और न स्थूल। *''जा पड़ोसी के चूल्हे से आग लई ले''* में उन्मुक्त और अमर्यादित नायिका के लिए जो उन्होंने जिगर से बीड़ी जलाई और टपोरियों के अन्तर्द्वंद्व के लिए जब उन्होंने *''गोली मार भेजे में, भेजा शोर करता है''* की नई भाषा रची, तो शायद उनके प्रशंसकों को भी अटपटा लगा। पर ज़ाहिर है ये किरदार ग़ालिब के मिसरे कैसे बोलते कि "दिले नादाँ तुझे हुआ क्या है''।

फिल्मों में एक तात्कालिकता होती है, संगीत के अनुकूल प्रभाव की एक ज़रूरत होती है और कहानी के बीच गीतों की एक प्रासंगिकता होती है। इसमें कविता के खोने की आशंका भी होती है और इस कविता को न सिर्फ बचाए रखना, बल्कि चाक्षुष माध्यम में लफ़्ज़ों के मानी और ज़्यादा प्रभावी बनाना गुलज़ार की ख़ासियत रही है। *''जब भी ये दिल उदास होता है, जाने कौन आस-पास होता है''* में जो गूँजती उदासी है, उसके बरअक्स *''छोड़ आए हम वो गलियाँ''* में टीस के बावजूद वीराने में गाते साथियों का जो याराना है, वह इन गीतों को फिल्मों के सन्दर्भों से भी बहुत आगे ले जाता है। ये गीत हमारे ख़यालों की एक धरोहर हैं, जिन्हें हम कभी भी गुनगुना सकते हैं और जिनसे हम सीधा तादात्म्य स्थापित कर सकते हैं।

गुलज़ार के गीतों से गुज़रते वक़्त कई मुश्किलें भी होती हैं– कभी ख़याल की मुश्किल, कभी लफ़्ज़ों की और कभी प्रतीकों की। कभी ये मुश्किल किरदार को एक ज़ुबान देने की भी होती है और कभी फिल्म के प्रसंग के नये और ज़्यादा सार्थक आयाम तलाशने की। कभी एक जुमले में ज़िन्दगी का सार सामने होता है, *"कत्थे की चुटकी, चूने की बोरी"* और कभी एक पंक्ति में कविता की बड़ी लम्बी दूरियाँ तय होती हैं, जैसे उन्होंने कजरारे-कजरारे के बीच *''बल्लीमारान से दरीबे तलक''* में समूची पुरानी दिल्ली का सफ़र तय करा दिया।

कुछ ऐसी मुश्किलें भी होती हैं, जिनका शायद ही कोई हल होता हो। शायर ऐसी मुश्किलों को अपने ख़ास अन्दाज़ में एक ज़ुबान देकर उसे कुछ तो आसान कर सकता है। मुश्किल को समझना उसे हल करने की पहली कोशिश

है और इस प्रक्रिया में अपने आप से जूझने की जो जद्दोजहद है, उसे नज़्मों का लिबास पहनाना गुलज़ार की ख़ासियत है। फिल्मों के चलने या हिट होने के फॉर्मूले होते होंगे, पर फिल्म बनने की प्रक्रिया में गीतों का लिखा जाना अपने आप में लगभग स्वायत्त प्रक्रिया है। कई ऐसी फिल्में हैं जो उतनी नहीं चलीं और इस वजह से उन गीतों का जादू सर चढ़कर नहीं बोल पाया। पर एक अर्से बाद कुछ गीत फिल्मों से आज़ाद हो अपनी कहानी ख़ुद कह रहे होते हैं। उन गीतों को सुनना एक अनुभव होता है और अक्सर गुलज़ार के प्रयोग हमें चौंकाते हैं—कई बार लगभग अप्रत्याशित और बिलकुल ताज़ा बिम्ब उभरकर आते हैं। और ऐसी स्थितियाँ एक-आध नहीं—अनगिन हैं। और फिर स्थितियाँ भी कैसी-कैसी!

सिगरेट का धुआँ, नशे की लत, ना बुझनेवाली तलब और जानबूझ कर साँसों के फिसलते जाने की विडंबना—यह सब एक साथ बयान होता है, जब एक जुनून की तरह नशे की तलब में पागलपन का धुआँ चारों ओर फैलता है...

"फूँक-फूँक-फूँक दे रे, फूँक दे
हयात फूँक दे, हवास फूँक दे
साँसों से सिला हुआ लिबास फूँक दे"

और

"सर चढ़ी है ख़ुमारी और ज़मीन डोलती है
बेज़ुबान दास्ताँ, रात भर बोलती है
लब पे जल रही है जो बात फूँक दे
होठों से रात की ये राख फूँक दे"

और फिर यह यथार्थ...

"जब नशा टूटता है, कितने टुकड़े गिरे हैं
होश चुनने लगे हम, हम भी क्या सरफिरे हैं"।

ज़िन्दगी साँसों का खेल है—इसे लिबास बनाना और फिर उसे उधेड़ना—लफ़्ज़ों की ऐसी कारीगरी चकित करती है। इसी फिल्म 'नो स्मोकिंग' की 'ऐश-ट्रे' में जीवन जब रीतता है, साँसें जब ख़त्म हो रही होती हैं तो ज़िन्दा लमहे भी या तो *"बुझे हुए दिनों"* में या *"अधजली रातों"* में व्यर्थता का एहसास कराते हैं। इसे हम संयोग भी मान सकते हैं कि गुलज़ार ने अपनी एक बहुत प्यारी नज़्म

में शायर की रचना-प्रक्रिया की जद्दोजहद में भी "ऐश-ट्रे" के इसी प्रतीक को बिलकुल अलग अर्थ में ढाला है। ग़ैरफिल्मी होते हुए भी यह नज़्म यहाँ प्रासंगिक है—

"जगह नहीं है और डायरी में
ये ऐश-ट्रे पूरी भर गयी है
भरी हुई है जले बुझे अधकहे ख़यालों की राख-ओ-बू से
ख़याल पूरी तरह से जो कि जले नहीं थे
मसल दिया या दबा दिया था, बुझे नहीं वो
कुछ उनके टुर्रे पड़े हुए हैं
बस एक-दो कश ही ले के कुछ मिसरे रह गए थे"।

ज़िन्दगी को जीने के जितने अन्दाज़ हो सकते हैं—ख़ुद के भी और दूसरों के भी— उन्हें शायरी की ज़द में समेटना गुलज़ार के गीतों की ख़ूबी है। तभी तो इसी तरह एक ख़याल का कश लेते हुए कुछ ऐसा ही एक बार और लिखा गया— संदर्भ अलग, मानी अलग...

"इतना लम्बा कश लो यारो, दम निकल जाए
ज़िन्दगी सुलगाओ यारो, ग़म निकल जाए...
...दिल फूँकों और इतना फूँको, दर्द निकल जाए"

फिल्मी गीतों को आधुनिक कविता की भाषा देना और उसे गेय बनाये रखना और कविता-तत्त्व को भी बचाए रखना— इसका प्रमाण गुलज़ार ने कई बार दिया है। *"सारा दिन ख़ाली रिक्शे सा घूमना"* और *"ख़ाली बोर दुपहरों से"* महानगर के समंदर में आना उनकी कविता के आधुनिक मिज़ाज हैं, जो हमें नयी सदी में देखने को मिले।

कहते हैं सारे मनोभावों को नौ रसों में समेटा जा सकता है और सारे संगीत को सात सुरों में। शृंगार, हास्य, करुण और शांत तो अक्सर शामिल होते हैं रचनाओं में। पर क्या सारे रसों को फिल्मी गीतों में साधा जा सकता है—ख़ासकर वीर, बीभत्स, रौद्र, भयानक और अद्भुत को। हमारी लोक-परम्परा को फिल्मी गीतों में अक्सर पिरोया गया है—कभी सलीक़े से, कभी यों ही। पर आल्हा-ऊदल की बहादुरी, निर्भयता और साहस के क़िस्से जिसने बुंदेलखंड में

नहीं सुने, उसके लिए कल्पना करना मुश्किल है कि शब्दों में ऐसा क्या होता है कि सुनकर ज़िन्दा लोगों की मांसपेशियाँ तो युद्ध की मुद्रा में आ जाएँ, मुर्दे में भी जान आ जाए। जब 'ओमकारा' का हुंकारा होता है तो ऐसा ही लगता है। *"धम-धम धड़म धड़ैया रे"* में आँखें तेज ततैया हैं, जीभ साँप का फुनकारा है, तलवार का झंकारा *"बिजुरी-सा कौंधे"* है और बलशाली और भय पैदा करने वाली ऐसी शख़्सियत की नाराज़गी की भंगिमा *"माथे पर तिरसूल के जैसे तीन-तीन बल"* में उभरती है। छोटे-से उकसावे पर ये ताल ठोककर निकल चलें तो कहना पड़ता है, *"कान पे जूँ रेंगे तो भैया, रान बजा चल पड़ते हैं"।* पराक्रम, दुस्साहस और फिर बीभत्स—युद्ध, हिंसा और बेलगाम द्वंद्व—हो तो फिर छतों पर गिद्ध होते हैं और परनालों से ख़ून बहता है। फिर तो *"गली-गली में भय बैठा है"* और अश्वमेध की तरह चुनौती है *"चौक पे गूँजा हुंकारा"।*

सत्रहवीं सदी के कवि भूषण ने छत्रपति शिवाजी की शौर्य-गाथा ऐसे ही ओज-भरे पदों में लिखी और बीसवीं सदी के महाकवि दिनकर द्वारा पुरूरवा के पौरुष और पराक्रम का वर्णन भी कुछ ऐसा ही है :

"यह शिला-सा वक्ष, ये चट्टान-सी मेरी भुजाएँ
सूर्य के आलोक से दीपित, समुन्नत भाल
मेरे प्राणों का सागर अगम, उत्ताल उच्छल है
सामने टिकते नहीं वनराज, पर्वत डोलते हैं
काँपता है कुंडली मारे समय का व्याल
मेरी बाँहों में मारूत, गरुड़, गजराज का बल है
मर्त्य मानव की विजय का तूर्य हूँ मैं
उर्वशी, अपने समय का सूर्य हूँ मैं।"

पर सबसे बड़े लड़ैया 'ओमकारा' में सिर्फ वीरता के किस्से नहीं हैं, बल्कि इन गीतों में दुस्साहसी षडयंत्रकारियों के स्याह और सफेद से अलग आज के सारे धूसर रंग मिलते हैं। *''माथे पर 'तिरशूल' के जैसे तीन-तीन बल''* की तरह शायद पहली बार इस सघनता के साथ हिंदी फिल्मों के गीतों में आधुनिकता के तेवर दीखते हैं। ये प्रयोग चकित भी करते हैं और एक तरह की बेचैनी भी होती है इनसे। *"धम-धम धड़म धड़ैया रे"* हमें झिंझोड़ता है, हमारी पूरी संवेदना

को एकबारगी अपनी मुट्ठी में जकड़कर यथार्थ की ज़मीन पर यकायक सचाई से रू-ब-रू कराता है। हम अपने शीशे के घरौंदे से निकलकर कस्बाई खुरदरेपन को अपने चारों ओर महसूस करने लगते हैं और कुछ सहम से जाते हैं।

इस बेचैनी को शायर ने लिखते समय जिस शिद्दत के साथ महसूस किया होगा, उसका असर 'ओमकारा' के कई गानों में बख़ूबी दीखता है। जिगर की आग में बीड़ी और अँगीठी जलाने की दावत और जिस्म की आग के जुनून में बेवफ़ाई की हद को छूना—ऐसा फ़ितूर सिर्फ एक तरह के खिलंदड़े अंदाज़ में ही बयान हो सकता है। ऐसा लगता है कि कविता को 'नचनिया' ज़ुबान देना एक दुधारी तलवार पर चलना है और जब फिल्म के चरित्र का संप्रेषण विद्रूप हो तो कविता के आभिजात्य को न सिर्फ उतार कर फेंकना पड़ता है, बल्कि शब्दों की रूमानियत को दराँती और चाकू की धार से लहूलुहान करना होता है। प्यार के एहसास की कोमलता और मासूमियत को कई तरह से बयान करने वाले गुलज़ार ओमकारा में लफ़्ज़ों के नये संसार की रचना करते हैं। कितने रौद्र, कितने विद्रूप का सामना होता है जब दराँती, कटार, ततैया, साँप, ख़ून के परनाले, जिगर मा (में) आग, ज़ालिम, गिद्ध, दहशत के प्रतिरूप बड़भैया— ये सारे शब्द रान बजा (ताल ठोक कर) एक साथ हमारे सामने खड़े होते हैं। इनके बरअक्स अलग संदर्भ में इसी फिल्म में रूमानियत और कोमलता का एहसास भी कम नहीं— *"जग जा री गुड़िया, मिश्री की पुड़िया"* या *"हल्का सा कोसा, सुबह का बोसा"* या फिर *"पीड़ जिया में ऐसी बैठी, ना पिघले ना जाये रे"* या *"ओ साथी रे"* का *"थका-थका सूरज"*— ये सारे बिम्ब अनोखे हैं।

पर ओमकारा में सर्वश्रेष्ठ है, *"नैणा ठग लेंगे"*। इस सूफ़ियाना गीत की एक-एक पंक्ति अद्भुत है और इसको सुनकर ऐसा मानना फिर से पुख़्ता होता है कि नैनों की भाषा की तरह गुलज़ार के गीत *"जगते जादू फूँकेंगे और नींदें बंजर कर देंगे"*। इतनी टीस, इतनी आह और इतना दर्द एक साथ; इतने रंग, इतने रूप और इतने भाव एक साथ बहुत कम मिलते हैं। जिसने भी आँखों की भाषा पढ़ने की कोशिश की होगी वह जानता है कि *"नैणों की ज़ुबान पर भरोसा नहीं आता, लिखत पढ़त ना रसीद ना खाता—सारी बात हवाई रे सारी बात हवाई"*। इस गीत में गुलज़ार हमें कबीर की ऊँचाइयों तक ले जाते हैं और

हम साँस थामे, ठगे-से, चकित हो बस खो जाते हैं। मन बावरा हो उठता है और मंत्रमुग्ध हो नैनों के सतरंगी बादल उमड़-घुमड़ कर बरस पड़ते हैं।

कबीर, तुलसी, जायसी, सूरदास, रहीम और ग़ालिब आज भी ज़िन्दा हैं– हम सब को कभी-न-कभी, कहीं-न-कहीं बनाया है इन सबने। दरअसल रूहानी ख़यालों की अनहद जिस किसी शायर को सुनाई देती है, वह उसे अपनी हदों में उतारता है। अक्सर ये हदें टूटती हैं– कविता सिर्फ जाने-पहचाने रास्तों पर नहीं चलती। न जाने कितने रास्ते हैं, कितनी पगडंडियाँ हैं जिनपर होकर कविता हम तक पहुँचती है। कभी-कभी तो बिलकुल ताज़ा और आदिम ख़याल होते हैं जिन्हें सुनकर लगता है कि जब कोई बना बनाया रास्ता न हो तो भी चलते जाना होता है। ऐसे में जंगल की कई नई खुशबुएँ साथ आ जाती हैं। गुलज़ार ने अक्सर हदों को तोड़ा है और इस प्रक्रिया में उन्हें कभी ग़ालिब, कभी जायसी, कभी कबीर की संगत मिल जाती है।

"मेरा पल-पल अंग-अंग भर दिया
तूने जाँ पर जुनूँ-सा कर दिया" के साथ वे कह उठते हैं–
"मेरा है क्या, जो मैं हार दूँ
जाँ तेरी है तुझ पे वार दूँ।"

प्यार के पर जब परवाज़ लेते हैं तो अपनी सीमाओं से बाहर आध्यात्मिकता के लोक में उड़ने लगते हैं–भक्तिकाल के कवियों ने इस ऊँचाई को साधा है– और मंत्र की तरह यह ख़याल "तेरा तुझको सौंपता का लागे है मोर" बार-बार दुहराया जाता है– गुलज़ार भी इसमें शामिल हैं।

ज़िन्दगी जीने के रास्तों में अक्सर उनके गीत छोटे-छोटे मंत्र कानों में फूँकते हैं। एक तरफ एक घरौंदे की तलाश में *"उम्र से लम्बी सड़कों"* पर चलते हुए उम्र गुज़र जाती है और दूसरी तरफ 'किनारा' के *"नाम गुम जाएगा"* में अदम्य जिजीविषा है...

"दिन ढले जहाँ
रात पास हो
ज़िन्दगी की लौ ऊँची कर चलो"

और 'पहेली' में कठपुतलियाँ जब प्रीत की लोक-कथा सुना रही होती हैं तो श्रुति

की महत्ता रेखांकित होती है...

''देह की रेती उड़ जाएगी, प्रीत सदा रह जाएगी
अरे समय गुज़र जावेगा बाबू, लोक-कथा रह जाएगी''।

यहाँ यह भी ग़ौर करें कि जब लोक राजस्थान का है तो देह की मिट्टी नहीं, रेतीउड़ती है। ऐसे ही संदर्भों की सार्वभौमिकता गुलज़ार के गीतों में अक्सर दीखती है। जब 'रावण' में शायर सावधान कर रहा होता है

''राँझा राँझा मत कर हीरे, जग बदनामी होवे
पत्ती पत्ती झर जावे, पर ख़ुशबू कम ना होवे''

तो अपने ख़याल की ख़ुशबू से जायसी मुस्करा रहे होते हैं...

''जस तन तस यह धरती, जस मन तस आकास
परमहंस तेहि मानस, जैसि फूल महँ बास
कहँ सुरूप पद्मावती रानी, कोई न रहा जग रही कहानी
धनि सोई जस कीरती जासू, फूल मरै पर मरै न बासू''।

और *''जल जा जल जा इश्क़ में जल जा, जले सो कुन्दन होए, जलती राख लगा ले माथे, लगे तो चन्दन होए''* में इश्क़ की इस ऊँचाई पर कबीर बोलते सुनाई पड़ते हैं...

''कबीरा यह घर प्रेम का, खाला का घर नाहीं
सीस उतारे भुईं धरै, सो पैठे घर माँहि''।

और ग़ालिब तो ख़ैर गुलज़ार के अपने हैं ही

''जी ढूँढ़ता है फिर वही फ़ुर्सत के रात दिन
बैठे रहें तसव्वुर-ए-जानाँ किए हुए''।

पर ग़ालिब ने जब लिखा...

''मुझसे मत कह, तू हमें कहता था अपनी ज़िन्दगी
ज़िन्दगी से भी मेरा जी इन दिनों बेज़ार है''

तो उन्हें क्या पता था कि उनकी सोहबत में ये ख़याल उनके बरअक्स खिलेगा—

''मुझे जाँ न कहो मेरी जाँ, मेरी जाँ, मेरी जाँ...
जाँ न कहो अनजान मुझे
जान कहाँ रहती है सदा

अनजाने क्या जानें
जान के जाए कौन भला
मेरी जाँ...
मुझे जाँ न कहो मेरी जाँ"।

हर रचनाकार ने कभी-न-कभी यह महसूस किया होगा कि रचने की प्रक्रिया में ऐसे मुक़ाम आते हैं, जब रचनाकार पीछे छूट जाता है और रचना आगे निकल जाती है—वक़्त की हदों को धूमिल करती हुई—कालजयी। कुछ रचनाओं में तो ऐसा भी होता है कि तारीख़ के पन्नों पर लिखने वाले का नाम धुँधला पड़ जाता है और उसकी पहचान वह रचना बन जाती है। संभवतः ऐसा कविताओं में ज़्यादा संभव होता है।

मैंने गुलज़ार के लिखे गीतों में ऐसी अद्भुत रचनाओं को एक साथ रखने की कोशिश की तो दो अलग रास्ते निकल पड़े—एक रास्ते पर वे गाने थे, जो अपने ख़यालों में, अपनी भाव-भूमि में, अपने बिम्बों में, अपने शिल्प में और अपने प्रभाव में किसी हद में समेटे नहीं जा सके—ऐसे 'बे-हद' को कभी भी सुनें, कितनी बार भी सुनें, हर बार हम चकित होते हैं। और दूसरे रास्ते पर वे गाने सुनाई पड़े— जो अद्भुत तो हैं ही— जिनकी लोकप्रियता ने उम्र, पीढ़ी और बौद्धिकता के भेद को मिटा सबको झूमने पर मज़बूर किया। फिर बरबस पूरी दुनिया कोरस में कह उठी—जय हो!

मेरा कुछ सामान

इजाज़त

मेरा कुछ सामान
तुम्हारे पास पड़ा है

मेरा कुछ सामान तुम्हारे पास पड़ा है
हो...सावन के कुछ भीगे-भीगे दिन रखे हैं
ओ...और मेरे एक ख़त में लिपटी रात पड़ी है
वो रात बुझा दो...
मेरा वो सामान लौटा दो...
मेरा कुछ सामान...

पतझड़ हैं कुछ! *है ना...हूँ!*
ओ...पतझड़ में कुछ पत्तों के
गिरने की आहट
कानों में एक बार पहन के लौट आयी थी
पतझड़ की वो शाख़ अभी तक काँप रही है
वो शाख़ गिरा दो...
मेरा वो सामान लौटा दो...

एक अकेली छतरी में जब...
आधे-आधे भीग रहे थे...
आधे सूखे, आधे गीले
सूखा तो मैं ले आयी थी
गीला मन शायद बिस्तर के पास पड़ा हो
वो भिजवा दो
मेरा वो सामान लौटा दो

30

एक सौ सोलह चाँद की रातें...
एक तुम्हारे काँधे का तिल...
गीली मेंहदी की खुशबू
झूठ-मूठ के शिकवे कुछ
झूठ-मूठ के वादे भी सब
याद करा दूँ
सब भिजवा दो...
मेरा वो सामान लौटा दो...

एक इजाज़त दे दो बस
जब इसको दफ़नाऊँगी
मैं भी वहीं सो जाऊँगी
मैं भी वहीं सो जाऊँगी!

आशा भोंसले / **आर. डी. बर्मन** / 1986

तुझसे नाराज़ नहीं ज़िन्दगी

मासूम

तुझसे नाराज़ नहीं ज़िन्दगी
हैरान हूँ मैं
तेरे मासूम सवालों से
परेशान हूँ मैं
तुझसे नाराज़ नहीं ज़िन्दगी हैरान हूँ मैं...

जीने के लिए सोचा ही नहीं
दर्द सँभालने होंगे
मुस्कराए तो मुस्कराने के
क़र्ज़ उतारने होंगे
मुस्कराऊँ कभी तो लगता है
जैसे होठों पे क़र्ज़ रखा है
तुझसे नाराज़ नहीं ज़िन्दगी हैरान हूँ मैं...

ज़िन्दगी तेरे ग़म ने हमें
रिश्ते नए समझाए
मिले जो हमें धूप में मिले
छाँव के ठंढे साये
तुझसे नाराज़ नहीं ज़िन्दगी हैरान हूँ मैं...

आज अगर भर आई हैं
बूँदें बरस जाएँगी
कल क्या पता इनके लिए

32

आँखें तरस जाएँगी
जाने कब गुम हुआ, कहाँ खोया
एक आँसू छुपा के रखा था
तुझसे नाराज़ नहीं ज़िन्दगी हैरान हूँ मैं...

अनूप घोषाल / लता मंगेशकर / **आर. डी. बर्मन** / 1983

तेरे बिना ज़िन्दगी से कोई शिकवा तो नहीं

आँधी

तेरे बिना ज़िन्दगी से कोई शिकवा तो नहीं
शिकवा नहीं, शिकवा नहीं, शिकवा नहीं
तेरे बिना ज़िन्दगी भी लेकिन ज़िन्दगी तो नहीं
ज़िन्दगी नहीं, ज़िन्दगी नहीं, ज़िन्दगी नहीं

काश ऐसा हो तेरे क़दमों से
चुनके मंज़िल चलें
और कहीं, दूर कहीं...
तुम गर साथ हो
मंज़िलों की कमी तो नहीं
तेरे बिना ज़िन्दगी से कोई शिकवा तो नहीं
शिकवा नहीं, शिकवा नहीं, शिकवा नहीं

जी में आता है तेरे दामन में
सर छुपाके हम
रोते रहें, रोते रहें...
तेरी भी आँखों में आँसुओं की नमी तो नहीं
तेरे बिना ज़िन्दगी से कोई शिकवा तो नहीं
शिकवा नहीं, शिकवा नहीं, शिकवा नहीं
तेरे बिना ज़िन्दगी भी लेकिन ज़िन्दगी तो नहीं
ज़िन्दगी नहीं, ज़िन्दगी नहीं, ज़िन्दगी नहीं

तुम जो कह दो तो आज की रात
चाँद डूबेगा नहीं

34

रात को रोक लो...
रात की बात है और ज़िन्दगी बाक़ी तो नहीं
तेरे बिना ज़िन्दगी से कोई शिकवा तो नहीं
शिकवा नहीं, शिकवा नहीं, शिकवा नहीं
तेरे बिना ज़िन्दगी भी लेकिन ज़िन्दगी नहीं
ज़िन्दगी नहीं, ज़िन्दगी नहीं, ज़िन्दगी नहीं
तेरे बिना ज़िन्दगी से शिकवा तो नहीं

किशोर कुमार - लता मंगेशकर / **आर. डी. बर्मन** / 1975

नाम गुम जाएगा

किनारा

नाम गुम जाएगा, चेहरा यह बदल जाएगा
मेरी आवाज़ ही पहचान है, गर याद रहे

वक़्त के सितम कम हसीं नहीं
आज हैं यहाँ कल कहीं नहीं
वक़्त से परे अगर मिल गये कहीं
मेरी आवाज़ ही पहचान है, गर याद रहे

जो गुज़र गयी, कल की बात थी
उम्र तो नहीं, एक रात थी
रात का सिरा, फिर मिले कहीं
मेरी आवाज़ ही पहचान है, गर याद रहे

दिन ढले जहाँ, रात पास हो
ज़िन्दगी की लौ, ऊँची कर चलो
याद आये गर कभी, जी उदास हो
मेरी आवाज़ ही पहचान है, गर याद रहे

नाम गुम जाएगा, चेहरा यह बदल जाएगा
मेरी आवाज़ ही पहचान है, गर याद रहे

लता मंगेशकर - भूपिन्दर / **आर. डी. बर्मन** / 1977

36

जिया जले जाँ जले

दिल से

जिया जले जाँ जले

जिया जले जाँ जले
नैनों तले धुआँ चले धुआँ चले

जिया जले जाँ जले, नैनों तले धुआँ चले, धुआँ चले
रात-भर धुआँ चले
जानूँ न, जानूँ न, जानूँ ना सखी री
जिया जले जाँ जले...

देखते हैं तन मेरा, मन में चुभती है नज़र...
होंठ सिल जाते उनके नर्म होंठों से मगर
गिनती रहती हूँ मैं अपनी करवटों के सिलसिले
क्या करूँ कैसे कहूँ
रात कब कैसे ढले
जिया जले जाँ जले, नैनों तले धुआँ चले, धुआँ चले
रात भर धुआँ चले
जानूँ न, जानूँ न, जानूँ ना सखी री
जिया जले जाँ जले

अंग-अंग में जलती हैं, दर्द की चिंगारियाँ
मसले फूलों की महक में, तितलियों की क्यारियाँ
रात-भर बेचारी मेहँदी पिसती हैं पैरों तले

क्या करूँ कैसे कहूँ
रात कब कैसे ढले
जिया जले जाँ जले
नैनों तले धुआँ चले धुआँ चले...
जानूँ न, जानूँ न, जानूँ ना सखी री
जिया जले जाँ जले...

जिया जले जाँ जले
जिया जले!

लता मंगेशकर / **ए. आर. रहमान** / 1998

38

ना, जिया लागे ना

आनन्द

ना, जिया लागे ना
तेरे बिना मेरा कहीं
जिया लागे ना
ना, जिया लागे ना...

जीना भूले थे कहाँ
याद नहीं
तुझको पाया है जहाँ
साँस फिर आयी वहीं...
ज़िन्दगी
ज़िन्दगी तेरे सिवा हाय भाये ना
ना, जिया लागे ना...

ना, जिया लागे ना...
पिया तेरी बावरी से
रहा जाये ना
ना, जिया लागे ना...

तुम अगर जाओ कभी, जाओ कहीं
वक़्त से कहना ज़रा वो ठहर जाए वहीं...
वो घड़ी
वो घड़ी वहीं रहे, ना जाए ना
ना, जिया लागे ना
तेरे बिना मेरा कहीं
जिया लागे ना
ना, जिया लागे ना

लता मंगेशकर / **सलिल चौधरी** / 1970

गोली मार भेजे में

सत्या

गोली मार भेजे में...
भेजा शोर करता है...
भेजे की सुनेगा तो मरेगा कल्लू...
तू करेगा, दूसरा भरेगा कल्लू
मामा... कल्लू मामा...

गोली मार भेजे में...

सोच-वोच छोड़ भेजा काहे को खरोंचना
मामा...कल्लू मामा
अपना काम माल हाथ आए तो दबोचना
मामा... कल्लू मामा...

अटका-अटका, जो भी फटका
झटका दे
लटका-लटका, डाल मटका, सटका दे
येड़े... वो मरेगा जो डरेगा कल्लू
भेजे की सुनेगा तो मरेगा कल्लू
मामा... कल्लू मामा...

दिन में खोली, रात 'तीन बत्ती' पे गुज़ार दी...
थोड़ी चढ़ गई तो तीन पत्ती ने उतार दी...
खोपड़ी की झोपड़ी में
फटका दे

40

आड़ फाड़ मार झाड़ कटका दे, कटका दे
जोकरों की नौकरी करेगा कल्लू
भेजे की सुनेगा तो मरेगा कल्लू
मामा... कल्लू मामा...
गोली मार भेजे में
भेजा शोर करता है
भेजे की सुनेगा तो मरेगा कल्लू
तू करेगा, दूसरा भरेगा कल्लू...

मामा... कल्लू मामा...
मामा...

मानो / **विशाल भारद्वाज** / 1998

फिर रात कटी और दिन निकला

पहेली

फिर रात कटी और दिन निकला
जब दिन निकला तो रात चढ़ी
फिर प्रीत की ऐसी डींग बढ़ी
रब राखा बेलियाँ

ऊँटनी पर जब चाँद चले
और चाँद के पीछे रात चले
और तारों की बारात चले
रब राखा बेलियाँ

हर रात कहानी चलती है
कभी हवा सुनाती है बातें
कभी बात ज़ुबानी चलती है
फिर रात कटी...

देह की रेती उड़ जाएगी
प्रीत सदा रह जाएगी
अरे समय गुजर जावेगा बाबू
लोक-कथा रह जावेगी
बात पुरानी हो जावेगी
नाम सदा रह जावेगा

अरे मारुथल में बालू जब तक
तब तक उनका नाम रहेगा
फिर रात कटी...

अरे बहुत बरस जब गुजर गए
और लाख चाँद जब उतर गए
पीपल पर एक पड़ाव हुआ
और फिर जन्मे का चाव हुआ
तब से हर एक कहानी में
वो आते हैं और जाते हैं

अरे मारुथल में बालू जब तक
तब तक उनका नाम रहेगा
फिर रात कटी...

सुखविन्दर सिंह - सुनिधि चौहान / **एम. एम. क्रीम** / 2005

क्या करे ज़िन्दगी

कमीने

क्या करे ज़िन्दगी
इसको हम जो मिले
इसकी जाँ खा गये
रात दिन के गिले
रात दिन गिले

मेरी आरज़ू कमीनी
मेरे ख़्वाब भी कमीने
इक दिल से दोस्ती थी
ये हुज़ूर भी कमीने
क्या करे ज़िन्दगी

कभी ज़िन्दगी से माँगा
पिंजरे में चाँद ला दो
कभी लालटेन दे के
कहा आसमाँ पे टाँगो

जीने के सब करीने
थे हमेशा से कमीने

मेरी दास्ताँ कमीनी
मेरे रास्ते कमीने
इक दिल से दोस्ती थी
ये हुज़ूर भी कमीने

44

जिसका भी चेहरा छीला
अन्दर से और निकला
मासूम सा कबूतर
नाचा तो मोर निकला
कभी हम कमीने निकले
कभी दूसरे कमीने
कमीने...कमीने...कमीने...कमीने

मेरी दोस्ती कमीनी
मेरे यार भी कमीने
इक दिल से दोस्ती थी
ये हुज़ूर भी कमीने

विशाल भारद्वाज / **विशाल भारद्वाज** / 2009

लबों से चूम लो आँखों से थाम लो मुझको

आस्था

जिसे तुम भटकना कहती हो न मानसी
उसे मैं और जानने की तलाश कहता हूँ
एक दूसरे को जानने की तलाश
मैं इस ज़मीं पे भटकता हूँ कितनी सदियों से
गिरा है वक़्त से कट के जो लमहा उसकी तरह
वतन मिला तो गली के लिए भटकता रहा
गली में घर का निशाँ ढूँढ़ता रहा बरसों
तुम्हारी रूह में अब जिस्म में भटकता हूँ
तुम्ही से जन्मूँ तो शायद मुझे पनाह मिले!

लबों से चूम लो आँखों से थाम लो मुझको
तुम्ही से जन्मूँ तो शायद मुझे पनाह मिले...
लबों से...

दो सौंधे-सौंधे से जिस्म जिस वक़्त
एक मुट्ठी में सो रहे थे
बता तो उस वक़्त मैं कहाँ था?
बता तो उस वक़्त तू कहाँ थी?

मैं आरज़ू की तपिश में पिघल रही थी कहीं...
तुम्हारे जिस्म से होकर निकल रही थी कहीं
बड़े हसीन थे
बड़े हसीन थे जो राह में गुनाह मिले...
तुम्ही से जन्मूँ तो शायद मुझे पनाह मिले...
लबों से...

46

तुम्हारी लौ को पकड़ के जलने की आरज़ू में
जब अपने ही आप से लिपट के सुलग रहा था
बता तो उस वक़्त मैं कहाँ था?
बता तो उस वक़्त तू कहाँ थी?

तुम्हारी आँखों के...ओ
तुम्हारी आँखों के साहिल से दूर-दूर कहीं...
मैं ढूँढ़ती थी, मिले ख़ुशबुओं का नूर कहीं
वहीं रुकी हूँ
वहीं रुकी हूँ जहाँ से तुम्हारी राह मिले...
तुम्ही से जन्मूँ तो शायद मुझे पनाह मिले...
लबों से...

श्रीराधा बनर्जी / *गुलज़ार की आवाज़* / *ओम पुरी की आवाज़* / **शारंग देव** / 1996

मुझे जाँ न कहो मेरी जाँ

अनुभव

मेरी जाँ
मुझे जाँ न कहो, मेरी जाँ, मेरी जाँ, मेरी जाँ
मुझे जाँ न कहो, मेरी जाँ, मेरी जाँ, मेरी जाँ!

जाँ न कहो अनजान मुझे
जान कहाँ रहती है सदा...
अनजाने क्या जानें
जान के जाए कौन भला
मेरी जाँ
मुझे जाँ ना कहो, मेरी जाँ, मेरी जाँ, मेरी जाँ

सूखे सावन बरस गये
कितनी बार इन आँखों से...
दो बूँदें ना बरसें
इन भीगी पलकों से
मेरी जाँ
मुझे जाँ न कहो मेरी जाँ, मेरी जाँ, मेरी जाँ

होंठ झुके जब होंठों पर
साँस उलझी हो साँसों में...
दो जुड़वाँ होठों की
बात कहो आँखों से
मेरी जाँ
मुझे जाँ ना कहो, मेरी जाँ, मेरी जाँ, मेरी जाँ
मुझे जाँ न कहो, मेरी जाँ, मेरी जाँ, मेरी जाँ!

गीता दत्त / **कनु रॉय** / 1971

48

सीली हवा छू गयी

<u>लिबास</u>

सीली हवा छू गयी
सीला बदन छिल गया...
नीली नदी के परे
गीला-सा चाँद खिल गया
सीली हवा छू गयी...

तुम से मिली जो ज़िंदगी
हमने अभी बोई नहीं...
तेरे सिवा कोई न था
तेरे सिवा कोई नहीं
सीली हवा छू गयी...

जाने कहाँ कैसे शहर
ले के चला ये दिल मुझे...
तेरे बग़ैर दिन ना जला
तेरे बग़ैर शब ना बुझे
सीली हवा छू गयी...

जितने भी तय करते गए
बढ़ते गए ये फ़ासले
मीलों-से दिन छोड़ आए
सालों-सी रात ले के चले
सीली हवा छू गयी...

लता मंगेशकर / **आर. डी. बर्मन** / 1993

कोई होता जिसको अपना

मेरे अपने

कोई होता जिसको अपना, हम अपना कह लेते यारो
पास नहीं तो दूर ही होता, लेकिन कोई मेरा अपना

आँखों में नींद न होती
आँसू ही तैरते रहते
ख़्वाबों में जागते हम रात-भर

कोई तो ग़म अपनाता, कोई तो साथी होता
कोई होता जिसको अपना, हम अपना कह लेते यारो...

भूला हुआ कोई वादा
बीती हुईं कुछ यादें
तनहाई दोहराती हैं रात-भर

कोई दिलासा होता, कोई तो अपना होता
कोई होता जिसको अपना, हम अपना कह लेते यारो
पास नहीं तो दूर ही होता, लेकिन कोई मेरा अपना

किशोर कुमार / **सलिल चौधरी** / 1971

बस एक चुप-सी लगी है

सन्नाटा

बस एक चुप-सी लगी है, नहीं उदास नहीं
कहीं पे साँस रुकी है, नहीं उदास नहीं
बस एक...

कोई अनोखी नहीं ऐसी ज़िंदगी लेकिन ख़ूब न हो...
मिली जो, ख़ूब मिली है, नहीं उदास नहीं
बस एक...

सहर भी, ये रात भी, दोपहर भी मिली लेकिन...
हमीं ने, शाम चुनी, हमीं ने शाम चुनी है, नहीं उदास नहीं
बस एक...

वो दास्ताँ जो हमने कही भी, हमीं ने लिखी...
आज वो, ख़ुद से सुनी है, नहीं उदास नहीं

बस एक चुप-सी लगी है!

हेमन्त कुमार / लता मंगेशकर / **हेमन्त कुमार** / 1966

यारा सीली-सीली

लेकिन

यारा सीली-सीली
बिरहा की आग में जलना
यारा सीली-सीली, ढोला सीली-सीली
यारा सीली-सीली...

ये भी कोई जीना है...
ये भी कोई मरना
यारा सीली-सीली...

टूटी हुई चूड़ियों से
जोड़ूँ ये कलाई मैं
पिछली गली में जाने
क्या छोड़ आयी मैं

बीती हुई गलियों से...
फिर से गुज़रना
यारा सीली-सीली...

पैरों में ना साया कोई
सर पे ना साईं रे
मेरे साथ जाए ना
मेरी परछाईं रे...

बाहर उजाड़ा है
अंदर वीराना
यारा सीली-सीली...

लता मंगेशकर / **पं. हृदयनाथ मंगेशकर** / 1990

इस मोड़ से जाते हैं

आँधी

इस मोड़ से जाते हैं
कुछ सुस्त-क़दम रस्ते
कुछ तेज़-क़दम राहें

पत्थर की हवेली को
शीशे के घरौंदों में
तिनकों के नशेमन तक
इस मोड़ से जाते हैं...

आँधी की तरह उड़कर
इक राह गुज़रती है
शरमाती हुई कोई
क़दमों से उतरती है
इन रेशमी राहों में
इक राह तो वो होगी
तुम तक जो पहुँचती है
इस मोड़ से जाते हैं...

इक दूर से आती है
पास आ के पलटती है
इक राह अकेली-सी
रुकती है न चलती है
यह सोच के बैठी हूँ

इक राह तो वो होगी
तुम तक जो पहुँचती है

इस मोड़ से जाते हैं
कुछ सुस्त-क़दम रस्ते
कुछ तेज़-क़दम राहें

इस मोड़ से जाते हैं

किशोर कुमार - लता मंगेशकर / **आर. डी. बर्मन** / 1975

54

फूँक दे...

नो स्मोकिंग

फूँक फूँक फूँक दे रे, फूँक दे रे...
फूँक दे...
पीले-पीले-से जंगल में बहता धुआँ
पीले-पीले-से...

घूँट-घूँट जल रहा हूँ पी रहा हूँ पत्तियाँ
आँखें हैं धुआँ-धुआँ, नम हैं सारी बत्तियाँ...

आस-पास कुछ नहीं, जी उदास है ज़रा
दर्द सब्ज़ हैं अभी, मुझको रास है ज़रा
तो फूँक दे...फूँक दे रे
फूँक दे रे

फूँक फूँक फूँक दे रे, फूँक दे रे...
हयात फूँक दे, हवास फूँक दे
कि साँस से सिला हुआ लिबास फूँक दे
फूँक फूँक फूँक दे रे...

सर चढ़ी है ख़ुमारी और ज़मीन डोलती है
बेज़ुबान दास्ताँ ये रात भर बोलती है
लब पे जल रही है वो बात फूँक दे
फूँकों से रात की ये राख फूँक दे...
फूँक दे ये रात
फूँक दे ये राख
फूँक-फूँक-फूँक दे वो बात

फूँक दे
फूँक फूँक फूँक दे रे...

जब नशा टूटता है, कितने टुकड़े गिरे हैं
होश चुनने लगे हम, हम भी क्या सरफिरे हैं
लब पे जल रही है वो बात फूँक दे...
फूँकों से रात की ये राख फूँक दे
फूँक दे ये रात
फूँक दे फूँक दे ये राख
फूँक दे वो बात
फूँक दे रे
फूँक फूँक फूँक दे रे...
हयात फूँक दे हवास फूँक दे
कि साँस से सिला हुआ लिबास फूँक दे
फूँक दे...

सुखविन्दर सिंह / रेखा भारद्वाज / **विशाल भारद्वाज** / 2007

56

ऐश-ट्रे

नो स्मोकिंग

बहुत से आधे बुझे हुए दिन पड़े हैं इसमें
बहुत सी आधी जली हुई रातें गिर पड़ी हैं
ये ऐश-ट्रे भरती जा रही है...

कि सुर्ख़ टुकड़े हैं कुछ तलब के
सुलग रहे हैं, सुलग रहे हैं
ये ऐश-ट्रे भरती जा रही है

धुआँ लिपटता है धुआँ
धुआँ, धुआँ, धुआँ, धुआँ...
धुआँ लिपटता है बाज़ीगर की तरह हवा से
वो बल पे बल खा के उठ रहा है
उठ रहा है, उठ रहा है
तमाम करतब दिखा रहा है
दिखा रहा है, दिखा रहा है
ये ऐश-ट्रे भरती जा रही है

बहुत से आधे बुझे हुए दिन पड़े है इसमें
बहुत सी आधी जली हुई रातें गिर पड़ी हैं
ना हाथ डालो
ना हाथ डालो
कि वक़्त से छीले हुए लमहों की राख गर्म है
उँगलियाँ जलेंगी...
ये ऐश-ट्रे पूरी भर गयी है!

देव सेनगुप्ता / **विशाल भारद्वाज** / 2007

इतना लम्बा कश लो यारो

हू-तू-तू

इतना लम्बा कश लो यारो
दम निकल जाए
ज़िंदगी सुलगाओ यारो
ग़म निकल जाए
यारो...यारो...

इतना लम्बा कश लो यारो...

दिल में कुछ जलता है
शायद धुआँ-धुआँ सा लगता है
आँख मे कुछ चुभता है
शायद सपना कोई सुलगता है...
दिल फूँकों और इतना फूँकों दर्द पिघल जाए
ज़िंदगी सुलगाओ यारो ग़म निकल जाए
यारो...यारो...

तेरे साथ गुज़ारी रातें गर्म-गर्म सी लगती हैं
सब रातें रेशम की नहीं पर नर्म-नर्म सी लगती हैं
रात ज़रा करवट बदले तो बल निकल जाए
ज़िंदगी सुलगाओ यारो ग़म निकल जाए
यारो...यारो...

इतना लम्बा कश लो यारो दम निकल जाए
ज़िंदगी सुलगाओ यारो ग़म निकल जाए
यारो...यारो...

लता मंगेशकर - हरिहरन / **विशाल भारद्वाज** / 1999

58

छई छप छई, छपाक छई

<u>हू-तू-तू</u>

छई छप छई, छपाक छई
पानियों पे छींटे उड़ाती हुई लड़की...
देखी है हमने
आती हुई लहरों पे जाती हुई लड़की
हे छई छप छई, छपाक छई
कभी-कभी बातें तेरी अच्छी लगती हैं...
फिर से कहना, आती हुई लहरों पे जाती हुई लड़की

ढूँढ़ा करेंगे तुम्हें साहिलों पे हम
रेत पे ये पैरों की मोहरें न छोड़ना...नहीं
सारा दिन लेटे-लेटे सोचेगा समन्दर
आते-जाते लोगों से पूछेगा समन्दर
साहेब रुकिए ज़रा
अरे देखी किसी ने, आती हुई लहरों पे जाती हुई लड़की

छई छप छई, छपाक छई
कभी-कभी बातें तेरी अच्छी लगती हैं
छई छप छई, छपाक छई

डोल डोलतय वारयावार बाय माझे
डोल डोलतय वारयावर
पुनवेचा चाँद बांदराला आलाय
डोल डोलतय वारयावर बाय माझे

मराठी से अनुवादः
हिलते डुलते हवा के ऊपर
मेरी दुलारी पूर्णिमा का चाँद
साहिल पर आया है

लिखते रहे हैं तुम्हें रोज़ ही मगर
ख़्वाहिशों के ख़त कभी भेजे ही नहीं...नहीं
ऐनक लगा के कभी पढ़ना वो चिट्ठियाँ
आँखों के पानी में रखना वो चिट्ठियाँ
तैरती नज़र आएँगी...जनाब
ग़ोते खाती, आती हुई लहरों पे जाती हुई लड़की

छई छप छई, छपाक छई
पानियों पे छींटे उड़ाती हुई लड़की...
देखी है हमने
आती हुई लहरों पे जाती हुई लड़की...
हे छई छप छई, छपाक छई
कभी-कभी बातें तेरी अच्छी लगती हैं
हे छई छप छई छपाक छई
आती हुई लहरों पे जाती हुई लड़की...

हरिहरन - लता मंगेशकर / **विशाल भारद्वाज** / 1999

छोटे-छोटे शहरों से

बंटी और बबली

छोटे-छोटे शहरों से
ख़ाली बोर दुपहरों से
हम तो झोला उठा के चले
बारिश कम-कम लगती है
नदियाँ मद्धम लगती हैं
हम समन्दर के अन्दर चले

छोटे-छोटे शहरों से...

ओ हो हो हम चले, हम चले ओए रामचन्द्र रे...
धड़क धड़क धड़क धड़क धुआँ उड़ाए रे
धड़क धड़क धड़क धड़क सीटी बजाए रे
धड़क धड़क धड़क धड़क धुआँ उड़ाए रे
धड़क धड़क धड़क धड़क मुझे बुलाए रे

ओ हो जरा रस्ता तो दो
थोड़ा सा बादल चखना है
बड़ा बड़ा कोयले से
नाम फ़लक पे लिखना है

चाँद से होकर सड़क जाती है
उसी पे आगे जाके अपना मकाँ होगा...

ओ हो हो हम चले...

छोटे-छोटे शहरों से...
ओ हो हो हम चले...

आ पार चलें सर पे लिए
अम्बर की ठंढी फुलकारियाँ
हम ही ज़मीं हम आसमाँ
खसमा नू खाए बाकी जहाँ
चाँद का टीका मत्थे लगाके
रात दिन तारों में जीना भी ना इज़ी नहीं...

ओ हो हो हम चले...

धड़क धड़क धड़क धड़क...
धुआँ उड़ाए धुआँ उड़ाए
सीटी बजाए रे
सीटी बजाए सीटी बजाए
धुआँ उड़ाए रे
मुझे बुलाए रे
मुझे बुलाए रे!

सुनिधि चौहान - उदित नारायण / **शंकर-एहसान-लॉय** / 2005

राँझा-राँझा

रावण

राँझा-राँझा करदी वे मैं आपे राँझा होई
राँझा-राँझा सड्डो नी मैंनूँ हीर ना आँको कोई...

राँझा-राँझा ना कर हीरे जग बदनामी होये
पत्ती-पत्ती झर जावे पर ख़ुशबू चुप ना होये

बेगुनाह पकड़ा गया...यारो
इश्क़ में जकड़ा गया...यारो
आँख के दोष में दिल
वेवजह पकड़ा गया...यारो
आँख से हटती नहीं, अरे हटती नहीं, अरे हटती नहीं
सोते सोते बोलता हूँ
कभी बोलते बोलते सोता हूँ
क्या जाने क्या होता है
कभी जलती आग टटोलता हूँ
एक बार तो आ के देखे वो भी
राँझा-राँझा...

जल जा, जल जा, इश्क़ में जल जा
जले सो कुन्दन होये
जलती राख लगा ले माथे
लगे तो चन्दन होये
राँझा-राँझा...

वक़्त कटता भी नहीं वक़्त रुकता भी नहीं
दिल है सज्दे में मगर इश्क़ झुकता भी नहीं

बिन तेरे रातें, अरे रातें क्यूँ लम्बी लगती हैं
कभी तेरा गुस्सा, तेरी बातें क्यूँ अच्छी लगती हैं
ये जलते कोयले, अरे कोयले अब रखना मुश्किल है
राँझा-राँझा...

जल जा जल जा इश्क़ में जल जा जले सो कुन्दन होये
जलती राख लगा ले माथे लगे तो चन्दन होये

चल, चल जुनूँ चलते रहें, तू कहीं ठहर नहीं
दिल अगर आ भी गया, वो तेरा शहर नहीं
बिना तेरे साँसें, अरे साँसें कहीं ख़त्म ना हो जाएँ
सभी तेरी यादें, सभी यादें कहीं भस्म ना हो जाएँ
सुलगते कोयले, अरे कोयले अब बुझना मुश्किल है
हो...राँझा-राँझा करदी वे मैं
राँझा-राँझा...

राँझा-राँझा ना कर हीरे, जग बदनामी होये
पत्ती-पत्ती झर जावे पर ख़ुशबू चुप न होये
राँझा-राँझा...

रेखा भारद्वाज - जावेद अली / **ए. आर. रहमान** / 2010

ओमकारा

ओमकारा

धम-धम धड़म धड़ैया रे
सबसे बड़े लड़ैया रे
ओमकारा, हे ओमकारा
हे ओमकारा रे, ओमकारा
ओमकारा...

आँखें तेज ततैया दो, तो जीभ साँप का फुंकारा
ओमकारा, हे ओमकारा
अरे बिजुरी सा कौंधे सर पे, जिसकी तलवार का झंकारा
ओमकारा, हे ओमकारा
ओमकारा रे...

माथे पर तिरसूल के जैसे, तीन-तीन बल पड़ते हैं
अरे कान पे जूँ रेंगे तो भैया, रान बजा चल पड़ते हैं
गली-गली में, अरे गली-गली में
गली-गली में भय बैठा है, चौक पे गूँजा हुंकारा
ओमकारा
अरे धम्म-धम्म, धम धम धड़म धड़ैया रे
सबसे बड़े लड़ैया रे
ओमकारा, हे ओमकारा, हे ओमकारा रे
झनन झनन झनन झनन झंकारा
बड़ भैया भैया बड़ भैया ओमकारा

छत पर आकर गिद्ध बैठें और परनालों से खून बहे
कौन गिरा है कौन कटा है

किसमा दम है कौन कहे
अरे छक्के छूट गए दुश्मन के...
धरती माँगे छुटकारा...
ओमकारा, हे ओमकारा, ओमकारा रे ओमकारा

अरे धम-धम धड़म लड़ैया रे, सबसे बड़े लड़ैया रे
ओमकारा, हे ओमकारा
हे आँखें तेज ततैया दो, तो जीभ साँप का फुंकारा
ओमकारा, हे ओमकारा
अरे बिजुरी सा कौंधे सर पे, जिसकी तलवार का झंकारा
ओमकारा...
छक्के छूट गए दुश्मन के, धरती माँगे छुटकारा
ओमकारा...
झनन झनन झनन झंकारा
बड़ भैया भैया बड़ भैया
ओमकारा
ओमकारा रे, ओमकारा!

सुखविन्दर सिंह / **विशाल भारद्वाज** / 2006

नैणाँ ठग लेंगे

ओमकारा

नैणों की मत माणियो रे
नैणों की मत सुणियो...
नैणों की मत सुणियो रे
नैणाँ ठग लेंगे
नैणाँ ठग लेंगे, ठग लेंगे, नैणाँ ठग लेंगे...

जगते जादू फूँकेंगे रे जगते-जगते जादू
जगते जादू फूँकेंगे रे
नींदें बंजर कर देंगे
नैणाँ ठग लेंगे...
नैणों की मत मानियो रे

भला-मन्दा देखे ना पराया ना सगा रे
नैणों को तो डसने का चस्का लगा रे...
नैणों का ज़हर नशीला रे नैणों का ज़हर नशीला...
बादलों में सतरंगियाँ बोवें भोर तलक बरसावें
बादलों में सतरंगियाँ बोवें
नैणाँ बावरा कर देंगे
नैनाँ ठग लेंगे...

नैणाँ रात को चलते-चलते
स्वर्गां में ले जावें
मेघ-मल्हार के सपने बीजें
हरियाली दिखलावें
नैणों की ज़ुबान पे भरोसा नहीं आता

लिखत पढ़त ना रसीद ना खाता...
सारी बात हवाई रे...
बिण बादल बरसावें सावण सावण बिण बरसाताँ
बिण बादल बरसावें सावण
नैणाँ वावरा कर देंगे...
नैणाँ ठग लेंगे...

नैणों की मत माणियो रे नैणों की मत सुनियो...

नैणों की मत सुनियो रे, नैणाँ ठग लेंगे
जगते जादू फूँकेंगे रे जगते जगते जादू
जगते जादू फूँकेंगे रे नींदे बंजर कर देंगे
नैणाँ ठग लेंगे......

राहत फ़तेह अली ख़ान / **विशाल भारद्वाज** / 2006

मोरा गोरा अंग लई ले

बंदिनी

मोरा गोरा अंग लई ले
मोहे श्याम रंग दई दे
छुप जाऊँगी रात ही में
मोहे पी का संग दई दे

इक लाज रोके पइयाँ
इक मोह खींचे बइयाँ
जाऊँ किधर, न जानूँ
हमका कोई बताई दे
मोरा गोरा अंग...

बदरी हटा के चंदा
चुपके से झाँके चंदा
तोहे राहू लागे बैरी
मुसकाए जी जलाई के
मोरा गोरा अंग...

कुछ खो दिया है पाई के
कुछ पा लिया गँवाई के
कहाँ ले चला है मनवा
मोहे बावरी बनाई के
मोरा गोरा अंग लई ले...

लता मंगेशकर / सचिनदेव बर्मन / 1963

जिनके सर हो इश्क़ की छाँव
पाँव के नीचे जन्नत होगी

जय हो

पूरी दुनिया के साथ 'जय हो' के इस कोरस में शामिल हो मुझे इन 'बेहद' रचनाओं को पढ़ते हुए ऐसा लगता है कि गुलज़ार के कई गीतों का मिज़ाज आधुनिक कविता के बहुत क़रीब है। अक्सर इन दोनों की हदें एक-दूसरे का अतिक्रमण करती दीखती हैं।

किसी ख़याल को गुनते हुए, बुनते हुए, गद्य की नागरी सीमाओं को लाँघ कविता के बियाबान में जाना और छोटी-छोटी पंगडंडियों पर चलते हुए दूर तक पहुँचना आसान नहीं। इस यात्रा में कविता को हर तरह के मौसम से गुज़रना होता है और कवि को कविता की हर मुश्किल को आसान करने की कोशिश करनी होती है— कभी उद्यम से, कभी अनुभव से और कभी तरकीब से। ऐसा लगता है कि सबसे ज़्यादा मुश्किल तब आती है जब कविता समय-सापेक्ष भी होना चाहती है और कवि अपना ख़ालिस मिज़ाज भी कायम रखना चाहता है। इन मुश्किलों के बीच गुलज़ार ने किसी ज़माने के वर्जित लफ़्ज़ों को अपने गीतों में इस सहजता से ढाला है, मानो और कोई प्रयोग इससे बेहतर नहीं होता।

'कमीने' एक गाली है, पर गाली भी तो एक भाव है, बल्कि भावातिरेक है— तहजीब को पाँव से ठोकर मारने जैसा। इसे अपने साथ लाना कविता का दुस्साहस कहा जा सकता है। आधुनिक हिन्दी कविता में धूमिल की कविताओं में ऐसे अनेक पड़ाव मिलते हैं, "जब सड़कों में होता हूँ, बहसों में होता हूँ, रह रह चहकता हूँ, लेकिन हर बार वापस घर लौट कर, कमरे के अपने एकान्त में, जूते से निकाले गये पाँव-सा महकता हूँ"। किसी दूसरे धरातल पर निजी क्षणों में कुछ ऐसा ही लगता है, जब 'गृहप्रवेश' में गुलज़ार कहते हैं—

"इच्छाओं के भीगे चाबुक
चुपके-चुपके सहता हूँ
दूजे के घर यूँ लगता है
मोज़े पहने रहता हूँ।"

72

हिन्दी ग़ज़ल के सबसे प्रभावी हस्ताक्षर दुष्यन्त कुमार ने कभी लिखा था, "सिर्फ शायर देखता है क़हक़हों की असलियत, हर किसी के पास तो ऐसी नज़र होगी नहीं।" शायर की ऐसी बेबाक नज़र अचानक 'कमीने' में थोड़े मासूम अंदाज़ में मुखर हो उठती है...

"जिसका भी चेहरा छीला अन्दर से और निकला
मासूम सा कबूतर नाचा तो मोर निकला
कभी हम कमीने निकले, कभी दूसरे कमीने"

यानी इस एहसास की शिद्दत दूसरों से ज़्यादा ख़ुद पर सवाल करती है...

"क्या करे ज़िन्दगी
इसको हम जो मिले
इसकी जाँ खा गए
रात दिन के गिले"

और फिर इस ख़याल को एक अद्भुत ऊँचाई मिलती है...

"कभी ज़िन्दगी से माँगा पिंजरे में चाँद ला दो
कभी लालटेन दे के कहा आसमाँ पे टाँगो
जीने के सब करीने थे हमेशा से कमीने"।

फिल्मी गीतों की चौहद्दियाँ लगभग तयशुदा होती हैं, इनमें दो से चार अन्तरों तक सीमित छोटा-सा आँगन होता है, धुन की बंदिश होती है और शब्दों को सरगम का हाथ थामे रखना होता है। इन गीतों की दीवारों में खिड़कियाँ खोलना एक चुनौती है और इन खिड़कियों से अपने आकाश को फैलाना और फिर लफ़्ज़ों के, विशेषणों के, कारकों के, भावों के तारों को टाँगना या टाँकना आसान नहीं। इस आकाश में कविता तब खिलती है जब उसके अन्दाज़ में आकर्षण हो, शिल्प में सहजता हो और कथ्य में यह भी संभावना बनी रहे कि जो अनकहा है उसका आभास आस-पास ही हो। जब मन उम्मीद से लबरेज हो तो

"इन भूल-भुलैया गलियों में अपना भी कोई एक घर होगा
अंबर पे खुलेगी खिड़की और खिड़की पे खुला अंबर होगा"

और जब सब कुछ रीत गया हो तो

"दुपहरें ऐसे लगती हैं, बिना मोहरों के ख़ाली ख़ाने रखे हैं

न कोई खेलने वाला है बाज़ी, और न कोई चाल चलता है
न दिन होता है अब न रात होती है, सभी कुछ रुक गया है
वो क्या मौसम का झोंका था
जो इस दीवार पर लटकी हुई तस्वीर तिरछी कर गया है"।

दरअसल, गुलज़ार के फिल्मी गीत कविता के आकाश का एक अनन्य और ख़ूबसूरत कोना बनाते हैं। भाषा का लालित्य, उसका खिलंदड़ापन, लाक्षणिक प्रयोगों से उपजी स्मित स्थितियाँ और ध्वनियों की गूँज की लुका-छिपी– इन सबकी उपस्थिति गुलज़ार के गीतों की जटिलता को ग्राह्य बनाती है। कविता के इस रास्ते पर चलते हुए अक्सर ऐसे प्रयोग दीखते हैं, जिन्हें पलटकर बार-बार देखने को जी करता है...

वीरानों से बसता है वीराना (अक्स);

कब ये पूरी होगी, दूर ये दूरी होगी (साथियाँ);

पैसे का बुख़ार है चढ़े तो भला है, जो उतरे बुरा है, बुरा है (गुरु);

टूटी हुई चूड़ियों से जोड़ूँ मैं कलाई रे
पिछली गली में जाने क्या छोड़ आई रे (लेकिन);

बी.ए. किया है, एम.ए. किया, लगता है वह भी ऐंवे किया (मेरे अपने);

इक दिन सपने में देखा सपना, एक दिन छोटी-सी देखी सपनी (गोलमाल);

दोनों तरफ से बजती है ये, अहा ज़िन्दगी क्या ढोलक है (इश्क़िया);

धुआँ लिपटता है बाज़ीगर की तरह हवा से
वो बल पे बल खा के उठ रहा है
तमाम करतब दिखा रहा है (नो स्मोकिंग);

कभी-कभी सपना लगता है, कभी ये सब अपना लगता है
तुम समझा दो, मन को क्या समझाऊँ (रत्नदीप);

रात ये क़रार की बेक़रार है, तुम्हारा इंतज़ार है (ख़ामोशी);

मानो या ना मानो तुम
सोते सोते ख़्वाबों में भी ख़्वाब दिखाती है,

मानो या ना मानो तुम
परी है वो परियों की कहानियाँ सुनाती है,
ख़ुदाया ख़ैर (बिल्लू)। वगैरह-वगैरह...

ये वीरानों का बसना, ये दूरी का दूर होना, ये बुख़ार के चढ़ने का भला होना, ये टूटी चूड़ियों से कलाई जोड़ना, ये ढोलक की तरह ज़िन्दगी को दोनों तरफ से बजाना, ये ऐंवें बी.ए.-एम.ए. करना, ये बड़े सपनों के कलरव के बीच छोटी-सी 'सपनी' का चहकना, ये बाज़ीगर की तरह धुएँ का बल पे बल खाना, ये मन को समझाने के पहले समझना, ये क़रार की रात की बेक़रारी, ये ख्वाबों में ख़्वाब देखना और परी का परियों की कहानी कहना– इन्हें क्या कहा जाए– कविता पर कविता लिखना! और फिर कविता की इस अदा पर कोई क्या करे...

"बहुत ख़ूबसूरत है हर बात लेकिन
अगर दिल भी होता तो क्या बात होती
लिखी जाती फिर दास्तान-ए-मुहब्बत
इक अफ़साने जैसी मुलाक़ात होती"।

यक़ीन मानिए, ऐसे में बस गुलज़ार की क़लम को जबीं से लगाने को दिल करता है!

जय हो!

स्लमडॉग मिलेनियर

आज-आजा, ज़िंदे शामियाने के तले
आजा ज़री वाले नीले आसमान के तले
जय हो!
जय हो!

रत्ती-रत्ती, सच्ची, मैंने जान गँवाई है
नच-नच कोयलों पे, रात बिताई है

अँखियों की नींद मैंने फूँकों से उड़ा दी
गिन-गिन तारे मैंने उँगली जलाई है

आजा-आजा, ज़िंदे शामियाने के तले
आजा ज़री वाले नीले आसमान के तले...
जय हो...

चख ले, हाँ चख ले
ये रात शहद है, चख ले
रख ले, हाँ दिल है
दिल आख़िरी हद है, रख ले

काला काला काजल तेरा
कोई काला जादू है ना

आजा-आजा, ज़िंदे शामियाने के तले
आजा ज़री वाले नीले आसमान के तले
जय हो!

कब से...हाँ कब से जो लब पे रुकी है
कह दे...हाँ कह दे अब आँख झुकी है, कह दे

76

थम के, हाँ थम के
शब तेज क़दम है, दम ले
दम ले, हाँ दम ले
कुछ वक़्त भी कम है, दम ले

ऐसी ऐसी रोशन आँखें
रोशन दो-दो हीरे हैं क्या

आजा आजा, ज़िंदे शामियाने के तले
आजा ज़री वाले नीले आसमान के तले
जय हो!
जय हो!
जय हो...जय हो!
शब-ए-नम
जय हो!
ग़म-ए-दिल
जय हो!
हाल-ए-दिल
जय हो!
बेख़ुदी.... *बैला-बैला*
जय हो...जय हो
जय हो!

सुखविन्दर सिंह / **ए. आर. रहमान** / 2008

कजरारे

बंटी और बबली

ऐसी नज़र से देखा, उस ज़ालिम ने चौक पर
हमने कलेजा रख दिया, चाकू की नोक पर

मेरा चैन-वैन सब उजड़ा, ज़ालिम नज़र हटा ले...
बरबाद हो रहे हैं जी, तेरे अपने शहर वाले...
हो... मेरी अँगड़ाई न टूटे तू आजा...

कजरारे
कजरारे-कजरारे तेरे कारे-कारे नैना...
हो... मेरे नैना, मेरे नैना, मेरे नैना जुड़वाँ नैना
कजरारे-कजरारे...

सुरमे से लिखे तेरे वादे
आँखों की ज़ुबानी आते हैं
हाय... मेरे रूमालों पे लब तेरे
बाँध के निशानी जाते हैं

हो... तेरी बातों में किमाम की ख़ुशबू है
हो... तेरा आना भी गर्मियों की लू है...
आजा, टूटे न, टूटे न अँगड़ाई
हो... मेरी अँगड़ाई न टूटे तू आजा...
कजरारे... कजरारे-कजरारे तेरे कारे-कारे नैना...
हो... मेरे नैना, मेरे नैना, मेरे नैनों में छुपके रहना
कजरारे-कजरारे तेरे कारे-कारे नैना...

आँखें भी कमाल करती हैं
पर्सनल से सवाल करती हैं
हाय... पलकों को उठाती भी नहीं
परदे का ख़याल करती हैं
हो... मेरा ग़म तो किसी से भी छुपता नहीं
दर्द होता है दर्द जब चुभता नहीं...
आजा, टूटे न, टूटे न अँगड़ाई
हो... मेरी अँगड़ाई न टूटे, तू आजा...
कजरारे... कजरारे-कजरारे तेरे कारे-कारे नैना...
तेरे नैना तेरे नैना हमें डँसते है तेरे नैना...
कजरारे-कजरारे तेरे कारे-कारे नैना

हो... तुझसे मिलना पुरानी दिल्ली में
छोड़ आए निशानी दिल्ली में
बल्लीमाराँ से दरीबे तलक
तेरी मेरी कहानी दिल्ली में
ओ हो... काली कमली वाले को याद कर के
तेरे काले काले नैनों की क़सम खाते हैं
हो... तेरे काले काले नैनों की बलाएँ ले लूँ
तेरे काले काले नैनों को दुआएँ दे दूँ
मेरी जान उदास है
होठों पे प्यास है
आजा रे, आजा रे, आजा रे...
हो... तेरी बातों में किमाम की ख़ुशबू है...
हो... तेरा आना भी गर्मियों की लू है...

हो... तेरी अँगड़ाई न टूटे, तू आजा...
कजरारे... कजरारे-कजरारे तेरे कारे-कारे नैना...

हो... तेरे नैना तेरे नैना तेरे नैना जुड़वाँ नैना...
हो तेरे नैना, तेरे नैना, तेरे नैनों में छुपके रहना...
हो... कजरारे-कजरारे तेरे कारे-कारे नैना...
कारे-कारे
कारे-कारे
कारे-कारे
कारे-कारे नैना
कजरारे-कजरारे मेरे कारे-कारे नैना...

छैंया-छैंया

दिल से

जिनके सर हो इश्क़ की छाँव
पाँव के नीचे जन्नत होगी
जिनके सर हो इश्क़ की छाँव

चल छैंया-छैंया छैंया-छैंया...
छैंया-छैंया छैंया-छैंया...
सर इश्क़ की छाँव, चल छैंया, छैंया
सर इश्क़ की छाँव चल छैंया चल छैंया
पाँव जन्नत चले, चल छैंया, छैंया
पाँव जन्नत चले, चल छैंया
चल छैंया-छैंया...

वो यार है जो खुशबू की तरह
जिसकी ज़ुबाँ उर्दू की तरह
मेरी शाम रात, मेरी काइनात
वो यार मेरा, सैंया-सैंया
चल छैंया-छैंया...

गुलपोश कभी इतराए कहीं...
महके तो नज़र आ जाए कहीं...
तावीज़ बना के पहनूँ उसे...
आयत की तरह मिल जाए कहीं...

ओ यार है जो इमाँ की तरह
मेरा नग़मा वही, मेरा कलमा वही
मेरा नग़मा नग़मा, मेरा कलमा कलमा...
यार मिसाले ओस चले

पाँवों के तले फ़िरदौस चले
कभी डाल-डाल
कभी पात-पात
मैं हवा पे ढूँढ़ूँ उसके निशाँ

सर इश्क़ की छाँव, चल छैंया छैंया...

मैं उसके रूप का शैदाई
वो धूप-छाँव-सा हरजाई
वो शोख़ है रंग बदलता है
मैं रंग रूप का सौदाई...

जिनके सर हो इश्क़ की छाँव
पाँव के नीचे जन्नत होगी...
शाम-रात मेरी काइनात
वो यार मेरा सैंया सैंया
चल छैंया-छैंया...

सर इश्क़ की छाँव, चल छैंया-छैंया...
सर इश्क़ की छाँव, चल छैंया
पाँव जन्नत चले, चल छैंया-छैंया
पाँव जन्नत चले, चल छैंया
चल छैंया-छैंया...

वो यार है जो ख़ुशबू की तरह
वो जिसकी ज़ुबाँ उर्दू की तरह
मेरी शाम रात, मेरी काइनात
वो यार मेरा सैंया सैंया
चल छैंया छैंया छैंया छैंया

सुखविन्दर सिंह - सपना अवस्थी / **ए. आर. रहमान** / 1998

दिल ढूँढ़ता है फिर वही

मौसम

दिल ढूँढ़ता है फिर वही फ़ुर्सत के रात-दिन
बैठे रहें तसव्वुर-ए-जानाँ किए हुए
दिल ढूँढ़ता...

जाड़ों की नर्म धूप और आँगन में लेटकर
आँखों पे खींचकर तेरे दामन के साए को
औंधे पड़े रहें कभी करवट लिए हुए
दिल ढूँढ़ता है...
दिल ढूँढ़ता...

या गर्मियों की रात जो पुरवाइयाँ चलें...
ठंडी सफेद चादरों पे जागें देर तक...
तारों को देखते रहें छत पर पड़े हुए
दिल ढूँढ़ता है...
दिल ढूढ़ता...

बर्फ़ीली सर्दियों में किसी भी पहाड़ पर...
वादी में गूँजती हुई ख़ामोशियाँ सुनें...
आँखों में भीगे-भीगे-से लमहे लिए हुए
दिल ढूँढ़ता है...
दिल ढूँढ़ता...

दिल ढूँढ़ता है फिर वही फ़ुर्सत के रात-दिन
बैठे रहें तसव्वुर-ए-जानाँ किए हुए
दिल ढूँढ़ता...

भूपिन्दर / भूपिन्दर - लता मंगेशकर / **मदन मोहन** / 1975

तुम आ गये हो नूर आ गया है

आँधी

तुम आ गये हो नूर आ गया है
नहीं तो, चिराग़ों से लौ जा रही थी
जीने की तुमसे वजह मिल गयी है
बड़ी बेवजह ज़िन्दगी जा रही थी
तुम आ गये हो...

कहाँ से चले कहाँ के लिए
यह ख़बर नहीं थी मगर
कोई भी सिरा जहाँ जा मिला
वहीं तुम मिलोगे...
कि हम तक तुम्हारी दुआ आ रही थी
तुम आ गये हो नूर आ गया है...

दिन डूबा नहीं, रात डूबी नहीं
जाने कैसा है सफ़र
ख़्वाबों के दीये, आँखों में लिए
वहीं आ रहे थे...
जहाँ से तुम्हारी सदा आ रही थी
तुम आ गये हो नूर आ गया है
नहीं तो, चिराग़ों से लौ जा रही थी
जीने की तुमसे वजह मिल गयी है
बड़ी बेवजह ज़िन्दगी जा रही थी
तुम आ गये हो नूर आ गया है

किशोर कुमार - लता मंगेशकर / **आर. डी. बर्मन** / 1975

84

हमने देखी है उन आँखों की महकती ख़ुशबू

ख़ामोशी

हमने देखी है उन आँखों की महकती ख़ुशबू
हाथ से छू के इसे रिश्तों का इल्ज़ाम न दो
सिर्फ़ एहसास है ये, रूह से महसूस करो
प्यार को प्यार ही रहने दो, कोई नाम न दो
हमने देखी है उन आँखों की...

प्यार कोई बोल नहीं, प्यार आवाज़ नहीं
एक ख़ामोशी है, सुनती है कहा करती है
न यह बुझती है, न रुकती है, न ठहरी है कहीं
नूर की बूँद है, सदियों से बहा करती है
सिर्फ एहसास है ये, रूह से महसूस करो
प्यार को प्यार ही रहने दो, कोई नाम न दो

हमने देखी है उन आँखों की...

मुस्कराहट-सी खिली रहती है आँखों में कहीं
और पलकों पे उजाले-से झुके रहते हैं
होंठ कुछ कहते नहीं, काँपते होंठों पे मगर
कितने ख़ामोश-से अफ़साने रुके रहते हैं
सिर्फ एहसास है ये रूह से महसूस करो
प्यार को प्यार ही रहने दो, कोई नाम न दो
हमने देखी है उन आँखों की...

लता मंगेशकर / **हेमन्त कुमार** / 1969

तुम पुकार लो

खा़मोशी

तुम पुकार लो
तुम्हारा इंतज़ार है, तुम पुकार लो
ख़्वाब चुन रही है रात
बेक़रार है
तुम्हारा
इंतज़ार है, तुम पुकार लो

होंठ पे लिए हुए दिल की बात हम
जागते रहेंगे और कितनी रात हम

मुख़्तसर-सी बात है
तुमसे प्यार है
तुम्हारा
इंतज़ार है, तुम पुकार लो

दिल बहल तो जाएगा इस ख़याल से
हाल मिल गया तुम्हारा अपने हाल से

रात ये क़रार की, बेक़रार है
तुम्हारा
इंतज़ार है...

हेमन्त कुमार / **हेमन्त कुमार** / 1961

छोड़ आए हम वो गलियाँ

माचिस

छोड़ आए हम वो गलियाँ, छोड़ आए हम वो गलियाँ...

जहाँ तेरे पैरों के कँवल गिरा करते थे
हँसे तो दो गालों में भँवर पड़ा करते थे
तेरी कमर के बल पे नदी मुड़ा करती थी
हँसी तेरी सुन-सुन के फसल पका करती थी...

जहाँ तेरी एड़ी से धूप उड़ा करती थी
सुना है उस चौखट पे अब शाम रहा करती है
लटों से उलझी लिपटी एक रात हुआ करती थी
कभी-कभी तकिये पे वो भी मिला करती है
छोड़ आए हम वो गलियाँ...

दिल दर्द का टुकड़ा है, पत्थर की डली-सी है
एक अंधा कुआँ है या इक बंद गली-सी है
एक छोटा-सा लमहा है जो ख़त्म नहीं होता
मैं लाख जलाता हूँ, ये भस्म नहीं होता

छोड़ आए हम वो गलियाँ...

हरिहरन - सुरेश वाडकर - विनोद सहगल - के. के. / **विशाल भारद्वाज** / 1996

चप्पा-चप्पा चरखा चले

माचिस

चप्पा-चप्पा चरखा चले, चप्पा-चप्पा चरखा चले
औनी-पौनी यारियाँ तेरी, बौनी-बौनी बेरियों तले...

गोरी चटखोरी जो कटोरी से खिलाती थी
जुम्मे के जुम्मे जो सुरमे लगाती थी
कच्ची मुंडेर के तले...

झूठी-मूठी मोई ने रसोई में पुकारा था
लोहे के चिमटे से लिपटे को मारा था
ओए बीबा तेरा चूल्हा जले...

चुन्नी ले के सोती थी कमाल लगती थी
पानी में जलता चिराग़ लगती थी
बीबा तेरी याद न टले...

चप्पा-चप्पा चरखा चले, चप्पा-चप्पा चरखा चले
गोरियों के पैरों तले, पीली-पीली मेहँदी जले
चप्पा-चप्पा चरखा चले...

सुरेश वाडकर - हरिहरन / **विशाल भारद्वाज** / 1996

88

मुसाफ़िर हूँ यारो

परिचय

मुसाफ़िर हूँ यारो
न घर न ठिकाना
मुझे चलते जाना है
बस, चलते जाना

एक राह रुक गयी, तो और जुड़ गयी
मैं मुड़ा तो साथ-साथ राह मुड़ गयी
हवा के परों पर
मेरा आशियाना
मुसाफ़िर हूँ यारो...

दिन ने हाथ थामकर इधर बिठा लिया
रात ने इशारे से उधर बुला लिया
सुबह से, शाम से
मेरा दोस्ताना
मुसाफ़िर हूँ यारो...

किशोर कुमार / **आर. डी. बर्मन** / 1972

बीड़ी जलाई ले

ओमकारा

ना ग़िलाफ़ ना लिहाफ़
ना ग़िलाफ़ ना लिहाफ़ ठंढी हवा भी ख़िलाफ़... ससुरी...
हो इत्ती सर्दी है किसी का लिहाफ़ लई ले
हो जा पड़ोसी के चूल्हे से आग लई ले...

बीड़ी जलाई ले जिगर से पिया
जिगर मा बड़ी आग है...
धुआँ न निकारियो लब से पिया...
ये दुनिया बड़ी घाघ है...
बीड़ी जलाई ले...

ना ग़िलाफ़ ना लिहाफ़...

ना क़सूर ना फ़तूर...
बिना जुरम के हुज़ूर मर गए, हो मर गए
ऐसे इक दिन दुपहरी बुलाए लियो रे
बाँध घुँघरू कचहरी लगाए लियो रे
बुलाए लियो रे...
दुपहरी
लगाए लियो रे...
कचहरी
अँगीठी जलाई ले जिगर से पिया
जिगर मा बड़ी आग है
बीड़ी जलाई ले...

ना तो चक्कुओं की धार... ना दराँती ना कटार...
ऐसा काटे कि दाँत का निसान छोड़ दे
ये कटाई तो कोई भी किसान छोड़ दे
हो ऐसे ज़ालिम का छोड़ दे मकान छोड़ दे... रे बिल्लो
ज़ालिम का छोड़ दे मकान छोड़ दे
ऐसे ज़ालिम का...
ऐसे ज़ालिम का छोड़ दे मकान छोड़ दे

ना बुलाया ना बताया...
म्हाने नींद से जगाया... हाय रे
ऐसा चौंके ले हाथ में नसीब आ गया
वो इलायची खिलाइके क़रीब आ गया

कोयला जलाई ले जिगर से पिया
जिगर मा बड़ी आग है...
इत्ती सर्दी है किसी का लिहाफ़ लई ले
जा पड़ोसी के चूल्हे से आग लई ले...

सुनिधि चौहान - सुखविन्दर सिंह / **विशाल भारद्वाज** / 2006

मेरा यार मिला दे

साथियाँ

बंजर है सब बंजर है...
हम ढूँढ़ने जब फ़िरदौस चले
तेरी खोज तलाश में देख पिया
हम कितने काले कोस चले
बंजर है सब बंजर है

मेडा यार मिला दे साइँया
एक बार मिला दे साइँया...

मैंने पोटा पोटा फ़लक छाना...
मैंने टोटे टोटे तारे चुने...
मेरा यार मिला दे...

तारों की चमक ये सुबह तलक
लगती ही नहीं पल भर को पलक
साइँया साइँया...
मैंने पोटा पोटा फ़लक छाना...
मैंने टोटे टोटे तार चुने
सिर्फ़ एक तेरी आहट के लिए
कंकर पत्थर बुत सारे सुने
हुण मेणे ते रुसवाइयाँ
मेडा यार मिला दे...

बंजर है सब बंजर है...

92

आ देख मेरी पेशानी को
तक़दीर के हर्फ़े लिखे हैं
पैरों के निशाँ जब देखे जहाँ
सौ बार झुकाया सर को वहाँ

यार मिला दे...
आ देख मेरी पेशानी को
तक़दीर के हर्फ़े लिखे हैं
मैं कितनी बार पुकारूँ तुझे
तेरे नाम के सफ़्हे लिखे हैं
तेरा साया कभी तो बोलेगा
मैं चुनता रहा परछाइयाँ
मेरा यार मिला दे साइँया
साइँया साइँया...

ए. आर. रहमान / **ए. आर. रहमान** / 2002

लकड़ी की काठी

मासूम

लकड़ी की काठी
काठी पे घोड़ा
घोड़े की दुम पे जो मारा हथौड़ा
दौड़ा दौड़ा दौड़ा घोड़ा दुम उठा के दौड़ा

लकड़ी की काठी...

घोड़ा पहुँचा चौक में
चौक में था नाई
घोड़े जी की नाई ने
हजामत जो बनाई
टगबग टगबग... टगबग

घोड़ा पहुँचा चौक में...

दौड़ा दौड़ा दौड़ा घोड़ा दुम उठा के दौड़ा
लकड़ी की काठी...

घोड़ा था घमंडी
पहुँचा सब्ज़ीमंडी
सब्ज़ीमंडी बरफ़ पड़ी थी
बरफ़ में लग गयी ठंढी
टगबग टगबग... टगबग टगबग

घोड़ा था घमंडी...

94

दौड़ा दौड़ा दौड़ा घोड़ा दुम उठा के दौड़ा
लकड़ी की काठी...

घोड़ा अपना तगड़ा है
देखो कितनी चर्बी है
चरता है महरौली में
पर घोड़ा अपना अरबी है...

घोड़ा अपना तगड़ा है...

बाँह छुड़ा के दौड़ा दौड़ा दुम उठा के दौड़ा

लकड़ी की काठी काठी पे घोड़ा
घोड़े की दुम पे जो मारा हथौड़ा
दौड़ा दौड़ा दौड़ा घोड़ा दुम उठा के दौड़ा

वनिता मिश्रा - गौरी बापट - गुरप्रीत कौर / **आर. डी. बर्मन** / 1982

दिल तो आख़िर दिल है ना
मीठी-सी मुश्किल है ना

97

दिल

मन की गति कोई नहीं जानता–वह ख़ुद भी नहीं। वैसे तो हम सबको लगता है कि और किसी को जानें ना जानें, ख़ुद को तो हम जानते ही हैं। पर न जाने कौन-सा पल आए, कौन-सी हलचल हो, कौन-सी तरंग उठे और मन उड़ने लगे–अनजाने-अनचीन्हे रास्तों पर, कल्पना से दूर, आकाश से ऊँचा और समय से परे। गीतों की अपनी सीमाएँ होती हैं– फिल्में कभी इन्हें और बाँधती हैं और कभी इन्हें सिचुएशन के दायरे से खोल कल्पना के पर भी देती हैं। फिल्म के पात्र घटनाओं से निकल ख़यालों में, सपनों में कहीं भी जा सकते हैं, लगभग मन की तरह। ऐसे में गीतों में कई कविता-तत्त्व शामिल हो पाते हैं। गुलज़ार ने न जाने कितनी ऐसी स्थितियों को एक नयी ज़ुबान दी है। कहीं मन के आवेग की सारी सीमाएँ खोल अद्‌भुत ऊँचाइयाँ दी हैं...

"देखना मेरे सर से, आसमाँ उड़ गया है
देखना आसमाँ के सिरे उड़ गए हैं ज़मीं से
देखना क्या हुआ है, ये ज़मीं बह रही है
देखना पानियों में ज़मीं घुल रही है कहीं से"।

इस अदभुत बिम्ब में सिर्फ धरती की सपाट सतह के ऊपर एक विराट गोलाकार शामियाने की खूँटियाँ ही सिरे से नहीं निकलीं– यह आह्लाद का आवेग है, जिसमें आसमान बादलों पर करवट लेने लगता है, और ज़मीन पर सिर्फ बादल नहीं, आसमान यानी संपूर्ण इयत्ता ही बरसने लगती है। अभिसार का यह रूमानी रूप अपने सारे नियंत्रण खोकर बस एक नशीली राह पर चलते जाना चाहता है...

"होश में मैं नहीं, ये ग़शी भी नहीं
इस सदी में कभी, ये हुआ ही नहीं"।

सचमुच हर प्रेमी यह यक़ीन करता है कि न उसके पहले और न उसके बाद कभी ये चरम स्थिति बनेगी और फिर...

"जिस्म घुलने लगा, रूह गलने लगी

पाँव रुकने लगे, राह चलने लगी"।

यों लगता है कि सारी काइनात अपनी है, जब प्यार का एहसास तारी होता है– और 'आसमाँ के सिरे' भी ज़मीं से खुल कर उड़ जाते हैं– फिर कोई बन्धन नहीं रोकता, कोई सीमा नहीं बाँधती। प्यार का यही एहसास हल्के-से संकोच, थोड़ी-सी नारी-सुलभ लज्जा और मन को सँभालने की निरर्थक कोशिश के साथ जब हौले-हौले बढ़ने लगता है तो गुलज़ार की नायिका कहती है...

"आजकल पाँव ज़मीं पर नहीं पड़ते मेरे
बोलो देखा है कभी तुमने मुझे उड़ते हुए"।

कहाँ सत्तर के दशक का 'घर' और कहाँ नयी सदी के 'बंटी और बबली'। ख़ुशबू का फ़र्क–एक तरफ भीनी-भीनी और दूसरी तरफ लगभग नशीली...

"नींद-सी रहती है, हल्का-सा नशा रहता है
रात-दिन आँखों में इक चेहरा बसा रहता है
पर-लगी आँखों को देखा है कभी उड़ते हुए"

और भी

"जाने क्या होता है, हर इक बात पे कुछ होता है
दिन में कुछ होता है और रात में कुछ होता है"।

पर यहाँ कहीं यह भी एहसास है कि उड़कर कहाँ पहुँचेंगे! इसलिए शायर कहता है, *"थाम लेना जो कभी देखो हमें उड़ते हुए"*– स्त्री-सुलभ चंचलता और काँधे पे सर रखना– एक साथ।

पर जब शोख़ी हो, प्यार की कोमलता तीक्ष्ण और बेबाक हो जाए तो उसकी धीमी-धीमी गरमाहट *"आ धूप मलूँ मैं तेरे हाथों में"* या *"फरवरी की निम्मी-निम्मी धूप में"* जैसे सुकून देने वाले पलों से निकल जाती है और फिर गुलज़ार बोल पड़ते हैं, *"तेरी बातों में किमाम की ख़ुशबू है, तेरा आना भी गर्मियों की लू है"*।

ज़िन्दगी के हर दौर में, उम्र के हर पड़ाव पर हम सबमें कुछ ऐसा होता है जो नहीं बदलता है–अपनेपन की चाह। चाहे वह स्नेह हो, माधुर्य हो, आकर्षण हो– पर हो अपना, मेरा अपना। और इस चाहत में सचमुच कई ऐसे मुक़ाम आते हैं, जब मन की गति कोई नहीं जानता–हम खुद भी नहीं। औचक

से मन के साज़ पर कोई अपनी उँगलियाँ रख देता है और पल भर में सब कुछ बदल जाता है, कुछ सुरीला-सा झंकृत हो जाता है। जब तरुणाई होती है तो ऐसा स्वाभाविक लगता है और दुनिया इसे उम्र का तकाज़ा कहती है, पर जब ऐसा पीरी में हो तो शायर अधेड़ावस्था के मन की रूमानियत को 'इश्क़िया' नाम देता है—यहाँ प्रेम भी है, आकर्षण भी, पर कहीं कुछ ऐसा भी है जिसके लिए नैतिकता की, मर्यादा की लकीर लाँघनी पड़ती है। इसमें एक सचाई-भरा आत्मावलोकन है—मन की गति के सामने बेबसी की मासूम स्वीकृति है...

"किसको पता था, पहलू में बैठा दिल ऐसा पाजी भी होगा
हम तो हमेशा समझते थे कोई हम जैसा हाजी ही होगा
हाय ज़ोर करे, कितना शोर करे
बेवजह बातों पे ऐवें ग़ौर करे"

यहाँ बेबसी भी है और झिझक भी, *"कोई तो रोके, कोई तो टोके"*, फिर बुद्धि मन को रोकती है, *"इस उम्र में अब खाओगे धोखे"*। इस गीत में एक अद्भुत बिम्ब पहली बार आता है...

"उम्र कबकी बरस के सफ़ेद हो गयी
कारी बदरी जवानी की छँटती नहीं"

इसमें (बालों का) सफ़ेद होना 'केशव केसन अस करी' की तरह बुज़ुर्गियत का सर्टिफिकेट है—पर *"दिल तो बच्चा है जी"*— और उम्र के पेड़ से लमहों का, महीनों का, सालों का (बरसों का) कम होते जाना भी है। पर फिर वही मन, *"ऐसी उलझी नज़र उनसे हटती नहीं"* और फिर वही विवशता, *"दाँत से रेशमी डोर कटती नहीं"*। इस रेशमी डोर में आशनाई तो है ही, एक आकर्षण का बंधन भी है और कहीं अपने-आप को सँभालने की कोशिश भी।

दरअसल, इश्क़ के जितने रंग संभव है, वे गुलज़ार के गीतों में रचते हैं—कोई दिल की मुश्किलों को कम करता है और कोई बढ़ाता है। शायर की मुश्किलें भी कम नहीं है, क्योंकि शायराना ख़याल दिलों से ही निकलते होंगे, वरना किसी शायर का एक ख़याल दूसरे शायर के ख़याल से अनायास कैसे जुड़ जाता है। ग़ालिब जब पूछते हैं, "दिले नादाँ तुझे हुआ क्या है, आख़िर इस दर्द की दवा क्या है" तो ज़ाहिर है उन्हें पता है कि कुछ सवालों के जवाब नहीं होते। और गुलज़ार का यह

मासूम जवाब ग़ालिब के सवाल को ही पुख़्ता करता है...

"कोई अटका हुआ है पल शायद
वक़्त में पड़ गया है बल शायद
दिल अगर है तो दर्द भी होगा
इसका कोई नहीं है हल शायद"।

'दिल से रे' में गुलज़ार इस मुश्किल को एक और ख़ूबसूरत अन्दाज़ देते हैं...

"दिल तो आख़िर दिल है ना
मीठी-सी मुश्किल है ना

और फिर यक़ीन होने लगता है...

"दिल है तो फिर दर्द होगा
दर्द है तो दिल भी होगा"।

सचमुच, दिल पर किसी का बस नहीं चलता। वरना शायर को यों न कहना पड़ता...

"मेरा दिल जो मेरा होता
पलकों से पकड़ लेती
होठों पे उठा लेती
हाथों में ख़ुदा होता"।

कोई लाख कोशिश करे अपने दिल को समझाने की, अपने मन को मनाने की, कहीं कुछ ऐसा हो ही जाता है कि हाथों से ख़ुदा तो क्या सब कुछ फिसलने लगता है...

"मनवा आगे भागे रे
बाँधूँ सौ-सौ तागे रे
ख़्वाबों से खेल रहा है
सोये-जागे रे
मनवा आगे भागे रे"।

सच, मन की गति कोई नहीं जानता!

दिल से रे

दिल से

इक सूरज निकला था
कुछ पारा पिघला था
इक आँधी आई थी
जब दिल से आह निकली थी
दिल से रे...

दिल से रे...दिल से रे...
दिल से रे

दिल तो आख़िर दिल है ना
मीठी-सी मुश्किल है ना
पिया पिया
पिया पिया
पिया न पिया
जिया जिया
जिया न जिया
दिल से रे, दिल से रे
दिल से रे...

दो पत्ते पतझड़ के
पेड़ों से उतरे थे
पेड़ों की शाख़ों से उतरे थे
फिर इतने मौसम गुज़रे
वो पत्ते दो बेचारे
फिर उगने की चाहत में
वो सहराओं से गुज़रे
वो पत्ते दिल दिल थे

102

वो दिल थे दिल दिल थे

दिल है तो फिर दर्द होगा
दर्द है तो दिल भी होगा
मौसम गुज़रते रहते हैं
दिल से...दिल से...दिल से...
दिल से रे

दिल तो आख़िर दिल है ना...

बंधन है रिश्तों में
काँटों की तारें हैं
पत्थर के दरवाज़े दीवारें
बेलें फिर भी उगती हैं
और गुंचे भी खिलते हैं
और चलते हैं अफ़साने
किरदार भी मिलते हैं
वो रिश्ते दिल दिल दिल थे
वो दिल थे दिल दिल दिल थे

ग़म दिल के पर चुलबुले हैं
पानी के ये बुलबुले हैं
बुझते ही बनते रहते हैं...
दिल से दिल से दिल से दिल से

दिल से रे...
दिल से रे...दिल से रे...

दिल तो आख़िर दिल है ना...

ए. आर. रहमान - अनुराधा - अनुपमा / **ए. आर. रहमान** / 1998

दिल तो बच्चा है जी

इश्क़िया

ऐसी उलझी नज़र उनसे हटती नहीं
दाँत से रेशमी डोर कटती नहीं
उम्र कब के बरस के सुफ़ेद हो गयी
कारी बदरी जवानी की छँटती नहीं

वल्लाह ये धड़कन बढ़ने लगी है
चेहरे की रंगत उड़ने लगी है
डर लगता है तन्हा सोने में जी

दिल तो बच्चा है जी
थोड़ा कच्चा है जी

किसको पता था पहलू में रखा
दिल ऐसा पाजी भी होगा
हम तो हमेशा समझते थे कोई
हम जैसा हाजी ही होगा
हाय ज़ोर करे, कितना शोर करे
बेवजह बातों पे ऐंवें गौर करे
दिल सा कोई कमीना नहीं
कोई तो रोके, कोई तो टोके
इस उम्र में अब खाओगे धोखे
डर लगता है इश्क़ करने में जी
दिल तो बच्चा है जी

ऐसी उदासी बैठी है दिल पर
हँसने से घबरा रहे हैं

सारी जवानी कतरा के काटी
पीरी में टकरा गये हैं
दिल धड़कता है तो
ऐसे लगता है वो
आ रहा है यहीं
देखता ही ना हो
प्रेम की मारे कटार रे

तौबा ये लमहे कटते नहीं क्यूँ
आँखों से मेरी हटते नहीं क्यूँ
डर लगता है ख़ुद से कहने में जी

दिल तो बच्चा है जी
दिल तो बच्चा है जी
थोड़ा कच्चा है जी
हाँ दिल तो बच्चा है जी

राहत फतेह अली ख़ान / **विशाल भारद्वाज** / 2010

आजकल पाँव ज़मीं पर नहीं पड़ते मेरे

घर

आजकल पाँव ज़मीं पर नहीं पड़ते मेरे
बोलो देखा है कभी तुमने मुझे उड़ते हुए

जब भी थामा है तेरा हाथ तो देखा है
लोग कहते हैं कि बस हाथ की रेखा है

हमने देखा है दो तक़दीरों को जुड़ते हुए
आजकल पाँव ज़मीं पर नहीं पड़ते मेरे...

नींद-सी रहती है, हलका-सा नशा रहता है
रात-दिन आँखों में इक चेहरा बसा रहता है

पर-लगी आँखों को देखा है कभी उड़ते हुए
आजकल पाँव ज़मीं पर नहीं पड़ते मेरे...

जाने क्या होता है, हर इक बात पे कुछ होता है
दिन में कुछ होता है और रात में कुछ होता है

थाम लेना, जो कभी देखो हमें उड़ते हुए

आजकल पाँव ज़मीं पर नहीं पड़ते मेरे
बोलो देखा है कभी तुमने मुझे उड़ते हुए!

लता मंगेशकर / **आर. डी. बर्मन** / 1978

106

देखना मेरे सर से आसमाँ उड़ गया है

बंटी और बबली

देखना मेरे सर से, आसमाँ उड़ गया है...
देखना आसमाँ के सिरे खुल गए हैं ज़मीं से...
चुप चुप के छुप छुप के चोरी से चोरी
चुप चुप के छुप छुप के रे...

देखना क्या हुआ है, ये ज़मीं बह रही है
देखना पानियों में ज़मीं घुल रही है कहीं से
देखना आसमाँ के सिरे खुल गए हैं ज़मीं से
चुप चुप के...

होश में मैं नहीं, ये ग़शी भी नहीं
इस सदी में कभी, ये हुआ ही नहीं
जिस्म घुलने लगा, रूह गलने लगी
पाँव रुकने लगे, राह चलने लगी
आसमाँ बादलों पर, करवटें ले रहा है
देखना आसमाँ ही बरसने लगे न ज़मीं पे
ये ज़मीं पानियों पे, डुबकियाँ ले रही है
देखना उठ के पंजों पे चलने लगे न कहीं पे
चुप चुप के

तुम कहो तो रुकें, तुम कहो तो चलें
ये जुनूँ है अगर तो जुनूँ सोच लें
तुम कहो तो रुकें, तुम कहो तो चलें
मुझ को पहचानती हैं कहाँ मंज़िलें...

देखना मेरे सर से, आसमाँ उड़ गया है...
देखना आसमाँ के सिरे खुल गए हैं ज़मीं से...

देखना क्या हुआ है, ये ज़मीं बह रही है
देखना पानियों में ज़मीं घुल रही है कहीं से

चुप चुप के...

बंटी की बबली और बबली का बंटी
बंटी की बबली हुई...

सोनू निगम - महालक्ष्मी अय्यर / **शंकर-एहसान-लॉय** / 2005

ख़ामोश-सा अफ़साना

लिबास

ख़ामोश-सा अफ़साना
पानी से लिखा होता...
ना तुमने कहा होता
ना हमने सुना होता
ख़ामोश-सा अफ़साना

दिल की बात ना पूछो
दिल तो आता रहेगा...
दिल बहकाता रहा है
दिल बहकाता रहेगा
दिल को तुमने
ओ... कुछ समझा होता
ख़ामोश-सा अफ़साना...

सहमे-से रहते हैं
जब ये दिन ढलता है...
एक दीया बुझता है
एक दीया जलता है
तुमने कोई
ओ... दीप जलाया होता
ख़ामोश-सा अफ़साना...

कितने साहिल ढूँढ़े
कोई न सामने आया...

जब मझधार में डूबे
साहिल थामने आया
तुमने साहिल को
ओ... पहले बिछाया होता
ख़ामोश-सा अफ़साना...

तन पे लगती काँच की बूँदें

आस्था

तन पे लगती काँच की बूँदें
मन पे लगे तो जानें
तन पे लगती...

बर्फ़ से ठंढी आग की बूँदें
दर्द चुगे तो जानें...
तन पे लगती काँच की बूँदें
मन पे लगे तो जानें

लाल सुनहरी चिंगारी-सी
बेलें झूलती रहती हैं...
बाहर गुलमोहर की लपटें
दिल में उगे तो जानें
तन पे लगती...

बारिश लंबे-लंबे हाथों से जब आकर छूती है...
ये लोबान-सी साँसें हैं जो
ये लोबान-सी साँसें
थोड़ी देर रुके तो जानें
तन पे लगती...

बर्फ़ से ठंढी आग की बूँदें
दर्द चुगे तो जानें
तन पे लगती काँच की बूँदें
मन पे लगे तो जानें...

श्रीराधा बनर्जी / **शारंग देव** / 1996

111

दिल हुम-हुम करे

रुदाली

दिल हुम-हुम करे
घबराए
घन धम-धम करे
गरजाए
इक बूँद कभी पानी की
मोरी अँखियों से बरसाए

तेरी झोरी डारूँ
सब सूखे पात जो आए
तेरा छुआ लागे
मोरी सूखी डाल हरियाए

जिस तन को छुआ तूने
उस तन को छुपाऊँ
जिस मन को लागे नैना
वो किसको दिखाऊँ

ओ मोरे चन्द्रमा
तेरी चाँदनी अंग जलाए
तेरी ऊँची है अटारी
मैंने पंख लिए कटवाए
दिल हुम-हुम करे...

लता मंगेशकर / भूपेन हजारिका / **भूपेन हजारिका** / 1995

112

मेरा दिल जो मेरा होता

अनुभव

मेरा दिल जो मेरा होता
पलकों से पकड़ लेती
होंठों पे उठा लेती
हाथों में ख़ुदा होता

सूरज को मसलकर मैं
चंदन की तरह मलती
सोने का बदन लेकर
कुंदन की तरह जलती

इस गोरे-से चेहरे पर
आईना फ़िदा होता
मेरा दिल...

बरसा है कई बरसों
आकाश समंदर में
इक बूँद है चंदा की
उतरी न समंदर में

दो हाथों की ओक में यह
गिर पड़ता तो क्या होता
हाथों में ख़ुदा होता...

गीता दत्त / कनु रॉय / 1971

दिल हाकिम दरबार लगावे

मक़बूल

दिल हाकिम दरबार लगावे
आपे दिल दरबारी हो यार
कैसी लागी यारी ओ यार
कैसी लागी यारी हो यारा...

आग दिखे ना, धुआँ ना कोई...
धुआँ न कोई, आग दिखे ना, धुआँ ना कोई
चिंगारी, चिंगारी हो यारा...
कैसी लागी, लागी यारी, कैसी लागी यारी...
चिंगारी, चिंगारी, उड़े चिंगारी...

पंख बिना परवाज़ दिखावे
पलक झपक छुप जावे...
ऐसे उड़े चिंगारी हो यार
हाय चिंगारी, चिंगारी, चिंगारी, चिंगारी हो यार

जोगिया तन पे मन संसारा
राख फिरोली दिल के यारा...
उड़ने लगी चिंगारी, हो यार
हाय चिंगारी चिंगारी, चिंगारी हो यार
दिल हाकिम दरबार लगावे...

रेखा भारद्वाज / **विशाल भारद्वाज** / 2004

देखो तो आसमान तारों से भर गया

जहाँ तुम ले चलो

देखो तो आसमान तारों से भर गया...
दिल ये क्या कर गया...
देखो तो आसमान...

नब्ज़ रुकने लगी, साँस बजने लगी
तिरछे-तिरछे मेरे पाँव पड़ने लगे...
जाने क्यूँ मैं डर गया
दिल ये क्या कर गया
देखो तो आसमान...

किसने आवाज़ दी कोई साया था क्या
पीछे-पीछे मेरे कोई आया था क्या...
डूब के मैं तर गया
दिल ये क्या कर गया...

देखो तो आसमान तारों से भर गया
दिल ये क्या कर गया
दिल ये क्या कर गया...

सुरेश वाडकर / **विशाल भारद्वाज** / 1999

मनवा आगे भागे रे

कशमकश

मनवा आगे भागे रे
बाँधूँ सौ-सौ तागे रे
मनवा आगे भागे रे
मनवा...

ख़्वाबों से खेल रहा है सोये जागे रे
मनवा आगे भागे रे

डारी पे बोले कोयलिया
कान रस घोले कोयलिया...
सारी रात अपने सपनों में सोये जागे रे
मनवा आगे भागे रे

दिन गया जैसे रूठा-रूठा
शाम है अंजानी
पुराने पल जी रहा है
आँखें पानी-पानी
वो जो था
था कि नहीं था
आए तो बताएगा
सपनों से वो उतरेगा ऐसा लागे रे
मनवा ...

ख़्वाबों से खेल रहा है...
सोये...
मनवा आगे भागे रे

श्रेया घोषाल / **संजोय-राजा** / 2011

दिल के सन्नाटे

फ़िलहाल

दिल के सन्नाटे
खोल कभी...
तन्हाई तू भी
बोल कभी
तन्हाई तू भी बोल कभी !

परछाइयाँ चुनता रहता है
क्यों रिश्ते बुनता रहता है
परछाइयाँ चुनता रहता है
क्यों रिश्ते बुनता रहता है
इन वादों के पीछे कोई नहीं
क्यों वादे सुनता रहता है

दिल के सन्नाटे
खोल कभी
तन्हाई तू भी
बोल कभी
तन्हाई तू भी बोल कभी !

बुझ जाएँगी सारी आवाज़ें
यादें यादें रह जाएँगी
बुझ जाएँगी सारी आवाज़ें
यादें यादें रह जाएँगी

तस्वीरें बचेंगी आँखों में
और बातें सब बह जाएँगी !

दिल के सन्नाटे
खोल कभी...
तन्हाई तू भी
बोल कभी
तन्हाई तू भी बोल कभी !

पलाश सेन / **अनु मलिक** / 2001

118

इस दिल में बसकर देखो तो

माया मेमसाब

इस दिल में बसकर देखो तो...
ये शहर बड़ा पुराना है...

हर साँस में कहानी है
हर साँस में अफ़साना है
ये शहर...

ये बस्ती दिल की बस्ती है...
कुछ दर्द है, कुछ रुसवाई है...
ये कितनी बार उजाड़ी है
ये कितनी बार बसाई है
ये शहर...

ये जिस्म है कच्ची मिट्टी का...
भर जाए तो रिसने लगता है...
बाँहों में कोई थामे तो
आग़ोश में गिरने लगता है
ये शहर...

इस दिल में बसकर देखो तो
ये शहर बड़ा पुराना है...

लता मंगेशकर / **पं हृदयनाथ मंगेशकर** / 1993

हम भूल गए हैं रख के कहीं

अक्स

हम भूल गए हैं रख के कहीं
वो चीज़ जिसे दिल कहते थे
वो चीज़ जिसे दिल कहते हैं...

हम भूल गए हैं रख के कहीं

उम्मीद भी अजनबी लगती है
और दर्द पराया लगता है...
आईने में जिसको देखा था
बिछड़ा हुआ साया लगता है...

हम भूल गए हैं रख के कहीं
वो चीज़ जिसे दिल कहते थे
वो चीज़ जिसे दिल कहते हैं...

हम भूल गए हैं रख के कहीं

ना जाने कहाँ छोड़ आए हैं
वो शख़्स जिसे हम जानते थे...
आहट भी सुनाई देती नहीं
परछाईं से हम पहचानते थे...

हम भूल गए हैं रख के कहीं
वो चीज़ जिसे दिल कहते थे
वो चीज़ जिसे दिल कहते हैं...

हम भूल गए हैं रख के कहीं

हरिहरन / **अनु मलिक** / 2001

120

ओ दिल बंजारे

माया मेमसाब

ओ दिल बंजारे...
जा रे ओ दिल बंजारे
खोल डोरियाँ
सब खोल दे...

धूप से छनती छाँव
ओक में भरना चाहूँ
आँख से छनते सपने
होंठ से चखना चाहूँ...

ये मन संसारी...
बोले ये मन संसारी
एक बार तो अब डोल रे
ओ दिल बंजारे...

रात का बीता सपना
दिन में दिल दोहराए
जाने कौन है आकर
साँसों को छू जाए...

ये दिल अंजाना..
बोले
ये दिल अंजाना
एक बार तो लब खोल दे
ओ दिल बंजारे...

लता मंगेशकर / **पं. हृदयनाथ मंगेशकर** / 1993

तू ही तू, तू ही तू, सतरंगी रे...

दिल से

तू ही तू, तू ही तू, सतरंगी रे
तू ही तू, तू ही तू, मनरंगी रे...

दिल का साया हमसाया सतरंगी रे
मनरंगी रे
कोई नूर है तू, क्यों दूर है तू
जब पास है तू, एहसास है तू
कोई ख़्वाब है या परछाईं है
सतरंगी रे...

इस बार बता, मुँहज़ोर हवा, ठहरेगी कहाँ

इश्क़ पर ज़ोर नहीं
है ये वो आतिश ग़ालिब
जो लगाए न लगे
और बुझाए न बने...

आँखों ने कुछ ऐसा छुआ
हल्का-हल्का उन्स हुआ
हल्का-हल्का उन्स हुआ
दिल को महसूस हुआ
तू ही तू, जीने की सारी ख़ुशबू
तू ही तू, आरज़ू-आरज़ू
तेरे जिस्म की आँच को छूते ही
मेरे साँस सुलगने लगते हैं
मुझे इश्क़ दिलासे देता है
मेरे दर्द बिलखने लगते हैं

122

तू ही तू, तू ही तू, जीने की सारी ख़ुशबू
तू ही तू, तू ही तू, आरज़ू-आरज़ू
छूती है मुझे सरगोशी से
आँखों में घुली ख़ामोशी से
मैं फ़र्श पे सज्दे करता हूँ
कुछ होश में कुछ बेहोशी से

दिल का साया हमसाया सतरंगी रे...

तेरी राहों में उलझा-उलझा हूँ
तेरी बाँहों में उलझा-उलझा
सुलझाने दे होश मुझे
तेरी चाहों में उलझा हूँ...

मेरा जीना जुनूँ, मेरा मरना जुनूँ
अब इसके सिवा नहीं कोई सुकूँ...
मेरा जीना जुनूँ, मेरा मरना जुनूँ

तू ही तू, तू ही तू, सतरंगी रे
तू ही तू, तू ही तू, मनरंगी रे...

इश्क़ पर ज़ोर नहीं
है ये वो आतिश ग़ालिब
जो लगाए न लगे
और बुझाए न बने...

मुझे मौत की गोद में सोने दे...
तेरी रूह में जिस्म डुबोने दे...
संतरंगी रे, मनरंगी रे
सतरंगी रे, मनरंगी रे!

सोनू निगम / **ए. आर. रहमान** / 1998

आधे-अधूरे ख़्वाब जो पूरे ना हो सके
एक बार फिर से नींद में वो ख़्वाब बोने दो

ख़्वाब

ख़्वाब आज़ाद होते हैं—सबसे आज़ाद। और किसी को पहचानना हो तो उसे सारे बंधनों से, ज़िन्दगी के सारे उपादानों से स्वतंत्र कर के ही पहचाना जा सकता है। ज़ाहिर है, सब कुछ जानने के लिए ख़्वाबों को भी पहचानना ज़रूरी होता है। पर ख़्वाब पकड़ में कहाँ आते हैं, ख़ुद के भी! तभी गुलज़ार के गीतों से गुज़रते हुए मुझे अपनी एक कविता की पंक्तियाँ याद आयीं...

"यदि मुझे पहचानना चाहते हो
तो मुझे ख़्वाबों में पकड़ो
पहचान न पाओगे
क्योंकि उन ख़्वाबों में
मैं ख़ुद को नहीं पहचान पाता—
कितनी तेज यात्राएँ होती हैं
कितने अलौकिक गन्तव्य।"

पर ख़्वाब तो ख़्वाब हैं ना। इनकी एक अलग दुनिया होती है— लगभग ज़िन्दगी के समांतर। और ये दुनिया सोते-जागते हमारे साथ होती है। जागें तो थोड़े तरतीब में, थोड़े क़ाबू में होते हैं ख़्वाब। और नींद में न जाने कहाँ उड़ाकर ले जाएँ। ख़्वाबों का नींद से ये कौन सा रिश्ता है जो इतना रास आता है...

"आधे-अधूरे ख़्वाब जो पूरे ना हो सके
एक बार फिर से नींद में वो ख़्वाब बोने दो"।

शायद नींद इन ख़्वाबों को सहेजती है...

"देखो आहिस्ता चलो, और भी आहिस्ता ज़रा
देखना, सोच-समझकर ज़रा पाँव रखना
ज़ोर से बज न उठे पैरों की आवाज़ कहीं
काँच के ख़्वाब हैं बिखरे हुए तन्हाई में
ख़्वाब टूटे न कोई जाग न जाए देखो
जाग जाएगा कोई ख़्वाब तो मर जाएगा।"

रातों को आँखों में पलकों तले न सिर्फ सजते हैं, नींद की गर्माहट में बड़े बोसीदा हो जाते हैं ख़्वाब...

"ख़यालों में तुमने भी देखी तो होंगी
कभी मेरे ख़्वाबों की धुँधली लकीरें
तुम्हारी हथेली से मिलती हैं जा के
मेरी हाथ की ये अधूरी लकीरें"

और फिर जागते हुए भी मन सपनीली दुनिया में खोया रहता है...

"ज़िक्र हो अब आसमाँ का या ज़मीं की बात हो
ख़त्म होती है तुम्हीं पर अब कहीं की बात हो"।

गुलज़ार की दुनिया में ख़्वाबों का एक अलग आसमान है– बहुत विस्तृत, कभी-कभी तो समय से परे और इस आसमान के पार...

"आसमाँ के पार शायद और कोई आसमाँ होगा
बादलों के पर्वतों पर कोई बारिश का मकाँ होगा"

और फिर ख़्वाबों के तो पर होते ही हैं...

"इन लम्बे रास्तों पर सब तेज चलते होंगे
कॉपी के पन्नों जैसे यहाँ दिन पलटते होंगे।"

दरअसल, ख़्वाब में कुछ भी सापेक्ष नहीं– न समय की इकाई है, न उम्र की सीमा, और कुछ भी ज़रूरी तो नहीं– न साथ, न रास्ता। और फिर भी सब कुछ पास होता है क्योंकि ख़्वाबों में कहीं भी पहुँचा जा सकता है...

"किसी आसमाँ पे तो साहिल मिलेगा, मैं लाने वही आसमाँ जा रहा हूँ
जहाँ पे ज़मीं आसमाँ छू रही है, वहीं जा रहा हूँ, वहाँ जा रहा हूँ"।

ज़िन्दगी पर तो किसी का कोई बस नहीं चलता, पर ख़्वाब तो अपने होते हैं। एक बहुत मासूम-सा ख़याल होता है ख़्वाबों में और यह सोचकर अच्छा लगता है...

"फिर वही रात है
फिर वही रात है ख़्वाब की
रात भर ख़्वाब में देखा करेंगे तुम्हें
फिर वही रात है, रात है ख़्वाब की"।

पर ख़्वाबों की भी अपनी मुश्किलें हैं– कविता की पकड़ से बाहर की मुश्किलें। शायद, इन मुश्किलों का हल भी ख़्वाबों में ही है– कोई साथ न हो तो भी इनका

साथ बना रहता है...

"आँखों में नींद न होती, आँसू ही तैरते रहते
ख़्वाबों में जागते हम रात-भर
कोई तो ग़म अपनाता, कोई तो साथी होता
कोई होता जिसको अपना, हम अपना कह लेते यारो"।

यह सच है कि ख़्वाब अपनी तमाम मुश्किलों के बावजूद ज़िन्दगी की मुश्किलों से हमें बचाते हैं, क्योंकि ज़िन्दगी तो बड़ी बेरहम होती है— इसमें जो कहा गया, उसे सब सुन सकते हैं; जो किया गया, उसका नतीजा सामने आ खड़ा होता है— कोई मोहलत नहीं मिलती। पल पल होता है, उम्र उम्र। इसमें दिन दिन की तरह आता है और रातें रातों की तरह। ये तो ख़्वाब ही हैं जो हमें यह बेफ़िक्री देते हैं कि ख़्वाहिशें लिखी भी जाएँ तो उन्हें मुल्तवी रखा जा सकता है और फिर उन्हें या तो पढ़ाया न जाए और जब पढ़ाया जाए तो उसे ही जो उन ख़्वाबों को देख सके, समझ सके...

"लिखते रहे हैं तुम्हें रोज़ मगर
ख़्वाहिशों के ख़त कभी भेजे ही नहीं
ऐनक लगा के कभी पढ़ना वो चिट्ठियाँ
आँखों के पानी में रखना वो चिट्ठियाँ
तैरती नज़र आएँगी..."।

और ऐसा नहीं कि ख़्वाब बस तैरते ही रहते हैं, कई छोटे-छोटे ख़्वाब तो कभी-कभी साहिल पर उतर भी आते हैं...

"मेरे घर के आँगन में, छोटा-सा झूला होगा
सोंधी-सोंधी मिट्टी होगी, लेपा हुआ चूल्हा होगा
थोड़ी-थोड़ी आग होगी, थोड़ा-सा धुआँ
तिनकों का बस इक आशियाँ
थोड़ी-सी ज़मीं, थोड़ा आसमाँ"।

ज़ाहिर है, किसी को जानना हो तो उसके ख़्वाबों के साथ उड़ान भरनी होगी, उसके पंखों में अपना आकाश फैलाना होगा और उसके साथ एक लम्बी यात्रा पर निकलना होगा। आइए चलें!

128

जागे हैं

गुरु

जागे हैं देर तक हमें कुछ देर सोने दो
थोड़ी सी रात और है सुबह तो होने दो
आधे अधूरे ख़्वाब जो पूरे ना हो सके
एक बार फिर से नींद में वो ख़्वाब बोने दो

चित्रा - ए. आर. रहमान / **ए. आर. रहमान** / 2007

थोड़ी-सी ज़मीं, थोड़ा आसमाँ

सितारा

थोड़ी-सी ज़मीं, थोड़ा आसमाँ
तिनकों का बस इक आशियाँ
थोड़ी-सी ज़मीं...

माँगा है जो तुमसे वह ज़्यादा तो नहीं है
देने को तो जाँ दे दें, वादा तो नहीं है
कोई तेरे वादों पे, जीता है कहाँ
तिनकों का बस इक आशियाँ
थोड़ी-सी ज़मीं...

मेरे घर के आँगन में, छोटा-सा झूला होगा
सोंधी-सोंधी मिट्टी होगी, लेपा हुआ चूल्हा होगा
थोड़ी-थोड़ी आग होगी, थोड़ा-सा धुआँ
तिनकों का बस इक आशियाँ
थोड़ी-सी ज़मीं...

रात कट जाएगी तो कैसे दिन बिताएँगे
बाजरे के खेतों में कौए उड़ाएँगे
बाजरे के सिट्टों-जैसे बेटे हों जवाँ
तिनकों का बस एक आशियाँ

थोड़ी-सी ज़मीं, थोड़ा आसमाँ
तिनकों का बस इक आशियाँ...

लता मंगेशकर - भूपिन्दर / **आर. डी. बर्मन** / 1980

फिर वही रात है

घर

फिर वही रात है
फिर वही रात है ख़्वाब की
रात भर ख़्वाब में देखा करेंगे तुम्हें
फिर वही रात है
रात है ख़्वाब की
फिर वही...

मासूम-सी नींद में
जब कोई सपना चले
हमको बुला लेना तुम
पलकों के पर्दे तले
ये रात है ख़्वाब की
ख़्वाब की रात है
फिर वही रात है
फिर वही...

काँच के ख़्वाब हैं
आँखों में चुभ जाएँगे
पलकों में लेना इन्हें
आँखों में रुक जाएँगे
ये रात है ख़्वाब की
ख़्वाब की रात है
फिर वही रात है
फिर वही...

किशोर कुमार / **आर. डी. बर्मन** / 1978

लोगों के घर में रहता हूँ

गृहप्रवेश

लोगों के घर में रहता हूँ
कब अपना कोई घर होगा...
दीवारों की चिंता रहती है, दीवार में कब कोई दर होगा
लोगों के घर में रहता हूँ

सब्ज़ीमंडी बाप का घर है
पुलबंगश पे मामा का...
श्याम नगर में चाचा का घर
चौक पे अपनी श्यामा का
मायके और ससुराल के आगे
अरे मायके और ससुराल के आगे, और भी कोई घर होगा
दीवारों की चिंता रहती है, दीवार में कब कोई दर होगा
लोगों के घर में रहता हूँ

इच्छाओं के भीगे चाबुक
चुपके-चुपके सहता हूँ
दूजे के घर यूँ लगता है
मोज़े पहने रहता हूँ
नंगे पाँव आँगन में
अरे नंगे पाँव आँगन में, कब बैठूँगा, कब घर होगा
लोगों के घर में रहता हूँ, कब अपना कोई घर होगा
दीवारों की चिंता रहती है, दीवार में कब कोई दर होगा
लोगों के घर में रहता हूँ!

भूपिन्दर / **कनु रॉय** / 1979

132

कभी-कभी सपना लगता है

रत्नदीप

कभी-कभी सपना लगता है
कभी ये सब अपना लगता है
तुम समझा दो— मन को क्या समझाऊँ
कभी-कभी सपना लगता है...

मुझे अगर बाहों में भर लो
शायद तुमको चैन मिले
चैन तो उस दिन खोया मैंने
जिस दिन तुमसे नैन मिले
फिर भी ये अच्छा लगता है
मगर अभी सपना लगता है
तुम समझा दो— मन को क्या समझाऊँ
कभी-कभी सपना लगता है...

चेहरे पर है और एक चेहरा
कैसे उसे हटाऊँ
मेरा सच गर तुम अपना लो
जनम-जनम तर जाऊँ
ऐसे सब अच्छा लगता है
सब का सब सपना लगता है
तुम समझा दो— मन को क्या समझाऊँ
कभी-कभी सपना लगता है...

किशोर कुमार / आशा भोंसले / **आर. डी. बर्मन** / 1979

पुकारो

भूल न जाना

पुकारो
मुझे नाम लेकर पुकारो
मुझे तुमसे अपनी ख़बर मिल रही है
पुकारो...

कई बार यूँ ही हुआ है सफ़र में
अचानक से दो अजनबी मिल गए हों
जिन्हें रूह पहचानती हों अज़ल से
भटकते-भटकते वही मिल गए हों
कुँआरे लबों की क़सम तोड़ दो तुम
ज़रा मुस्करा कर बहारें सँवारो
पुकारो...

ख़यालों में तुमने भी देखी तो होंगी
कभी मेरे ख़्वाबों की धुँधली लकीरें
तुम्हारी हथेली से मिलती हैं जा के
मेरी, हाथ की ये अधूरी लकीरें
बड़ी सरचढ़ी है ये ज़ुल्फ़ें तुम्हारी
ये ज़ुल्फ़ें मेरे बाज़ुओं में उतारो
पुकारो...

मुकेश / **दान सिंह** / 1968

134

मेरे सिरहाने जलाओ सपने

माया मेमसाब

मेरे सिरहाने जलाओ सपने
मुझे ज़रा-सी तो नींद आए...

ख़याल चलते हैं आगे-आगे
मैं उनकी छाँव में चल रही हूँ
ना जाने किस मोम से बनी हूँ
जो क़तरा-क़तरा पिघल रही हूँ
मैं सहमी रहती हूँ नींद में भी
कहीं कोई ख़्वाब डँस ना जाए
मेरे सिरहाने...

कभी बुलाता है कोई साया
कभी उड़ाती है धूल कोई
मैं एक भटकी हुई-सी ख़ुशबू
तलाश करती हूँ फूल कोई
ज़रा किसी शाख़ पर तो बैठूँ
ज़रा तो मुझको हवा झुलाए
मेरे सिरहाने...

लता मंगेशकर / **पं. हृदयनाथ मंगेशकर** / 1993

कहते कहते रुक जाती हैं

चुपके से

कहते कहते रुक जाती हैं, ना जाने क्यूँ
दोनों आँखें झुक जाती हैं, ना जाने क्यूँ...
कह भी रहे हो
सुन भी रहे हो
बोलो ना बता दो...

कहते कहते...

कभी तो नींद भी आयी नहीं
आँखों से ख़्वाब भी जाये नहीं
अभी यहीं है
अभी नहीं है
कभी जो गुम हो तो लगे तुम हो
क्या कह रहे थे तुम दो आँखों से
क्यूँ कह रहे थे तुम दो आँखों से
बोलो ना बता दो...

कहते कहते...

लबों की गिरह खोलो ज़रा
हवा की तरह उड़ लो ज़रा
ऐसे तो कभी हुआ ही नहीं
गले भी लगे छुआ भी नहीं
कुछ तो हुआ है ना, अनजाने में

136

मोड़ आया है जो अफ़साने में
बोलो ना बता दो
अरे बोलो ना बता दो

कहते कहते रुक जाती हैं ना जाने क्यूँ
दोनों आँखें झुक जाती हैं ना जाने क्यूँ
कह भी रहे हो
सुन भी रहे हो
बोलो ना बता दो!

लकी अली - आशा भोंसले / **विशाल भारद्वाज** / 2003

तू मुस्करा

युवराज

तू मुस्करा जहाँ भी है तू मुस्करा
तू धूप की तरह बदन को छू ज़रा

शरीर सी ये मुस्कराहटें तेरी
बदन में सुनती हूँ मैं आहटें तेरी
लबों से आ के छू दे अपना लब ज़रा
तू मुस्करा जहाँ भी है तू मुस्करा

शरीर सी...

ऐसा होता है ख़यालों में अक्सर
तुझको सोचूँ तो महक जाती हूँ
मेरी रूह में बसी है तेरी ख़ुशबू
तुझको छू लूँ तो बहक जाती हूँ
मेरी आँखों में...
कोई तो जादू है
तू मुस्करा
जहाँ भी है तू मुस्करा
तू मुस्करा...

शरीर सी...

तेज चलती हैं हवाओं की साँसें
मुझको बाहों में लपेट के छुपा ले

138

तेरी आँखों की हसीन लोरियों में
मैं बदन को बिछाऊँ, तू सुला ले
मेरी आँखों में...
कोई तो नशा है
तू मुस्करा
जहाँ भी है तू मुस्करा
तू मुस्करा...

शरीर सी...

अलका याज्ञिक - जावेद अली / **ए. आर. रहमान** / 2008

फ़िज़ा...फ़िज़ा

फ़िज़ा

फ़िज़ा...फ़िज़ा
फ़िज़ा...फ़िज़ा

तू हवा है फ़िज़ा है ज़मीं की नहीं
तू घटा है तो फिर क्यूँ बरसती नहीं
उड़ती रहती है तू पंछियों की तरह
आ मेरे आशियाने में आ...

मैं हवा हूँ कहीं भी ठहरती नहीं
रुक भी जाऊँ कहीं पर तो रहती नहीं
मैंने तिनके उठाए हुए हैं परों पर
आशियाना नहीं है मेरा...

घने एक पेड़ से मुझे
झोंका कोई ले के आया है
सूखे एक पत्ते की तरह
हवा ने हर तरफ़ उड़ाया है
आ ना आ
आ ना आ इक दफ़ा
इस ज़मीं से उठें
पाँव रखें हवा पर
ज़रा सा उड़ें
चल चलें हम जहाँ
कोई रस्ता न हो
कोई रहता न हो

140

कोई बसता न हो
कहते हैं आँखों में मिलती है ऐसी जगह
फ़िज़ा...

मैं हवा हूँ कहीं भी ठहरती नहीं...

तुम मिले तो क्यूँ लगा मुझे
ख़ुद से मुलाक़ात हो गयी
कुछ भी तो कहा नहीं मगर
ज़िंदगी से बात हो गयी
आ ना आ
आ ना आ साथ बैठें
ज़रा देर तो
हाथ थामें रहें और कुछ ना कहें
छू के देखें तो आँखों की ख़ामोशियाँ
कितनी चुप-चाप होती हैं सरगोशियाँ
सुनते हैं आँखों में होती है
ऐसी सदा
फ़िज़ा... फ़िज़ा...

तू हवा है फ़िज़ा है ज़मीं की नहीं...

मैं हवा हूँ कहीं भी ठहरती नहीं...

सोनू निगम - अलका याज्ञिक / **अनु मलिक** / 2000

किसी आसमाँ पे तो साहिल मिलेगा

कशिश

किसी आसमाँ पे तो साहिल मिलेगा...
मैं लाने वही आसमाँ जा रहा हूँ...
जहाँ पे ज़मीं आसमाँ छू रही है
वहीं जा रहा हूँ, वहाँ जा रहा हूँ
किसी आसमाँ पे तो...

कई बार देखी हैं सिंदूरी शामें...
उफ़क़ के परे जगमगाती हुईं
कई बार ख़ामोशियों में सुना है
गुज़रती है मुझको बुलाती हुई...
जहाँ पे मिले वो जहाँ, जा रहा हूँ...
मैं लाने वही आसमाँ जा रहा हूँ...
किसी आसमाँ पे तो...

बहुत बार सोचा ये सिंदूरी रौग़न...
जहाँ पे खड़ा हूँ वहीं पे बिछा दूँ
ये सूरज के ज़र्रे ज़मीं पर मिलें तो
इक और आसमाँ मैं ज़मीं पे बिछा दूँ...
जहाँ पे मिले वो जहाँ, जा रहा हूँ...
मैं लाने वही आसमाँ जा रहा हूँ...
किसी आसमाँ पे तो साहिल मिलेगा

मो. रफी / **कल्याणजी-आनन्दजी** / 1980

छन् से बोले

यहाँ

छन् से बोले चमक के जब चिनार बोले
ख़्वाब देखा है आँख का ख़ुमार बोले
ख़्वाब छलके तो आँख से टपक के बोले
झरना छलके तो पूरा आबशार बोले...
उर्ज़ो उर्ज़ो दुर्कुठ...

हरे ख़्वाब की ये हरी चूड़ियाँ
कलाई में किसने भरी चूड़ियाँ...
उठी नींद से
चली आई मैं
साथ ही आ गईं मेरी चूड़ियाँ...

आँख बोले कि ख़्वाब-ख़्वाब खेलते रहो
रोज़ कोई एक चाँद बेलते रहो
चाँद टूटे तो टुकड़े टुकड़े बाँट लेना
गोल पहिया है रात-दिन धकेलते रहो
उर्ज़ो उर्ज़ो दुर्कुठ...

छन् से बोले चमक के जब चिनार बोले
ख़्वाब देखा है आँख का ख़ुमार बोले
ख़्वाब छलके तो आँख से टपक के बोले
झरना छलके तो पूरा आबशार बोले
उर्ज़ो उर्ज़ो दुर्कुठ...

कश्मीरी की एक कहावतः
तुम्हारे घुटने सलामत रहें!

श्रेया घोषाल / **शान्तनु मोइत्रा** / 2005

चाँद से होकर सड़क जाती है
उसी पे आगे जाकर अपना मकाँ होगा

145

चाँद

गुलज़ार के बिम्बों को साधना चाँद की गठरी सर पर लेने की कोशिश है। न जाने कितने ऐसे बिम्ब हैं, जो घनीभूत होकर गुलज़ार के गीतों की दुनिया को अर्थवान बनाते हैं। ये गीत अपने-आप में संपूर्ण हैं, स्वायत्त हैं। यदि उन्हें फिल्म के कथानक में डाल दिया जाए तो वे कहानी के हिस्से बन जाते हैं और यदि उन्हें बिना किसी संदर्भ के भी टटोला जाए तो वे अपनी कहानी खुद कहते हैं। दरअसल कई बार बड़े टटके होते हैं उनके बिम्ब। कुछ लोगों को यों शिकायत रहती है कि गुलज़ार एक ही चाँद से खेलते रहते हैं और इस तरह वे ख़ुद को दुहराते हैं। बेशक़ उन्होंने चाँद की संभावनाओं को असंख्य आयाम दिए हैं।

सुबह हर रोज़ होती है और रात हर रात पसरती है। शायर को वही सुबह रोज़ अलग-अलग दीखती है और रात के हर पहर में न जाने उसकी नज़्में कितना आकार बदलती हैं—कभी उनींदी नज़्में, कभी जागते लमहे, कभी रातें बेसुआदी होती हैं तो कभी शोख़, कभी नागिन-सी डँसती कौड़ियाली रात और कभी ख़त में लिपटी रात। इन रातों में यदि कोई शायर चाँद को बार-बार अपना हिस्सा बनाता है तो वह अँधेरों की कितनी परतों को खोलकर चाँद से कितने कोणों से मिलता होगा कि हर बार चाँद अलग दीखता है— कभी पहली मुहब्बत की तरह ख़ूबसूरत, कभी हिज्र की तरह बुझा हुआ, कभी वस्ल की तरह खिला हुआ।

चाँद के इस चितेरे शायर के पहले गीत की दास्तान कौन भूल सकता है। यह यों ही नहीं हुआ होगा कि *"मोरा गोरा रंग लई ले"* में बैरी चाँद सहमी हुई नायिका के संकोच को उजागर भी करता है और उसकी निजता में दखल भी देता है। इसे कोसता हुआ शायर कहता है...

"बदरी हटा के चंदा, चुपके से झाँके चंदा
तोहे राहू लागे बैरी, मुसकाए जी जलाई के"

और ये सिर्फ़ संयोग नहीं है कि गुलज़ार की ग़ैर-फिल्मी नज़्मों का शुरू का

महत्त्वपूर्ण संग्रह था "एक बूँद चाँद"। तब से आज तक चाँद गुलज़ार के गीतों में उगता रहा है, आता रहा है, छिपता रहा है। पर वह न हो– यह असंभव-सा है। चाँद कहीं संज्ञा है, कहीं कारक, कहीं उपमा तो कहीं उपमान, कहीं अलंकार तो कहीं विशेषण, कहीं व्यंजना है, कहीं लक्षणा और अगर चाँद सिर्फ चाँद है तो वह चाँद तो है ही न! भाषा-विज्ञान की हदों को तोड़ता है यह चाँद और किसी जादू की पुड़िया की तरह उसमें से कुछ भी निकल सकता है– कोई भी रूप, कोई भी अर्थ।

बहुत शुरू में ही चाँद उन पर अटक गया और फिर न जाने कितने चाँद उग आए उनकी शायरी के फ़लक पर। सत्तर के दशक में बिलकुल शास्त्रीय ढंग से *"बीती ना बिताई रैना"* में बहुत धीमे और संजीदा संगीत के साथ लता मंगेशकर और भूपिन्दर की कशिश भरी आवाज़ में अचानक गुलज़ार बोलने लगते हैं,*"चाँद की बिंदी वाली, बिंदी वाली रतियाँ*

जागी हुई अँखियों में, रात न आई रैना"।

और नई सदी में छोटे-छोटे शहरों से निकल बंटी और बबली रास्ता ढूँढ़ते, बादल चखते, कोयले से अपनी मौजूदगी फ़लक पर लिखते हुए, आगे बढ़ते जाते हैं और शायर उन्हें रास्ता बतलाता है, फिर सुनिधि चौहान की आवाज़ शायर का इशारा समझ चहक उठती है, *"चाँद से होकर सड़क जाती है, उसी पर आगे जाकर अपना मकाँ होगा"*।

शायर कभी डोरियों से बाँध-बाँध के चाँद तोड़ता है और कभी चॉक से चाँद पर किसी का नाम लिखता है। कभी उसे गोरा-चिट्टा सा चाँद का पलंग नज़र आता है, जहाँ चाँदनी में लिपट वह मुग्ध होकर सो सकता है और कभी उसे ख़्वाब छिपाने को निहायत ख़ूबसूरत जगह मिल जाती है...

"इक ख़्वाब तो आँखों में है, इक चाँद के तकिए तले"

चाँद रात-दिन के साथ चोर-सिपाही खेल रहा होता है और शायर भी इस खेल में शामिल हो जाता है। लगता है गुलज़ार ने ख़ुदा से ज़िन्दगी की बाज़ी खेलते वक़्त सचमुच चाँद का मोहरा या तो चुरा लिया है या जीत लिया है। तभी तो उल्लास भरी रातों में...

''जब तारे ज़मीं पर चलते हैं, आकाश ज़मीं हो जाता है
उस रात नहीं फिर घर जाता, वो चाँद यहीं सो जाता है''।

और जब *"रात बड़ी तेज़ाबी"* हो तो आशंका होती है, *"गिर ना जाए हाथ से चाँद रकाबी"*।

जब इन्तज़ार में सदियाँ गुज़र जाती हैं तो फिर सूनी आँखें चाँद से किसी के उतरने को तरस जाती हैं, *''कुछ चाँद के रथ तो गुज़रे थे, पर चाँद से कोई उतरा नहीं''*। और जब बिना वजह बेलौसी हो तो *"धन्नो* (नशे के बाद की सुबह) *की आँखों में रात का सुरमा और चाँद का चुम्मा"* होता है। जब तन्हाई कचोटती है तो बेबस रात बोल उठती है, *"कई चाँद उठकर जलाए-बुझाए, बहुत हमने चाहा ज़रा नींद आए"*।

जब लंपट काली रात के सच को चाँद के चमकीले झूठ से छिपाने की असफल कोशिश होती है तो उलाहना मिलता है, *"नित चमकावे चाँद काली रतियाँ"* और जब एक झूठ को छिपाने के लिए हज़ार झूठ और बोलने पड़ें तो फिर सुनना पड़ता है, *"लिपटी-लिपटी बनाओ न बतियाँ"*।

और मीठी यादों की जब बारिश होती है तो प्यार नशीला हो उठता है और इस आवेश में सौंदर्य का आकर्षण लगभग आदिम हो कह उठता है, *"याद तो होगी कुछ भूली-बिसरी, ऐसे ही बरसी थी चाँद से मिसरी, चाँद को चबाने की रात आयी है"*। चाँद की इस मिसरी का नशा कितना मादक हो सकता है, इसका एहसास होता है जब *''बोतल से काग उड़ाके रात''* चलती है...

''आज की मय बहुत मीठी है, आज तो आँख मिला के पीना
चाँद की मिसरी घुल जाएगी, चाँद से होंठ लगा के पीना''।

इस आवेग के चरम को कविता के दायरे में समेटने के लिए गुलज़ार लगभग जोखिम उठाकर 'ओमकारा' में एक ऐसा रूपक रचते हैं जो अद्‍भुत है...

"मैं चाँद निगल गई दैया रे
भीतर-भीतर आग जरे
बात करूँ तो सेक लगे
हो मैं चाँद निगल गई दैया रे
अंग पे ऐसे छाले पड़ें
तेज था छौंका का करूँ
सी-सी करती मैं मरूँ

जुबाँ पर लागा लागा रे
नमक इश्क़ का"।

जब चाँद अपनी बेचैनी और आग के साथ निगला जा चुका हो, सारे जिस्म पर छाले पड़ रहे हों, बात करने पर आँच लगती हो और चाँद का तड़का लगा हो तो लम्बे समय तक स्वाद छूटता नहीं। छूटे भी तो कैसे, पूरी डली-भर नमक डाला गया है और फिर रेखा भारद्वाज की आवाज़ में ठुमरी, मुजरे और कव्वाली के बीच का नशीला और नमकीन जादू सर चढ़कर बोलता है। इश्क़ के हजारों रंग हैं, कई स्वाद हैं, लेकिन इस गाने को सुन सबकी ज़ुबान पर बस है *'नमक इश्क़ का'। "कभी अँखियों से पीना, कभी होंठों से पीना, कभी अच्छा लगे मरना, कभी मुश्किल लगे जीना"*... इतनी मादकता और इतनी तड़प एक साथ। गुलज़ार के शब्द असंभव को संभव बनाते हैं, ऐंद्रिकता और रूमानियत को एक साथ लाते हैं।

कभी ये मिसरी-कभी नमक, कभी ये कौड़ियाली रात-कभी बिंदीवाली रतियाँ– सबको एक साथ साधना सचमुच चाँद की गठरी सर पे लेना है। यानी चाँद के साथ जीना एक जुनून भी है, एक सुकून भी, एक चुनौती भी, ज़िन्दगी की जद्दोजहद का एहसास भी! इसीलिए जब उदासी होती है तो शायर कहता है...

"डूबता है दिन तो शाम को साये उड़ते हैं
तेरी यादें लिए
लाख दिन हुए हैं कि रात को
आधे चाँद से तेरी बातें किए"

और जब सुखद स्मृतियाँ उभरती हैं तो उसी गीत में एक उजास फैल जाती है और आधा चाँद पूरा हो जाता है...

"एक एक बात याद है
आधी रात के पूरे चाँद को
जागते हुए भी हूँ ख़्वाब में"।

सुबह-साँझ के भेद खोलती सैकड़ों पंक्तियाँ गुलज़ार की शायरी में फैली हुई हैं और जब यही शायर निस्सीम की तलाश करता है तो 'काबुलीवाला' की गंगा साँझ में सारे रंगों का भेद मिटाकर उजियारे दिन और कारी रात को एक धूसर

रंग में आत्मसात कर लेती है। पर ख़्वाबों की दुनिया रात की होती है, रात में होती है। और रातों को शिद्दत से महसूस करते हुए गुलज़ार अक्सर चाँद को हमसफ़र बनाते हैं। अकेली दुखियारी रात बेबस भिखारन की तरह चाँद का कटोरा सामने किए रोज़ आती है और रोज़ जाती है– किसी अपने की तलाश में। और जब कोई अपना साथ हो ख़्वाबों में, तो फिर शायर के साथ दिन में भी रात चली आती है, और तब...

"सारा दिन चाँदनी-सी छाई रहती है
और गुलाबी धूप बौखलाई रहती है"

और जब दीवानगी रोज़मर्रे को अस्त-व्यस्त कर दे तो फिर लगता है...

"जो तुझे जानता न हो
उससे तेरा नाम पूछना
ये मुझे क्या हो गया,
डोरियों से बाँध-बाँध के
रात भर चाँद तोड़ना
ये मुझे क्या हो गया"।

अक्सर शक़ होता है– गुलज़ार की चाँद से आशनाई है। इसलिए गुलज़ार के चाँद को पकड़ना आसान नहीं। दरअसल, शास्त्रीय भाषा में चाँद की सोलह कलाओं का वर्णन तो है, पर जब गुलज़ार के चाँद को समेटना हो तो ये पर्याप्त नहीं और इसको सुलझाने में ख़ुद शायर मदद करता है, *"एक सौ सोलह चाँद की रातें, एक तुम्हारे काँधे का तिल"*।

शायद गद्य की सीमाओं को तोड़ना होगा शायर गुलज़ार और चाँद के इस रिश्ते को समझने के लिए– तभी मैंने अपनी एक नज़्म का सहारा लिया–

"हर पन्ने पर चाँद ही चाँद है
चाँद की संज्ञा, क्रिया चाँद की
चाँद की सरगम, गूँज चाँद की
चाँद चाशनी मद्धम-मद्धम
चाँद का तड़का—ख़ुशबू वाला
चाँद के जुमले
चाँद की बातें

चाँद के क़िस्से
चाँद-फ़साने

चाँद का जलना
चाँद का बुझना
शीत चाँद की
आग चाँद की
चारों तरफ जब चाँद टँगा हो—
रात भिखारन कैसे होगी!

चाँद कटोरा
चाँद की रोटी
प्यास चाँद की
ओक चाँद का
चाँद के टुकड़े और निवाले
पिएँ रात भर चाँद के प्याले

सारी उमर इस तरह ज़मीं से
जोड़ता रहता टोटा-टोटा
चाँद की सतरें—एक जुलाहा दीवाना-सा
पूरा चाँद बसे आँखों में रात-रात भर
जाग खुले तो पल में ओझल

इस बाज़ी में कोई
ना हारे ना जीते

चाँद के इस मासूम खेल में
सालों से महकी हैं
अनगिन नज़्में जिनकी
उनके चाँदों की ख़ुशबू से
ये दुनिया गुलज़ार हुई है!"

रोज़ अकेली आए

मेरे अपने

रोज़ अकेली आए
रोज़ अकेली जाए
चाँद कटोरा लिए भिखारन रात
रोज़ अकेली आए
रोज़ बिचारी जाए

मोतियों जैसे तारे
आँचल में हैं सारे
हाय रे फिर क्या माँगे भिखारन रात

जोगन जैसी लागे
ना सोए ना जागे
गली-गली में जाए भिखारन रात

रोज़ लगाए फेरा
है कोई नन्हा सवेरा
गोद में भर दो आई भिखारन रात

रोज़ अकेली आए
रोज़ अकेली जाए
चाँद कटोरा लिए भिखारन रात

लता मंगेशकर / **सलिल चौधरी** / 1971

152

बादलों से काट-काट के

सत्या

बादलों से काट-काट के
काग़ज़ों पे नाम जोड़ना...
ये मुझे क्या हो गया
अरे ये मुझे क्या हो गया

डोरियों से बाँध-बाँध के
रात-भर चाँद तोड़ना
ये मुझे क्या हो गया...

एक बार तुमको जब
बरसते पानियों के पार देखा था...
यूँ लगा था जैसे
गुनगुनाता एक आबशार देखा था...

तब से मेरी नींद में बरसती रहती हो
बोलती बहुत हो और हँसती रहती हो

जो तुझे जानता न हो
उससे तेरा नाम पूछना
ये मुझे क्या हो गया...

देखो यूँ खुले बदन तुम
देखो यूँ खुले बदन
गुलाबी साहिलों पे आया ना करो तुम

नमक भरे समन्दरों में
इस तरह नहाया ना करो

सारा दिन चाँदनी-सी छाई रहती है
और गुलाबी धूप बौखलाई रहती है

जामुनों की नर्म डाल पे
नाखूनों से नाम खोदना
ये मुझे क्या हो गया...

बादलों से काट-काट के
काग़ज़ों पे नाम जोड़ना
डोरियों से बाँध-बाँध के
रात-भर चाँद तोड़ना
ये मुझे क्या हो गया!

भूपिन्दर / **विशाल भारद्वाज** / 1998

होठों पे बीती बात

अंगूर

होठों पे बीती बात आयी है
वादा निभाने की रात आयी है...
होठों पे बीती बात...

याद तो होगी
कुछ भूली-बिसरी
ऐसे ही बरसी थी
चाँद से मिसरी...
चाँद को चबाने की
चाँद को चबाने की रात आयी है
होठों पे बीती बात...

याद है उस दिन
बारिश भी थी
छत पे भीगें
ख़्वाहिश भी थी
छत पे जाने की
छत पे जाने की रात आयी है
होठों पे बीती बात...

आशा भोंसले / **आर. डी. बर्मन** / 1982

ये रात

अक्स

ये रात...ये रात
झिल्ली सी छिपकिली रात
कौड़ियाले कोबरे की रात
न उगली ही जाए, ना निगली ही जाए
ये काली ज़हरीली रात

पल-पल बल खाती
बल-बल उलझाती
पलकें झपकती, ये रात

सन्नाटे की सेज पे सोई
साँप सी सरकती रात
ये रात...

वीराना वीराना है वीराना
दिल को लाख बसा ले ये दीवाना
उजड़े-उजड़े रहते हैं दिल सारे
वीरानों से बसता है वीराना

संटी से मारती है
फुंकारती है
काली कौड़ियाली रात
ये रात...

156

आबी आबी रात बड़ी तेज़ाबी
गिर ना जाए हाथ से चाँद रकाबी
डूब रहे हैं सारे कूल किनारे
उमड़-उमड़ के रात आई सैलाबी

खौलते बदन पर
बोलते बदन पर
जलती उबलती रात
ये रात...

अनुपमा देशपांडे / **अनु मलिक** / 2001

मैं एक सदी से बैठी हूँ

लेकिन

मैं एक सदी से बैठी हूँ
इस राह से कोई गुज़रा नहीं
कुछ चाँद के रथ तो गुज़रे थे
पर चाँद से कोई उतरा नहीं
मैं एक सदी से...

दिन-रात के दोनों पहिए भी
कुछ धूल उड़ाकर बीत गये
बीत गये, बीत गये
मैं मन-आँगन में बैठी रही
चौखट से कोई गुज़रा नहीं
मैं एक सदी से...

आकाश बड़ा-बूढ़ा बाबा
सबको कुछ बाँट के जाता है
जाता है, जाता है
आँखों को निचोड़ा मैंने बहुत
पर कोई आँसू उतरा नहीं
मैं एक सदी से...

लता मंगेशकर / **पं. हृदयनाथ मंगेशकर** / 1990

रात के ढाई बजे

कमीने

रात के ढाई बजे
कोई शहनाई बजे
दिल का बाज़ार लगा
धेला टका पाई बजे

चौंके-चौंके-चौंके से खोये-खोये से हम
आँखें डूबी-डूबी सी सोये-सोये से हम
दिल ने कैसी दुर्गत की है
पहली बार मुहब्बत की है
आख़िरी बार मुहब्बत की है

जान हथेली ऊपर ले ली
यारों कैसी हरकत की है
पहली बार....

इश्क़ में जलते हुए
साँस तेज़ाबी लगे
राज़ खुलता ही नहीं
कोई तो चाबी लगे
चिकने-चिकने लच्छे हैं
रेशमी-से फ़न्दे
चुपड़ी-चुपड़ी बातों में
भोले-भाले बन्दे

159

तन्हाई ने फ़ुर्सत दी है
पहली बार...

रात कुछ ऐसा हुआ
जैसा होता तो नहीं
थाम के रखा मुझे
मैं भी खोता तो नहीं

एक ही लट सुलझाने में सारी रात गुज़ारी है
चाँद की गठरी सर पे ले ली
आपने कैसी ज़हमत दी है
पहली बार....

सुरेश वाडकर - रेखा भारद्वाज - सुनिधि चौहान - कुणाल गांजावाला/ **विशाल भारद्वाज** / 2009

160

तेरे बिना बेसुआदी रतियाँ

गुरु

दम दर दम दर मस्त मस्त दर...
ओ हमदम...बिन तेरे क्या जीना
तेरा बिना बेसुआदी बेसुआदी रतियाँ
ओ सजना...
रूखी रे, ओ रूखी रे, काटूँ रे, काटे कटे ना
तेरे बिना बेसुआदी बेसुआदी रतियाँ
ओ सजना...

ना जा चाकरी के मारे
ना जा सौतन पुकारे...ना जा
सावन आयेगा तो पूछेगा, ना जा रे...

फीकी-फीकी बेसुआदी बेसुआदी रतियाँ
काटूँ रे, काटे न कटे ना
सजना अब तेरे बिना सजना काटे कटे ना...
कटे ना तेरे बिना
तेरे बिना बेसुआदी...

तेरे बिना चाँद का सोना खोटा रे
पीली-पीली धूल उड़ावे झूठा रे
तेरे बिना सोना पीतल, तेरे संग कीकर पीपल
आ जा, कटे ना रतियाँ....
दम दर...दम दर मस्त-मस्त दर...
ओ हमदम...बिन तेरे क्या जीना
तेरे बिना बेसुआदी...

ए. आर. रहमान / ए. आर. रहमान / 2007

अठन्नी सी ज़िन्दगी

जहाँ तुम ले चलो

कभी चाँद की तरह टपकी
कभी राह में पड़ी पाई
अठन्नी सी ज़िन्दगी...ये ज़िन्दगी

कभी छींक की तरह खनकी
कभी जेब से निकल आई
अठन्नी सी ज़िन्दगी...ये ज़िन्दगी

कभी चेहरे पे जड़ी देखी
कहीं मोड़ पे खड़ी देखी...
शीशे के मर्तबानों में दुकान पे पड़ी देखी
अठन्नी सी ज़िन्दगी...ये ज़िन्दगी

तमग़े लगा के मिलती है
मासूमियत से खिलती है
कभी फूल हाथ में लेकर शाख़ों पे बैठी हिलती है
अठन्नी सी ज़िन्दगी...ये ज़िन्दगी

कभी चाँद की तरह टपकी
कभी राह में पड़ी पाई
कभी छींक की तरह खनकी
कभी जेब से निकल आई
अठन्नी-सी ज़िन्दगी... ये ज़िन्दगी!

हरिहरन / **विशाल भारद्वाज** / 1999

बीती ना बिताई रैना

परिचय

बीती ना बिताई रैना
बिरहा की जाई रैना
भीगी हुई अँखियों ने
लाख बुझाई रैना
बीती ना बिताई रैना...

बीती हुई बतियाँ कोई दोहराए
भूले हुए नामों से कोई तो बुलाए
चाँद...हो...ओ...
ओ...चाँद की बिंदीवाली
बिंदीवाली रतियाँ
जागी हुई अँखियों में
रात ना आयी रैना
बीती ना बिताई रैना

युग आते हैं और युग जाएँ
छोटी-छोटी यादों के
पल नहीं जाएँ
झूठ से काली लागें
लागें काली रतियाँ
रूठी हुई अँखियों ने
लाख मनाई रैना
बीती ना बिताई रैना...

बीती ना बिताई रैना

लता मंगेशकर - भूपिन्दर / **आर. डी. बर्मन** / 1972

ख़ाली हैं तेरे बिना दोनों अँखियाँ

पहेली

ख़ाली हैं तेरे बिना दोनों अँखियाँ
तुम गए...कहाँ...
अँखियों के आलों में, तेरे बिना रात भर
जलती हैं बातियाँ...यहाँ
ख़ाली हैं...

डूबता है दिन तो शाम को
साये उड़ते हैं
तेरी यादें लिए
लाख दिन हुए हैं कि रात को
आधे चाँद से
तेरी बातें किए
याद हैं क्या तुझे
राह की बेरियाँ...वहाँ
ख़ाली हैं...

एक-एक बात याद है
आधी रात के पूरे चाँद को
जागते हुए भी हूँ ख़्वाब में
चेहरा एक है लेती हूँ नाम दो
रेत के टीलों की,
सुनती हूँ बोलियाँ...यहाँ
ख़ाली हैं...
ख़ाली हैं तेरे बिना दोनों अँखियाँ
तुम गए...कहाँ!

हरिहरन - बेला शेंडे / **एम. एम. क्रीम** / 2005

धन्नो की आँखों में

किताब

धन्नो की आँखों में
है रात का सुरमा
और चाँद का चुम्मा
धन्नो की आँखों में
है रात का सुरमा
और चाँद का चुम्मा

ज़हरीली तेरे बिना रात लगे
छाला पड़े आग जैसे
चाँद पे जो हाथ लगे...

धन्नो का गुस्सा
है पीर का जुम्मा
और चाँद का चुम्मा
धन्नो की आँखों में...

धन्नो तुझे ख़्वाब में देखा है
लैला की, हीर की किताब में देखा है...

धन्नो की आँखों में
है नूर का सुरमा
और चाँद का चुम्मा
धन्नो की आँखों में...

आर. डी. बर्मन / **आर. डी. बर्मन** / 1977

धागे तोड़ लाओ चाँदनी से नूर के

झूम बराबर झूम

धागे तोड़ लाओ चाँदनी से नूर के
घूँघट ही बना लो रोशनी से नूर के

शरम आ गयी तो आग़ोश में लो
ओ, साँसों से उलझी रहें मेरी साँसें
बोल न हलके-हलके, होंठ से हलके-हलके
बोल न हलके...

आ नींद का सौदा करें
इक ख़्वाब दें, इक ख़्वाब लें
इक ख़्वाब तो आँखों में है
इक चाँद के तकिये तले
कितने दिनों से ये आसमाँ भी सोया नहीं है
इसको सुला दें
बोल न हलके-हलके, होंठ से हलके-हलके
बोल न हलके...

उम्रें लगीं कहते हुए
दो लफ़्ज़ थे, इक बात थी
वो एक दिन सौ साल का
सौ साल की वो रात थी
कैसा लगे जो चुपचाप दोनों
पल-पल में पूरी सदियाँ बिता दें
बोल न हलके-हलके, बोल न हलके-हलके
होंठ से हलके-हलके

166

धागे तोड़ लाओ चाँदनी से नूर के
घूँघट ही बना लो रोशनी से नूर के
शरम आ गयी तो आग़ोश में लो
ओ साँसों से उलझी रहें मेरी साँसें
बोल न हलके-हलके, होंठ से हलके-हलके

राहत फतेह अली खाँ / **शंकर-एहसान-लॉय** / 2007

नमक इश्क़ का

ओमकारा

मैं चाँद निगल गई
हो जी मैं चाँद निगल गई दैय्या रे
भीतर-भीतर आग जरे
बात करूँ तो सेक लगे...
हो मैं चाँद निगल गई दैय्या रे
अंग पे ऐसे छाले पड़ें
तेज था छौंका का करूँ
सी-सी करती
सी-सी, सी-सी करती मैं मरूँ

ज़ुबाँ पे लागा जी लागा जी रे

ज़ुबाँ पे लागा
ज़ुबाँ पे लागा लागा रे
नमक इश्क़ का
तेरे इश्क़ का...
हाय रे

बलम से माँगा-माँगा रे...
नमक इश्क़ का
तेरे इश्क़ का
ज़ुबाँ पे लागा...

सभी छेड़े हैं मुझको, सिपहिये बाँके छमिये...
उधारी देने लगे हैं गली के बनिये-वनिये
कोई तो कौड़ी तू भी लुटा दे, कोई तो कौड़ी
थोड़ी-थोड़ी शहद चटा दे, थोड़ी-थोड़ी

तेज था तड़का का करूँ
सी-सी करती मैं मरूँ...
रात भर छाना रे
रात भर छाना-छाना रे
नमक इश्क़ का
तेरे इश्क़ का
जुबाँ पे लागा...

हो ऐसी फूँक लगी ज़ालिम की...
कि बाँसुरी जैसी बाजी मैं
अरे जो भी कहा उस चंद्रभान ने
फट से हो गयी राजी मैं
बाँसुरी जैसी बाजी मैं, फट से हो गयी राजी मैं

कभी अँखियों से पीना, कभी होंठों से पीना...
कभी अच्छा लगे मरना, कभी मुश्किल लगे जीना

करवट-करवट प्यास लगी थी
अजी बलम की आहट पास लगी थी
तेज था छौंका का करूँ
सी-सी करती मैं मरूँ...

डली भर डाला जी डाला जी डाला जी डाला जी रे
डली भर डाला
डली भर डाला डाला रे
नमक इश्क़ का
तेरे इश्क़ का
जुबाँ पे लागा
बलम से माँगा...

रेखा भारद्वाज - राकेश पंडित / **विशाल भारद्वाज** / 2006

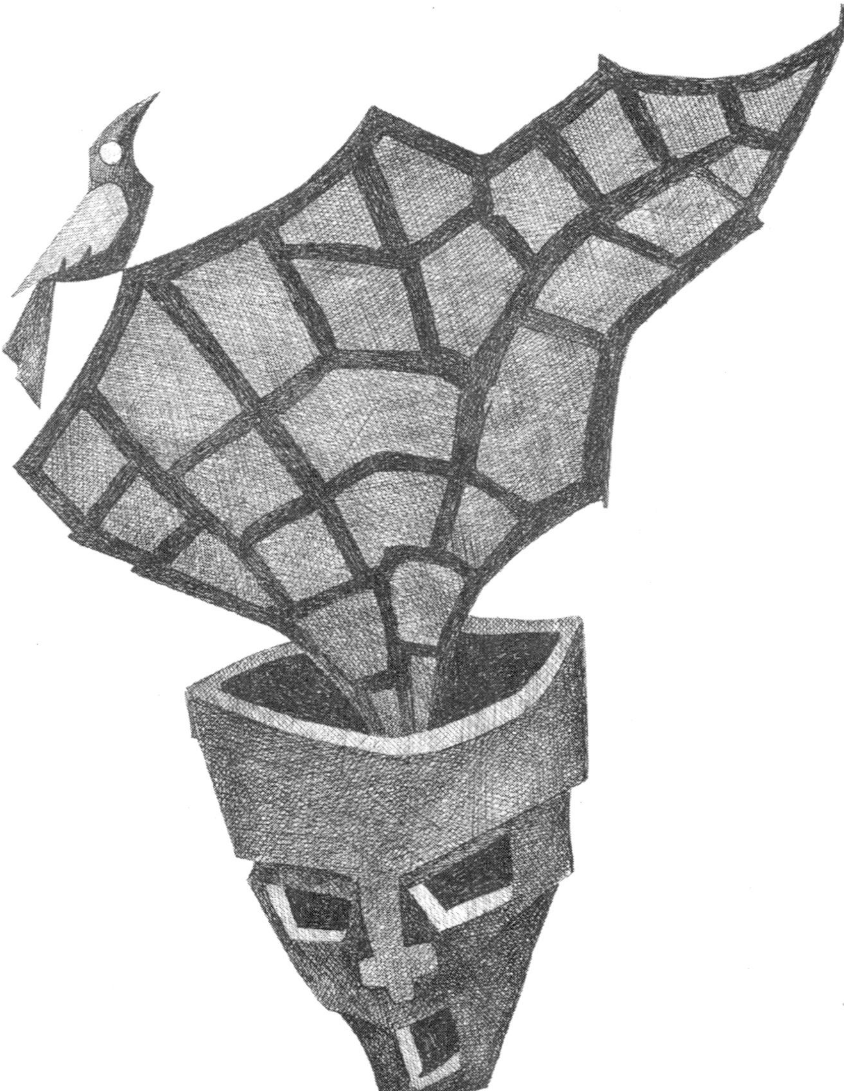

हमने देखी है उन आँखों की महकती ख़ुशबू
हाथ से छू के इन्हें रिश्तों का इल्ज़ाम न दो

171

रिश्ते

"ये चारों ओर से आते हुए कई रस्ते
जब एक दूसरे के जिस्म आ के छूते हैं
कोई तो हाथ मिलाकर निकल गया होगा
किसी की मोड़ पे मंज़िल बदल गयी होगी"

रिश्तों के ये रस्ते इतने गतिमान होते हैं कि उम्र से लंबी सड़कों पर चलते-चलते कहीं लम्बी सपाट सड़क मिलती है, कहीं दोराहे, कहीं हज़ार राहें। कहीं सुगम, कहीं दुर्गम और कहीं अगम भी। कब कौन मिल जाए कोई नहीं जानता। कब कोई अपना बन गया—पता नहीं चलता। कब कोई हाथ छुड़ाकर या हाथ मिलाकर कहीं दूर निकल गया— जबतक पता चलता है, देरी हो चुकी होती है और फिर ये दूरियाँ अक्सर तय नहीं हो पातीं।

गुलज़ार की फिल्मों में और उनके गीतों में मानवीय रिश्तों के जितने रंग हैं, वे अद्भुत, अनोखे, अनूठे और अप्रतिम हैं। जहाँ गुलज़ार चारों ओर से आते हुए रस्तों के जिस्म की बात करते हैं, वहीं वे रिश्तों के सबसे ख़ूबसूरत ख़याल में कहते हैं...

"हमने देखी है उन आँखों की महकती ख़ुशबू
हाथ से छू के इन्हें रिश्तों का इल्ज़ाम न दो
सिर्फ़ एहसास है ये, रूह से महसूस करो
प्यार को प्यार ही रहने दो, कोई नाम न दो"।

उनके ख़याल रूमानियत को नया अंदाज़ देते हैं, प्रेम की अकथ कहानी को शब्द देते हैं और दुनिया के सबसे जटिल और ख़ूबसूरत रिश्तों को दुनियादारी की ज़मीन से रूहानियत के आकाश तक तलाशते हैं।

रिश्तों की जटिलताओं को जीना उनकी फिल्मों के पात्रों की और उनके गीतों की ताक़त है। आँधी में जे. के. (संजीव कुमार) और आरती (सुचित्रा सेन) के रिश्ते में दर्द को साथ लिए हुए ज़िन्दगी जीते जाने को कौन भूल सकता है...

"तेरे बिना ज़िन्दगी से कोई शिकवा तो नहीं
तेरे बिना ज़िन्दगी भी लेकिन ज़िन्दगी तो नहीं"।

'इजाज़त' में जब सालों बाद सुधा (रेखा) और महेन्द्र (नसीरुद्दीन शाह) स्टेशन के वेटिंग रूम में मिलते हैं, तब सुधा के पूछने पर कि महेन्द्र अब भी वहीं रहते हैं, महेन्द्र जो जवाब देता है, वह सिर्फ संवाद नहीं गुलज़ार की एक छोटी नज़्म की तरह है–

"हाँ, वही शहर है, वही गली, वही घर
सब कुछ, सब कुछ वही तो नहीं है, लेकिन है वहीं
उसी जगह"

और जब माया (अनुराधा पटेल) अपने रिश्ते को भुलाने की असमंजस-भरी राह में होती है तो महेन्द्र (नसीरुद्दीन शाह) को ख़त में कहती है, *"मेरा कुछ सामान तुम्हारे पास पड़ा है"*। लगता है कि बिना किसी नाटकीयता के, बिना किसी दार्शनिकता के मानवीय रिश्तों की एक-एक गुत्थी गुलज़ार खोलते चले जाते हैं और हम चकित हो उन्हें सिर्फ़ सुनते जाते हैं।

'मेरा कुछ सामान' आधुनिक कविता की दुनिया में एक मील का पत्थर है, जिसमें शिल्प का जोखिम-भरा प्रयोग है, बिम्बों का बिलकुल नया संसार है और संप्रेषणीयता का अद्वितीय आयाम है। मेरा मानना है कि 'मेरा कुछ सामान' रिश्तों पर लिखी गयी गुलज़ार की कालजयी रचनाओं में सर्वश्रेष्ठ है। और इस अनन्य ऊँचाई पर गुलज़ार के लफ़्ज़ों को आर. डी. बर्मन के संगीत की मौलिक रचनात्मकता और आशा भोंसले की आवाज़ की अनौपचारिक कशिश का अद्‌भुत साथ मिलता है।

दरअसल, सबसे मुश्किल होता है रिश्तों के एहसास को नाम देना। कौन परिभाषा दे सकता है, शेखर कपूर निर्देशित फिल्म 'मासूम' के उस रिश्ते को, जो इन्दु (शबाना आजमी), डी. के. (नसीरुद्दीन शाह) और मासूम राहुल (जुगल हंसराज) के बीच बनता है? ऐसे रिश्तों में मुजरिम कोई हो, सज़ा से कोई नहीं बचता। इस रिश्ते को गुलज़ार समझाते हैं...

"ज़िन्दगी तेरे ग़म ने हमें रिश्ते नए समझाए
मिले जो हमें धूप में मिले छाँव के ठंढे साये"

और बरबस मन कह उठता है...

"तुझसे नाराज़ नहीं ज़िन्दगी हैरान हूँ मैं
तेरे मासूम सवालों से परेशान हूँ मैं"।

अक्सर ऐसा लगता है कि ज़िन्दगी का रिश्ता सबसे ज़्यादा दुविधाओं से है, अनिश्चितताओं से है, *"हरेक रोज़ नया आसमान खुलता है, ख़बर नहीं है कि कल दिन का रंग क्या होगा"*। किसी को पता नहीं कि ऐसा क्यों होता है कि सालों के रिश्ते बिखर जाते हैं और कुछ पलों के रिश्ते पूरी उम्र में ख़ुशबू की तरह फैल जाते हैं...

"कुछ परों से हलके होते हैं
बरसों के तले चलते-चलते
भारी-भरकम हो जाते हैं।
कुछ भारी-भरकम बर्फ़ के से
बरसों के तले गलते-गलते
हलके-फुलके हो जाते हैं।"

और कविता में आगे यह गुत्थी कुछ और खुलती है...

"नाम होते हैं रिश्तों के
कुछ रिश्ते नाम के होते हैं"।

ज़िन्दगी रिश्तों में आख़िर क्या खोजती है और क्या-क्या खोजती है—इस जिज्ञासा का उत्तर खोजना किसी उपन्यास की रचना की तरह है। गीतों में इस औपन्यासिक विस्तार का सार कुछ शब्दों में कहना आसान नहीं—

"ना मिट्टी ना गारा, ना सोना सजाना
जहाँ प्यार देखो, वहीं घर बनाना...
जहाँ पे सवेरा हो, बसेरा वहीं है
जहाँ पे बसेरा हो, सवेरा वहीं है"।

बसते रिश्तों को समझना शायद उतना जटिल नहीं, पर बिखरते रिश्तों की त्रासदी को समझना आसान नहीं। गुलज़ार के गीतों से गुज़रते हुए टूटे रिश्तों (या छूटे रिश्तों!) को फिर से पाने की एक बड़ी रोचक क़वाइद 'लिबास' में दिखती है...

"फिर किसी शाख़ ने फेंकी छाँव
फिर किसी शाख़ ने हाथ हिलाया
फिर किसी मोड़ पर उलझे पाँव
फिर किसी राह ने पास बुलाया"।

रिश्ते सिर्फ़ दो इंसानों के ही नहीं होते– समूह के, दोस्तों के, दुश्मनों के, देशों के, सरहदों के भी रिश्ते होते हैं। भारत-पाक विभाजन पर लिखी 'रावी पार' जैसी मर्मस्पर्शी कहानी की टीस फिर 'मम्मो' के इस गीत में उभरकर आती है, जब गुलज़ार कहते हैं...

"न जाने कौन सी मिट्टी वतन की मिट्टी थी
नज़र में धूल, जिगर में लिए गुबार चले
ये कैसी सरहदें उलझी हुई हैं पैरों में
हम अपने घर की तरफ उठ के बार-बार चले...
हज़ार बार रुके हम हज़ार बार चले"।

गुलज़ार अपने गीतों में सिर्फ इंसानी रिश्तों की ही बात नहीं करते बल्कि पूरी काइनात उनके ख़यालों में सिमट जाती है। फ़ुर्सत में, अपने गीतों में अक्सर वे पेड़ों से, मौसम से, पंछियों से, झरनों से, हवाओं से, दुनिया की लगभग हरेक शै से बातें करते सुनाई पड़ते हैं। वहाँ जाड़े के आँगन में नर्म धूप होती है या फिर गर्मियों की रात में पुरवाइयाँ चलती हैं और बदलते मौसम के साथ फिर चाहत होती है...

"बर्फ़ीली सर्दियों में किसी भी पहाड़ पर
वादी में गूँजती हुई ख़ामोशियाँ सुनें
आँखों में भीगे-भीगे-से लमहे लिए हुए
दिल ढूँढ़ता है फिर वही फ़ुर्सत के रात दिन..."।

एक ख़याल और आता है। गुलज़ार शायर भी हैं और फिल्मी दुनिया के भी हैं। ज़ाहिर है, ग्लैमर की दुनिया, प्रशंसकों की क्षणिक भीड़ की दुनिया, कामयाबी के लिए होती जद्दोजहद की दुनिया, कला के अभिमान की दुनिया और सितारों की दुनिया को उन्होंने बड़े क़रीब से देखा है और ऐसा लगता है कि एक हद तक निस्पृह होकर देखा है, वरना 'सितारा' की यह कशिश उनके गीत में इतनी

मुखर नहीं होती और विडंबनाओं को यह काव्य-तत्त्व नहीं मिलता...

"यहाँ सारे चेहरे हैं माँगे हुए से
निगाहों में आँसू भी टाँगे हुए से"।

सफलता के रास्तों पर समझौतों की जो खाइयाँ मिलती हैं, उनमें रिश्तों की जो क़ीमत चुकाई जाती है, उसका एहसास बड़ा त्रासद है...

"बड़ी नीची राहें हैं ऊँचाइयों की
ये साए हैं, ये दुनिया है परछाइयों की
भरी भीड़ में ख़ाली तन्हाइयों की"।

सच, लगता है रिश्ते कभी-कभी कितने फिल्मी भी होते हैं!

स्त्री-पुरुष के रिश्तों में आकर्षण की आँच, मान-अभिमान की तपिश और मन के बदलते मौसम की आवाजाही गुलज़ार के गीतों में बख़ूबी दीखती है। निजी रिश्ते जब आकार लेते हैं तो गुलज़ार गृहस्थी की कल्पना का एक ख़ूबसूरत घर बसाते हैं...

"एक ही ख़्वाब कई बार देखा है मैंने
तूने साड़ी में उड़स ली है मेरी चाबियाँ घर की
और चली आयी है बस, यूँ ही हाथ पकड़कर"

और ख़यालों में ख़ुशबू भरते रिश्ते कितने रूहानी हो जाते हैं...

"गुलपोश कभी इतराए कहीं
महके तो नज़र आ जाए कहीं
तावीज़ बना के पहनूँ उसे
आयत की तरह मिल जाए कहीं"।

रिश्तों पर गुलज़ार द्वारा इतना कुछ लिखा गया— पटकथाओं में, संवादों में और गानों में— कि अलग से किताबें लिखी जा सकती हैं। हर किरदार के रिश्ते पर बहुत कुछ लिखा जा सकता है। बहरहाल रिश्तों के किसी मोड़ पर जब उनके किरदार पीछे मुड़कर देखते हैं तो...

"रात उदास नज़्म लगती है
ज़िन्दगी सिर्फ रस्म लगती है
एक बीते हुए-से रिश्ते की

एक बीती घड़ी-सी लगते हो
तुम भी अजनबी-से लगते हो
जब कभी मुड़के देखती हूँ मैं
तुम भी कुछ अजनबी-से लगते हो
मैं भी कुछ अजनबी सी लगती हूँ।"

ज़ाहिर है, ज़िन्दगी के रिश्ते महज़ रस्म-अदायगी की तरह आसान नहीं हो सकते और इस जटिलता को गुलज़ार की एक लोकप्रिय ख़ूबसूरत नज़्म में बख़ूबी समझा जा सकता है...

"मेरे कपड़ों में टँगा है तेरा ख़ुशरंग लिबास
घर पे धोता हूँ मैं हर बार उसे
और सुखा के फिर से
अपने हाथों से उसे इस्त्री करता हूँ मगर
इस्त्री करने से जाती नहीं शिकनें उसकी
और धोने से गिले शिकवों के चकते नहीं मिटते!
ज़िन्दगी किस कदर आसाँ होती
रिश्ते गर होते लिबास"।

कभी पास बैठो किसी फूल के पास

बसेरा

कभी पास बैठो किसी फूल के पास
सुनो जब महकता है
बहुत कुछ ये कहता है
कभी गुनगुना के
कभी मुस्करा के
कभी चुपके-चुपके
कभी खिलखिला के

जहाँ पे सवेरा हो
बसेरा वहीं है
जहाँ पे...

कभी छोटे-छोटे
शबनम के क़तरे
देखे तो होंगे
सुबहो-सवेरे
ये नन्ही-सी आँखें
जागी हैं शब-भर
बहुत कुछ है दिल में
बस इतना है लब पर
जहाँ पे सवेरा हो
बसेरा वहीं है
जहाँ पे...

178

ना मिट्टी ना गारा
ना सोना सजाना
जहाँ प्यार देखो
वहीं घर बनाना
ये दिल की इमारत
बनती है दिल से
दिलासों को छू के
उम्मीदों से मिल के

जहाँ पे सवेरा हो
हाँ
जहाँ पे बसेरा हो
सवेरा वहीं है।

लता मंगेशकर / **आर. डी. बर्मन** / 1981

आ जा माहिया

फ़िज़ा

माही रे, माही माही रे
आ जा माहिया
आ धूप मलूँ मैं तेरे हाथों में
आ सज्दा करूँ मैं तेरे हाथों में
सुबह की मेहँदी छलक रही है
आ जा, आ जा माहिया

आहिस्ता पुकारो, सब सुन लेंगे
बस लबों से छू लो, लब सुन लेंगे
आ साँस भी कब से अटक रही है
आ जा माहिया...

इक नूर से आँखें चौंक गईं
देखा जो तुझे आईने में
कोई नूरी किरन होगी वो भी
जो चुभने लगी है सीने में
आ जा माहिया...

लाल हो जब ये शाम किनारा
ओढ़ा देना सर पे सारा
आ जा माहिया...
चल रोक लें सूरज, छुप जाएगा
पानी में गिर के, बुझ जाएगा
आ जा माहिया...

उदित नारायण - अलका याज्ञिक - प्रशांत / **अनु मलिक** / 2000

मुझे छू रही हैं तेरी गर्म साँसें

स्वयंवर

मुझे छू रही हैं तेरी गर्म साँसें
मेरे रात और दिन महकने लगे हैं
तेरी नर्म साँसों ने ऐसे छुआ है
कि मेरे तो पाँव बहकने लगे हैं

लबों से अगर तुम बुला ना सको तो
निगाहों से तुम नाम ले कर बुला लो
तुम्हारी निगाहें बहुत बोलती हैं
ज़रा अपनी आँखों पे पलकें गिरा दो
मुझे छू रही हैं...

पता चल गया है कि मंज़िल कहाँ है
चलो दिल के लम्बे सफ़र पे चलेंगे
सफ़र खत्म कर देंगे हम तो वहीं पर
जहाँ तक तुम्हारे क़दम ले चलेंगे
मुझे छू रही हैं...

मो. रफी - लता मंगेशकर / **राजेश रोशन** / 1978

रिश्ते बस रिश्ते होते हैं

गहराई

रिश्ते बस रिश्ते होते हैं
कुछ इक पल के
कुछ दो पल के

कुछ परों से हलके होते हैं
बरसों के तले चलते-चलते
भारी-भरकम हो जाते हैं

कुछ भारी-भरकम बर्फ़ के-से
बरसों के तले गलते-गलते
हलके-फुलके हो जाते हैं

नाम होते हैं रिश्तों के
कुछ रिश्ते नाम के होते हैं
रिश्ता वह अगर मर जाए भी
बस नाम से जीना होता है

बस नाम से जीना होता है
रिश्ते बस रिश्ते होते हैं

किशोर कुमार / **लक्ष्मीकान्त-प्यारेलाल** / 1982

जब कभी मुड़के देखता हूँ मैं

हिप-हिप हुर्रे

जब कभी मुड़के देखता हूँ मैं
तुम भी कुछ अजनबी-सी लगती हो
मैं भी कुछ अजनबी-सा लगता हूँ

साथ ही साथ, चलते-चलते कहीं
हाथ छूटे मगर, पता ही नहीं
आँसुओं से भरी-सी आँखों में
डूबी-डूबी हुई-सी लगती हो
तुम बहुत अजनबी-सी लगती हो

हम जहाँ थे वहाँ पे अब तो नहीं
पास रहने का कोई सबब तो नहीं
कोई नाराज़गी भी नहीं है, मगर
फिर भी रूठी हुई-सी लगती हो

रात उदास नज़्म लगती है
ज़िन्दगी सिर्फ़ रस्म लगती है
एक बीते हुए-से रिश्ते की
एक बीती घड़ी-सी लगते हो
तुम भी अब अजनबी-से लगते हो
जब कभी मुड़के देखती हूँ मैं
तुम भी कुछ अजनबी-से लगते हो
मैं भी कुछ अजनबी-सी लगती हूँ

जब कभी मुड़ के...

भूपिन्दर - आशा भोंसले / **वनराज भाटिया** / 1981

फिर किसी शाख़ ने फेंकी छाँव

लिबास

फिर किसी शाख़ ने फेंकी छाँव
फिर किसी शाख़ ने हाथ हिलाया

फिर किसी मोड़ पे उलझे पाँव
फिर किसी शाख़ ने...

फिर किसी मोड़ पे उलझे पाँव...
फिर किसी राह ने पास बुलाया
फिर किसी शाख़ ने...

लब पे आता नहीं था नाम उनका...
आज आया तो बार-बार आया
वेवजह बेक़रार रहते थे
वेवजह आज फिर क़रार आया
फिर किसी शाख़ ने...

हम तो भूले हुए थे
दिल को मगर
दिल ने क्यूँ आज हमको याद किया
क्यूँ कुरेदा पुराना ज़ख़्म उसने
क्यूँ किसी भूले ग़म को याद किया
फिर किसी शाख़ ने...

लता मंगेशकर / **आर. डी. बर्मन** / 1993

184

ये फ़ासले तेरी गलियों के

मम्मो

ये फ़ासले तेरी गलियों के हमसे तय न हुए
हज़ार बार रुके हम हज़ार बार चले

ना जाने कौन सी मिट्टी वतन की मिट्टी थी
नज़र में धूल, जिगर में लिए गुबार चले
हज़ार बार रुके हम...

ये कैसी सरहदें उलझी हुई हैं पैरों में
हम अपने घर की तरफ़ उठ के बार-बार चले
हज़ार बार रुके हम...

ना रास्ता कहीं ठहरा, ना मंज़िलें ठहरीं
ये उमर उड़ती हुई गर्द में गुज़ार चले
हज़ार बार रुके हम...

ये फ़ासले तेरी गलियों के हमसे तय न हुए
हज़ार बार रुके हम हज़ार बार चले

जगजीत सिंह / **वनराज भाटिया** / 1995

धुआँ उठा है कहीं आग जल रही होगी

लीला

धुआँ उठा है कहीं आग जल रही होगी...
असीर रोशनी बाहर निकल रही होगी

धुआँ उठा है...

ये चारों ओर से आते हुए कई रस्ते
जब एक दूसरे के जिस्म आ के छूते हैं
कोई तो हाथ मिला कर निकल गया होगा
किसी की मोड़ पे मंज़िल बदल गयी होगी

धुआँ उठा है...

हरेक रोज़ नया आसमान खुलता है
ख़बर नहीं है कि कल दिन का रंग क्या होगा
पलक से पानी गिरा है तो उसको गिरने दो
कोई पुरानी तमन्ना पिघल रही होगी

धुआँ उठा है कहीं आग जल रही होगी
असीर रोशनी बाहर निकल रही होगी

जगजीत सिंह / **जगजीत सिंह** / 2002

186

ये साये हैं

सितारा

ये साये हैं, दुनिया है परछाइयों की
भरी भीड़ में, ख़ाली तनहाइयों की

यहाँ कोई साहिल-सहारा नहीं है
कहीं डूबने को किनारा नहीं है
यहाँ सारी रौनक़ है रुसवाइयों की
ये साये हैं...

कई चाँद उठकर जलाए-बुझाए
बहुत हमने चाहा ज़रा नींद आये
यहाँ रात होती है बेदारियों की
ये साये हैं...

यहाँ सारे चेहरे हैं माँगे हुए-से
निगाहों में आँसू भी टाँगे हुए-से
बड़ी नीची राहें हैं ऊँचाइयों की
ये साये हैं, ये दुनिया है परछाइयों की
भरी भीड़ में ख़ाली तनहाइयों की

आशा भोंसले / **आर. डी. बर्मन** / 1980

दिन जा रहे हैं या रातों के साये

दूसरी सीता

दिन जा रहे हैं या रातों के साये
अपनी सलीबें आपी उठाए...

जब कोई डूबा
रातों का तारा
कोई सवेरा
वापस न आया
वापस जो आए वीरान साये
दिन जा रहे हैं या रातों के साये

जीना तो कोई
मुश्किल नहीं था
मगर डूब जाने को
साहिल नहीं था
साहिल से कोई अब तो बुलाए
दिन जा रहे हैं या रातों के साये

साँसों की डोरी
टूटे न टूटे
ज़रा ज़िंदगी से
दामन तो छूटे
कोई ज़िंदगी के हाथ न आए
दिन जा रहे हैं या रातों के साये

लता मंगेशकर / **आर. डी. बर्मन** / 1974

लाकड़ जल के

ओमकारा

लाकड़ जल के कोयला होय जाय
कोयला होय जाय ख़ाक
जिया जले तो कुछ ना होय रे
ना धुआँ ना राख
जिया ना जलइयो रे... हाय...
जिया ना जलइयो रे... हाय...
जिया ना लगइयो रे

बर्फ़ पिघल के पानी होय जाय रे
बादल बन उड़ जाय
पीड़ जिया में ऐसी बैठी ऐसी बैठी रे... बैठी...
ना पिघले ना जाय रे
नदी किनारे बहते सहारे
नाव ना लगइयो रे...
ना लगइयो रे...
जिया ना लगइयो रे... हाय...
जिया ना लगइयो रे... हाय...
जिया ना जलइयो रे
लाकड़ जलके कोयला हो जाय
कोयला होय जाय...

झूठे वचन सारी बातें
झूठे वचन सब सारी बातें
रुत बरखा का पानी
बरस बरस सब बह जावे सब जावे रे

जी ने जितनी मानी
सावन से ये ना बुझने की
जाँ ना जलइयो रे...
ना जलइयो रे
जिया ना जलइयो रे...

तुम्हें ज़िन्दगी के उजाले मुबारक

पूर्णिमा

तुम्हें ज़िन्दगी के उजाले मुबारक
अँधेरे हमें आज रास आ गए हैं
तुम्हें पा के हम ख़ुद से दूर हो गए थे
तुम्हें छोड़ के अपने पास आ गए हैं
तुम्हें ज़िन्दगी...

तुम्हारी वफ़ा से शिकायत नहीं है
निभाना तो कोई रवायत नहीं है
जहाँ तक क़दम आ सके आ गए हैं
अँधेरे हमें आज रास आ गए हैं

चमन से चले हैं ये इल्ज़ाम लेकर
बहुत जी लिए हम तेरा नाम लेकर
मुरादों की मंज़िल से दूर आ गए हैं
अँधेरे हमें आज रास आ गए हैं
तुम्हें ज़िन्दगी...

तुम्हें ज़िन्दगी के उजाले मुबारक
अँधेरे हमें आज रास आ गए हैं
तुम्हें पा के हम ख़ुद से दूर हो गए थे
तुम्हें छोड़ के अपने पास आ गए हैं

मुकेश / **कल्याणजी-आनन्दजी** / 1965

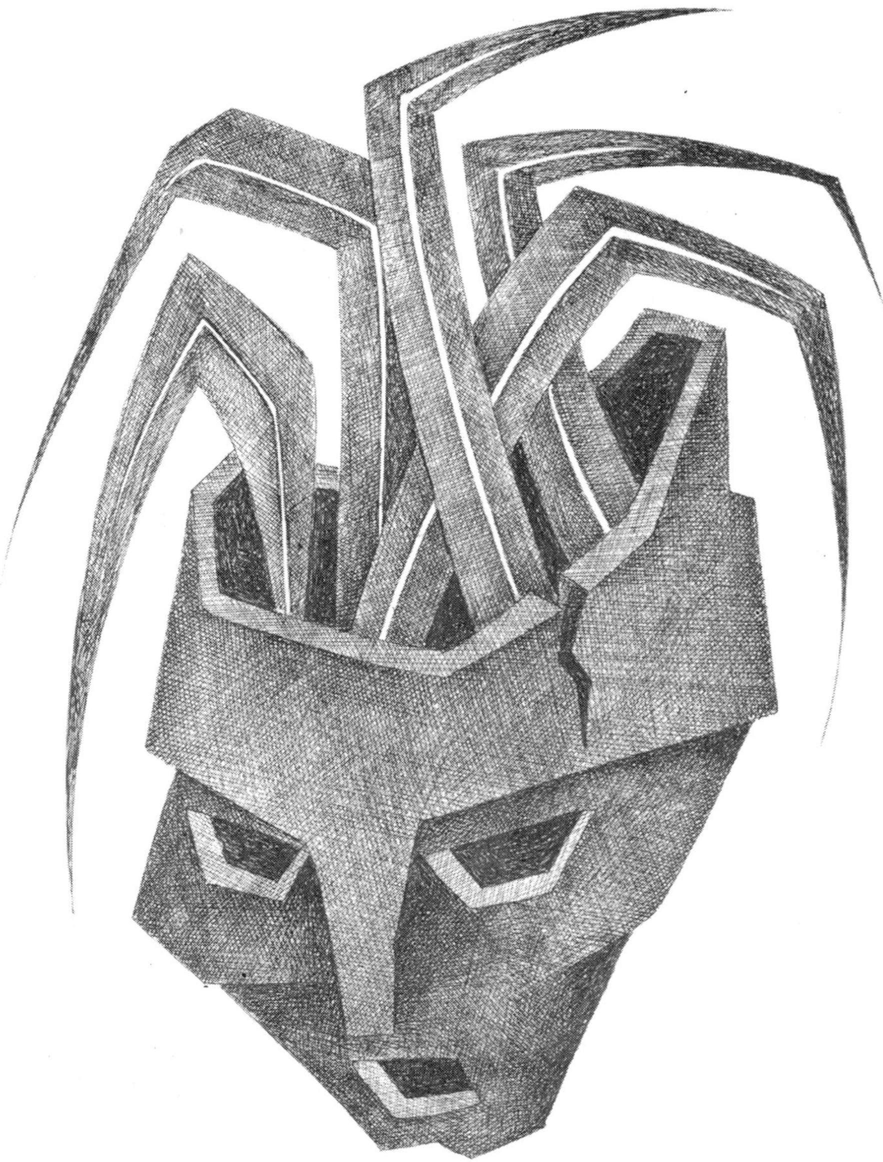

युग आते हैं और युग जाएँ
छोटी-छोटी यादों के पल नहीं जाएँ

यादें

गुलज़ार के गीतों में स्मृतियों की, दर्द की बहुलता है। हर स्मृति अलग होती है और दर्द की हर स्थिति अपने आप में विशिष्ट होती है। स्मृतियों के जंगल में कुछ धुँधली पगडंडियाँ हैं, जिनपर चलकर शायर चीन्हे–अनचीन्हे मुक़ाम पर रुकता है। कभी बियाबान में हताश होते मन को एक ठौर मिलता है, कभी उदासी की चादर ओढ़े वह सपनों के आग़ोश में सुकून तलाशता है। गुलज़ार पात्रों के माध्यम से जो अल्फ़ाज़ कहते हैं, उन्हें सिर्फ "वाह, क्या जुमले हैं" कहकर नहीं समझा जा सकता। हालाँकि शायर बिना अल्फ़ाज़ के, बिना बिम्बों के, बिना ध्वनियों के कुछ कह भी तो नहीं सकता–पर इन सबसे मिलकर वह अन्ततः जिस संसार को रचता है, वह उसका अपना होता है–अनुभूतियों की सघनता और सृजन की निरंतरता के साथ। इस सघनता में कभी-कभी तो बेबसी, नॉस्टेल्जिया और दर्द के एहसास एक साथ गूँजते हैं– *"चप्पा-चप्पा चरखा चले"* में पात्र बरबस कह उठते हैं...

"दिल दर्द का टुकड़ा है, पत्थर की डली-सी है
एक अंधा कुआँ है या एक बन्द गली-सी है
एक छोटा-सा लमहा है, जो ख़त्म नहीं होता
मैं लाख जलाता हूँ, वह भस्म नहीं होता"।

और कभी हल्की-फुल्की शरीर यादें होती हैं...

"ख़्वाब के बोझ से, कँपकँपाती हुई
हल्की पलकें तेरी
याद आता है सब
तुझे गुदगुदाना, सताना
यूँ ही सोते हुए
गाल पे टीपना, मीचना
बेवजह, बेसबब"

और इन मीठी गुदगुदाती यादों में ना-कुछ भी बहुत कुछ हो जाता है...

"याद है
पीपल कि जिसके घने साये थे
हम ने
गिलहरी के जूठे मटर खाए थे"।

दरअसल, यादें रूहानी होती हैं, शायद इसीलिए वे कभी ख़त्म नहीं होतीं। साल-दर-साल गुज़र जाते हैं, कभी-कभी तो उम्र गुज़र जाती है, पर यादों के किसी पड़ाव पर हमारी साँसें रुकी रह जाती हैं...

"तेरे बिना जिया जाए ना
बिन तेरे, तेरे बिन साजना
साँस में साँस आये ना,
जब भी ख़यालों में तू आए
मेरे बदन से ख़ुशबू आए
महके बदन में रहा न जाए
रहा जाए ना"।

हम सब का वजूद वही तो है जो हमें महसूस होता है, जो हमारी स्मृतियों में रचा-बसा है– हमारा शहर या गाँव, उसके लोग, नाते-रिश्ते, गली-मुहल्ले के रास्ते, उनपर गुज़रे पल, बचपन के संगी-साथी, किशोरावस्था की सपनीली दुनिया, दोस्तों के साथ गुज़ारे बेशक़ीमत लमहे, जुनून में जीते वक़्त की सरगोशियाँ, जानते हुए भी नासमझी में हुईं बेवक़ूफ़ियाँ, तेज़-रफ्तार ज़िन्दगी में कभी कुछ न सँभाल पाने की मज़बूरियाँ और अक्सर ख़यालों में उभरती किसी की यादें...

"तू तो नहीं है लेकिन, तेरी मुस्कराहटें हैं
चेहरा नहीं है, पर तेरी आहटें हैं
तू है कहाँ, कहाँ है, तेरा निशाँ कहाँ है
मेरा जहाँ कहाँ है
में अधूरा, तू अधूरी जी रही है
ऐ अजनबी तू भी कभी आवाज दे कहाँ है"।

यादों के सफ़र में हम बार-बार वहीं-वहीं जाकर रुकते हैं और लगता है उन

पड़ावों पर कुछ भी तो नहीं बदलता...

"युग आते हैं और युग जाएँ, छोटी-छोटी यादों के पल नहीं जाएँ"।

दरअसल यादें कभी वक़्त के ज़ख .म पर मरहम होती हैं, दर्द कम करती हैं। ऐसे में *"दिल के सन्नाटे खोल"* जब तन्हाई बोलती है तो एहसास होता है...

"बुझ जाएँगी सारी आवाज़ें, यादें यादें रह जाएँगी
तस्वीर बचेगी आँखों में और बातें सब बह जाएँगी"।

और जब नाउम्मीदी हो तो यादें कभी जख़्म हरे भी करती हैं...

"रात की सियाही कोई
आये तो मिटाए ना
आज ना मिटाई तो ये
कल भी लौट आयेगी
ख़ाली हाथ शाम आयी है
ख़ाली हाथ जायेगी..."

पर ज़्यादा देर तक ख़ालीपन क़ुदरत को बर्दाश्त नहीं और धीरे-धीरे ख़ालीपन का बोझ हल्का होता जाता है, फिर यादें ख़्वाब बन आँखों में भर आती हैं...

"आँखों में तैरती हैं तसवीरें
तेरा चेहरा तेरा ख़याल लिए
आईना देखता है जब मुझको
एक मासूम सा सवाल लिए"

और यादों के सिरे उम्मीद से जा मिलते हैं...

"कोई वादा नहीं किया लेकिन
क्यूँ तेरा इंतज़ार रहता है
बेवजह जब क़रार मिल जाए
दिल बड़ा बेक़रार रहता है"।

दरअसल, यादों की दुनिया यों ही होती है— इसमें हर वक़्त कोई बेवजह वजह की तलाश क्यों करे। "दर्द का हद से गुज़र जाना है दवा होना" की तर्ज़ पर यादें उदास भी करती हैं और उदासी का सहारा भी बनती हैं...

"जब भी यह दिल उदास होता है
जाने कौन आस-पास होता है।"

अक्सर यादों के सफ़र में हम खुद से गुफ़्तगू करते हैं और यादों की आँखों से भी बार-बार वही-वही दीखता है, जो हम देखना चाहते हैं। यादें अक्सर इस सफ़र में मुश्किलें आसान करती हैं...

"जल गए जो धूप में तो साया हो गए
आसमाँ का कोई कोना ओढ़ा सो गए
जो गुज़र जाती है बस उसपर गुज़र करते हैं
राह पे रहते हैं, यादों पर बसर करते हैं"।

यादें कभी हँसाती हैं, कभी रुलाती हैं। दरअसल जब तक यादें तरल हैं उनमें उष्मा रहती है और फिर आँखों में नमी के बावजूद अधूरी ज़िन्दगी रुकती नहीं, बहती जाती है...

"शाम से आँख में नमी-सी है, आज फिर आपकी कमी-सी है"

पर जब यादें पथरा जाएँ तो सब कुछ सर्द हो ठहर-सा जाता है...

"कौन पथरा गया है आँखों में, बर्फ़ पलकों पे क्यों जमी-सी है"।

क्या पता ज़िन्दगी का सफ़र ऐसा ही पथरीला हो जाए, वक़्त थम-सा जाए, हर पल रुका-सा लगे, कोई उम्मीद न हो और मन मनों बोझ से दबा हो। ऐसे में गुलज़ार एक अनोखे बिम्ब का प्रयोग करते हैं और बेबसी बोल उठती है...

"दिन का कोई पहर गुज़रता है, एक एहसान-सा उतरता है"।

शायर जानता है कि वे ख़ुशनसीब हैं जिनकी ज़िन्दगी में ख़ुशनुमा यादें ज़िन्दा हैं। मुश्किल तो तब होगी जब यादें भी चुक जाएँ...

"इक याद बड़ी बीमार थी कल
कल सारी रात उसके माथे पर
बर्फ़ से ठंढे चाँद की पट्टी रख-रखकर
इक-इक बूँद दिलासा देकर
अज़हद कोशिश की उसको ज़िन्दा रखने की
पौ फटने से पहले लेकिन
आख़िरी हिचकी लेकर वह ख़ामोश हुई"।

स्मृतियों को बचाने और सहेजने की कोशिश में हम गुलज़ार के गीतों को साथ पाते हैं। और फिर ये गीत भी हमारी यादों का हिस्सा बनते जाते हैं।

वो शाम कुछ अजीब थी

ख़ामोशी

वो शाम कुछ अजीब थी
ये शाम भी अजीब है
वो कल भी पास-पास थी
वो आज भी क़रीब है

झुकी हुई निगाह में
कहीं मेरा ख़याल था
दबी-दबी हँसी में इक
हसीन-सा गुलाल था

मैं सोचता था मेरा नाम गुनगुना रही है वो
न जाने क्यों लगा मुझे कि मुस्करा रही है वो

मेरा ख़याल है अभी
झुकी हुई निगाह में
खिली हुई हँसी भी है
दबी हुई-सी चाह में

मैं जानता हूँ मेरा नाम गुनगुना रही है वो
यही ख़याल है मुझे कि साथ आ रही है वो

वो शाम भी अजीब थी
ये शाम भी अजीब है

किशोर कुमार / **हेमन्त कुमार** / 1969

तेरे बिना जिया जाए ना

घर

तेरे बिना
जिया जाए ना
बिन तेरे, तेरे बिन, साजना, साँस में साँस आये ना
तेरे बिना
जिया जाए ना

जब भी ख़यालों में तू आए
मेरे बदन से ख़ुशबू आए
महके बदन में रहा न जाए
रहा जाए ना
तेरे बिना...

रेशमी रातें रोज़ न होंगी
ये सौगातें रोज़ न होंगी
ज़िंदगी तुझ बिन रास न आये
रास आये ना
तेरे बिना...

लता मंगेशकर / **आर. डी. बर्मन** / 1978

बड़ी देर से मेघा बरसा

नमकीन

बड़ी देर से

बड़ी देर से मेघा बरसा ओ रामा
जली कितनी रतियाँ...

बड़ी देर से मेघा बरसा

इस पहलू झुलसी, तो उस पहलू सोयी...
सारी रात सुलगी मैं, आया न कोई...
बैठी रही रख के हथेली पे दो अँखियाँ...
जली सारी रतियाँ...

बड़ी देर से मेघा...

थोड़ा सा तेज़ कभी, थोड़ा सा हलका...
रोका ना जाए मुई अँखियों का टपका
जागी रही ले के हथेली पर भीगी लड़ियाँ...
जली कितनी रतियाँ

बड़ी देर से मेघा बरसा ओ रामा
जली कितनी रतियाँ...
बड़ी देर से मेघा बरसा!

आशा भोंसले / **आर. डी. बर्मन** / 1981

200

थोड़े भीगे-भीगे से

कमीने

थोड़े भीगे-भीगे से
थोड़े नम हैं हम
कल से सोए-वोए भी तो कम हैं हम...

दिल ने कैसी हरकत की है
पहली बार मुहब्बत की है
आख़िरी बार मुहब्बत की है...

आँखें
डूबी-डूबी-सी
सुरमई मद्धम
झीलें
पानी-पानी है
बस तुम और हम

बात बड़ी हैरत की है
पहली बार मुहब्बत की है
आख़िरी बार मुहब्बत की है...

ख़्वाब के बोझ से
कँपकँपाती हुई
हल्की पलकें तेरी
याद आता है सब
तुझे गुदगुदाना, सताना

यूँ ही सोते हुए
गाल पे टीपना, मीचना
बेवजह बेसबब
याद है
पीपल कि जिसके घने साये थे
हम ने
गिलहरी के जूठे मटर खाये थे

ये बरकत उन हज़रत की है
पहली बार मुहब्बत की है
आख़िरी बार मुहब्बत की है...

मोहित चौहान / **विशाल भारद्वाज** / 2007

सुरमई शाम इस तरह आए

लेकिन

सुरमई शाम इस तरह आए
साँस लेते हैं जिस तरह साए...
सुरमई शाम

कोई आहट नहीं बदन की कहीं
फिर भी लगता है तू यहीं है कहीं
वक़्त जाता सुनाई देता है
तेरा साया दिखाई देता है
जैसे ख़ुशबू नज़र से छू जाए...
साँस लेते हैं जिस तरह साए
सुरमई शाम

दिन का जो भी पहर गुज़रता है
कोई एहसान-सा उतरता है
वक़्त के पाँव देखता हूँ मैं
रोज़ ये छाँव देखता हूँ मैं
आए जैसे कोई ख़याल आए
साँस लेते हैं जिस तरह साए
सुरमई शाम...

सुरेश वाडकर / **पं. हृदयनाथ मंगेशकर** / 1990

ख़ाली हाथ शाम आयी है

इजाज़त

ख़ाली हाथ शाम आयी है
ख़ाली हाथ जायेगी

आज भी ना आया कोई
ख़ाली लौट जायेगी
ख़ाली हाथ शाम...

आज भी ना आये आँसू
आज भी न भीगे नैना
आज भी ये कोरी रैना
कोरी लौट जायेगी
ख़ाली हाथ शाम...

रात की सियाही कोई
आये तो मिटाए ना
आज ना मिटाई तो ये
कल भी लौट आयेगी
ख़ाली हाथ शाम...

आज भी ना आया कोई
ख़ाली लौट जायेगी
ख़ाली हाथ शाम...

आशा भोंसले / **आर. डी. बर्मन** / 1986

जब भी यह दिल उदास होता है

सीमा

जब भी यह दिल उदास होता है
जाने कौन आस-पास होता है

होंठ चुपचाप बोलते हों जब
साँस कुछ तेज़-तेज़ चलती हो
आँखें जब दे रही हों आवाज़ें
ठण्डी आहों में साँस जलती हो

आँख में तैरती हैं तसवीरें
तेरा चेहरा तेरा ख़याल लिए
आईना देखता है जब मुझको
एक मासूम-सा सवाल लिए

कोई वादा नहीं किया लेकिन
क्यूँ तेरा इंतज़ार रहता है
बेवजह जब क़रार मिल जाए
दिल बड़ा बेक़रार रहता है

जब भी यह दिल उदास होता है
जाने कौन आस-पास होता है

मो. रफी - शारदा / **शंकर-जयकिशन** / 1971

205

सौ दर्द हैं

जानेमन

सौ दर्द हैं
सौ राहतें
सब मिला दिलनशीं एक तू ही नहीं
सौ दर्द हैं...

रूखी-रूखी-सी ये हवा
और सूखे पत्ते की तरह
शहर की सड़कों पे मैं
लावारिस उड़ता हुआ
सौ रास्ते
पर तेरी राह नहीं
सौ दर्द हैं...

बहता है पानी
बहने दे
वक़्त को यूँ ही
रहने दे
दरिया ने करवट ली है तो
साहिलों को सहने दे
सौ हसरतें
पर तेरा ग़म नहीं
सौ दर्द हैं...

सोनू निगम / **अनु मलिक** / 2006

तुम गए, सब गया

माचिस

तुम गए, सब गया
कोई *(मैं)* अपनी ही मिट्टी तले
दब गया

कोई आया था, कुछ देर पहले यहाँ
ले के मिट्टी से लेपा हुआ आसमाँ
कब्र पर डाल कर वो गया
कब गया
तुम गए, सब गया...

हाथों पैरों में तनहाइयाँ चलती हैं
मेरी आँखों में परछाइयाँ चलती हैं
एक सैलाब था, सारा घर बह गया
फिर भी जीने का थोड़ा-सा डर रह गया
ज़ख़्म जीने के क्यों दे गया
(साँस की फाँस क्यों दे गया)
जब गया
तुम गए, सब गया...

लता मंगेशकर / *हरिहरन* / संजीव अभ्यंकर / **विशाल भारद्वाज** / 1996

पानी-पानी रे

माचिस

पानी-पानी रे, खारे पानी रे
नैनों में भर जा
नींदें
ख़ाली कर जा...

पानी-पानी इन पहाड़ों की ढलानों से उतर जाना
धुआँ-धुआँ कुछ वादियाँ भी आएँगी, गुज़र जाना
इक गाँव आएगा, मेरा घर आएगा
जा मेरे घर जा
नींदें
ख़ाली कर जा

ये रुदाली जैसी रातें जगरातों में बिता देना
मेरी आँखों में जो बोले मीठे पाखी तो उड़ा देना
बर्फ़ों में लगे मौसम पिघले
मौसम
हरे कर जा

पानी-पानी रे, खारे पानी रे
नैनों में भर जा
नींदें
ख़ाली कर जा...

लता मंगेशकर / **विशाल भारद्वाज** / 1996

ऐ अजनबी तू भी कभी

दिल से

हो पाखी पाखी परदेसी
पाखी पाखी परदेसी...
ऐ अजनबी तू भी कभी आवाज़ दे कहीं से...
मैं यहाँ, टुकड़ों में जी रहा हूँ
तू कहीं टुकड़ों में जी रही है

ऐ अजनबी तू भी कभी आवाज़ दे कहीं से...

रोज़-रोज़ रेशम सी हवा
आते-जाते कहती है बता
वो जो दूध-धुली, मासूम कली
वो है कहाँ, कहाँ है
वो रोशनी कहाँ है
वो जानशीं कहाँ है
मैं अधूरा, तू अधूरी जी रही है
पाखी पाखी परदेसी...

ऐ अजनबी...

तू तो नहीं है लेकिन, तेरी मुस्कराहटें हैं
चेहरा नहीं है, पर तेरी आहटें हैं
तू है कहाँ, कहाँ है, तेरा निशाँ कहाँ है
मेरा जहाँ कहाँ है
मैं अधूरा, तू अधूरी जी रही है
ऐ अजनबी...

उदित नारायण - महालक्ष्मी / **ए. आर. रहमान** / 1998

इक बार वक़्त से लमहा गिरा कहीं
वहाँ दास्ताँ मिली लमहा कहीं नहीं

पल

ज़िन्दगी उपन्यास की तरह होती है– पता नहीं कितने रूप दिखाए, पर हर लमहा अपने-आप में कुछ कहता है– छोटी कहानी की तरह। और लमहों की ये कहानी कितनी तत्काल लिखनी होती है...

"ज़िन्दगी– ये लमहा जी लेने दे
पहले से लिखा कुछ भी नहीं
रोज़ नया कुछ लिखती है तू
जो भी लिखा है दिल से जिया है
ये लमहा
फ़िलहाल
जी लेने दे"

गुलज़ार की शायरी में लमहे सचमुच जीते हैं।

यह एक सचाई है कि गुलज़ार ने सैकड़ों ख़ूबसूरत गीत लिखे, अपने ख़ास अन्दाज़ की न जाने कितनी नज़्में लिखीं, तीन पंक्तियों की कविता की अपनी विशिष्ट विधा 'त्रिवेणी' बनाई, प्रभावी संवाद लिखे, दिलचस्प पटकथाएँ लिखीं, मर्मस्पर्शी कहानियाँ लिखीं, पर कोई उपन्यास नहीं लिखा। शायद उनके शायर का मिज़ाज लमहों से बेहतर दोस्ती निभा पाता है। फिर ऐसा लगता है कि गुलज़ार के ख़यालों की ख़ूबसूरती खुद को छोटे-छोटे वाक्यों में, थोड़े-से लफ़्ज़ों में, अपनी बात आप सुनाते बिम्बों में महफ़ूज़ पाती है।

लमहे घड़ी की सूई की तरह नहीं चलते, हर लमहे की उम्र अलग होती है, कुछ बहुत लम्बे और न ख़त्म होने वाले होते हैं...

"छोटी बातें, छोटी-छोटी बातों की हैं यादें बड़ी
भूले नहीं, बीती हुई एक छोटी घड़ी"।

या फिर...

"एक ज़रा देखिए तो आपके पाँव तले
कुछ तो अटका है कहीं वक़्त से कहिए चले

उड़ती-उड़ती सी नज़र मुझको छू जाए अगर
एक तसलीम को हर बार मेरी आँख झुकी है
आप को देख के बड़ी देर से मेरी साँस रुकी है"।

और कुछ लमहे इतने मुख़्तसर और अचानक ख़त्म कि बस सिर्फ़ खुशबू रह जाती है...

"इक बार यूँ मिली, मासूम सी कली
खिलते हुए कहा, ख़ुशबाश मैं चली"

और कभी लमहे अपनी अमिट छाप छोड़ जाते हैं– फिर दास्तानें बनती हैं...

"इक बार वक़्त से लमहा गिरा कहीं
वहाँ दास्ताँ मिली, लमहा कहीं नहीं"।

गुलज़ार ने लमहों को लेकर इतने प्रयोग किए हैं कि सदियों तक लमहों की ये शायरी गूँजती रहेगी। इसमें कोई एक मंज़िल नहीं और ज़ाहिर है पड़ाव भी एक जैसे नहीं, *"तेरी सीमाएँ कोई नहीं है, बहते जाना, बहते जाना है"।*

'बन्दिनी' से शुरू हुआ लमहों का यह सफ़र जादू भरा है। कभी छोटे-छोटे लमहों में पूरी ज़िन्दगी थम जाती है, *''जाने क्या सोच कर नहीं गुज़रा, एक पल रात भर नहीं गुज़रा''* और कभी उनकी नज़्में सदियों का सफ़र कराती हैं...

''न यह बुझती है, न रुकती है, न ठहरी है कहीं
नूर की बूँद है, सदियों से बहा करती है''।

इस सफ़र में चाँदनी के धागों से बनी नूर की ख़ूबसूरती है, आकाश में कहकशाँ छू के निकलती पगडण्डी है, ख़त में लिपटी रात पड़ी है और सावन के कुछ भीगे-भीगे दिन रखे हैं। भला कौन लौटा सकता है यह सारा कुछ सामान। लफ़्ज़ों का यह सौदागर अपनी उम्र से लमहों के रेशे उधेड़ के, साँसें तोड़ के देता है जो, कौन भला उन गीतों की मौज़ूँ क़ीमत दे सकता है। ऐसा लगता है कि शायद यह शायर काइनात का कोई ख़ूबसूरत क़र्ज़ उतार रहा है और सूदखोर सूरज यह नहीं जानता कि...

''सूरज की आग बुझेगी जब...
उस वक़्त अगर
काग़ज़ पे लिखी एक नज़्म कहीं

उड़ते-उड़ते सूरज में गिरे
तो सूरज फिर से जलने लगे''।

प्रलयंकारी लमहों में भी शायर को कविता पर इतना भरोसा है। क़यामत क्या होती है, कैसी होती है– कौन जानता है! ज़िन्दगी को जान जाएँ वो कम है क्या...

"ज़िन्दगी क्या है जानने के लिए
ज़िन्दा रहना बहुत ज़रूरी है
आज तक कोई भी रहा तो नहीं"।

शायद इसीलिए जिस तरह क़तरा-क़तरा मिलती है ज़िन्दगी, प्रलय भी खंड-प्रलयों में आता होगा। ऐसे पलों में शायर को कविता के शरण्य में जाना होता है...

*''आने वाला पल जाने वाला है
हो सके तो इसमें ज़िन्दगी बिता दो
पल जो ये जाने वाला है''।*

ज़िन्दगी में दिन-रात, सुबह-शाम की तरह हर पल का भी अपना रंग होता है और शायर इन अलग रंगों के यथार्थ को पहचानता है, *''वक़्त के पाँव देखता हूँ मैं, रोज़ ये छाँव देखता हूँ मैं''* और आगाह करता है...

*"कल जो आएगा जाने क्या होगा, बीत जाएँ जो कल नहीं आते
वक़्त की शाख़ तोड़नेवालो, टूटी शाख़ों पे फल नहीं आते"।*

अक्सर यों होता है कि गुलज़ार के गीतों में संज्ञाएँ और क्रियाएँ किसी व्याकरण में नहीं बँधतीं और ऐसे में वक़्त के छोटे-बड़े हिस्से एक नयी ज़ुबान बोलते हैं। किसी फंतासी की तरह कोई पल कह उठता है, *''आजा चाँदनी कूटेंगे, आसमान को लूटेंगे''* और किन्ही बोझिल उदास पलों में यों लगता है, *''सारा दिन चुनती हूँ सूखे पत्ते, रात भर काटी हैं सूखी रातें''*। रात को रास्तों पर बेख़ौफ आवारागर्दी करते हुए जब कोई कहता है, *"आजा आजा दिल निचोड़ें"* तो अचानक उसे उस पल की क़ीमत का एहसास होता है और अगले अन्तरे में वह कह उठता है– *"आजा आज कल निचोड़ें"*। आज के पल से आनेवाले कल का जन्म लेना हर पल के हामिला होने का एहसास कराता है। और जब सचमुच इस दुनिया में कोई नवजात आता है तो फिर वह अपने साथ पूरी उम्र के पलों की असीम संभावनाएँ साथ लाता है– और काँसे की थाली बजाकर, जन्मे के

चाव पर सारा घर, सारा मुहल्ला, सारा संसार सोहर गा उठता है...

"धन है धन है जल जन्मा है
माटी के बदन से एक और पल जन्मा है
समय की घूर्नी से नया कल जन्मा है
पल जन्मा, रे जल जन्मा
देख-भाल कर आज काल पर लागा रे लागा
लागा रे जल लागा"

पर उत्सव हमेशा नहीं होता और ज़िन्दगी की भाग-दौड़ में वक़्त हाँफ रहा हो तो इस बेतरतीबी में यों लगता है...

"ठुड्डा खा के दिन गिरा, रात ने उठा लिया
हाथ पाँव पोंछ के, ताक़ पे बिठा दिया"।

ऐसे में चाँद की भी बस मामूली-सी देख-रेख ही संभव है...

"चाँद का चिराग़ है, खूँटियों पे टाँगा, टाँगा-टाँगा-सा
दौड़ा-दौड़ा भागा-भागा सा
थोड़ा-थोड़ा माँगा-माँगा सा"।

ये कूटना, ये काटना, ये दौड़ना, ये भागना, ये गिराना, ये उठाना, ये निचोड़ना, ये लूटना, ये बिठाना, ये टाँगना– ये अलग-अलग लमहों की तासीर हैं, जिन्हें गुलज़ार के गीत बख़ूबी बताते हैं। और लमहों की इस लम्बी कहानी में जब ज़िन्दगी थकने लगती है तो शायर ज़िन्दगी के कश लगाते हुए, हसरतों की राख उड़ाते हुए लमहों का ज़िन्दगीनामा लिखता है–

"बहुत से आधे बुझे हुए दिन पड़े हैं इसमें
बहुत सी आधी जली हुई रातें गिर पड़ी हैं
ना हाथ डालो
ना हाथ डालो कि वक़्त से छीले हुए लमहों की राख गर्म है
उँगलियाँ जलेंगी
ये ऐश-ट्रे पूरी भर गयी है!"

बहरहाल आइए, गुलज़ार के गीतों की तरह आने वाले पलों में ज़िन्दगी भर लें!

आने वाला पल

गोलमाल

आने वाला पल जाने वाला है
हो सके तो इस में
ज़िंदगी बिता दो
पल जो ये जाने वाला है
आने वाला पल...

इक बार यूँ मिली
मासूम-सी कली
खिलते हुए कहा
ख़ुशबाश मैं चली

देखा तो यहीं है
ढूँढ़ा तो नहीं है
पल जो ये जाने वाला है
आने वाला पल...

इक बार वक़्त से
लमहा गिरा कहीं
वहाँ दास्ताँ मिली
लमहा कहीं नहीं

थोड़ा-सा हँसाके
थोड़ा-सा रुलाके
पल जो ये जाने वाला है
आने वाला पल जाने वाला है

किशोर कुमार / **आर. डी. बर्मन** / 1978

216

जाने क्या सोचकर नहीं गुज़रा

किनारा

जाने क्या सोचकर नहीं गुज़रा
एक पल रात-भर नहीं गुज़रा

अपनी तनहाई का औरों से न शिकवा करना
तुम अकेले ही नहीं हो सभी अकेले हैं
यह अकेला सफ़र नहीं गुज़रा
जाने क्या सोचकर नहीं गुज़रा

दो घड़ी जीने की मोहलत तो मिली है सबको
तुम भी मिल जाओ घड़ी-भर को यह कम होता है
इक घड़ी का सफ़र नहीं गुज़रा
जाने क्या सोचकर नहीं गुज़रा
एक पल रात-भर नहीं गुज़रा

किशोर कुमार / **आर. डी. बर्मन** / 1977

आज बिछुड़े हैं, कल का डर भी नहीं

थोड़ी-सी बेवफ़ाई

आज बिछुड़े हैं, कल का डर भी नहीं
ज़िंदगी इतनी मुख़्तसर भी नहीं

जख़्म दिखते नहीं अभी लेकिन
ठंढे होंगे तो दर्द निकलेगा
तैश उतरेगा वक़्त का जब भी
चेहरा अन्दर से ज़र्द निकलेगा
आज बिछुड़े हैं...

कहनेवालों का कुछ नहीं जाता
सहनेवाले कमाल करते हैं
कौन ढूँढ़े जवाब दर्दों के
लोग तो बस सवाल करते हैं
आज बिछुड़े हैं...

कल जो आएगा जाने क्या होगा
बीत जाएँ जो कल, नहीं आते
वक़्त की शाख़ तोड़नेवालो
टूटी शाख़ों पे फल नहीं आते
आज बिछुड़े हैं...

कच्ची मिट्टी है, दिल भी, इंसाँ भी
देखने ही में सख़्त लगता है

218

आँसू पोंछें तो आँसुओं के निशाँ
ख़ुश्क होने में वक़्त लगता है

आज बिछुड़े हैं, कल का डर भी नहीं
ज़िंदगी इतनी मुख़्तसर भी नहीं

भूपिन्दर / **ख़य्याम** / 1980

ज़िन्दगी-ये लमहा जी लेने दे

फ़िलहाल

ज़िन्दगी-ये लमहा जी लेने दे
पहले से लिखा
कुछ भी नहीं
रोज़ नया कुछ
लिखती है तू
जो भी लिखा है दिल से जिया है
ये लमहा फ़िलहाल जी लेने दे...

मासूम सी हँसी
बेवजह ही कभी
होंठों पे खिल जाती है
अनजान सी ख़ुशी
बहती हुई कभी
साहिल पे मिल जाती है
ये अनजाना डर, अजनबी है मगर
ख़ूबसूरत है, ये लमहा जी लेने दे
ये लमहा फ़िलहाल जी लेने दे...

दिल ही में रहता है
आँखों में बहता है
कच्चा सा एक ख़्वाब है
लगता सवाल है
शायद जवाब है
दिल फिर भी बेताब है
ये सुकूँ है तो है, ये जुनूँ है तो है

220

ख़ूबसूरत है, जी लेने दे
ये लमहा फ़िलहाल जी लेने दे...

पहले से लिखा
कुछ भी नहीं
रोज़ नया कुछ
लिखती है तू
ख़ूबसूरत है, जी लेने दे
ये लमहा फिलहाल जी लेने दे

आशा भोंसले / **अनु मलिक** / 2002

मैंने तेरे लिए ही सात रंग के सपने चुने

आनन्द

मैंने तेरे लिए ही सात रंग के सपने चुने
सपने, सुरीले सपने
कुछ हँसते, कुछ ग़म के, तेरी आँखों के साए
चुराए, रसीली यादों ने
मैंने तेरे लिए ही...

छोटी बातें, छोटी-छोटी बातों की हैं यादें बड़ी
भूले नहीं, बीती हुई इक छोटी घड़ी
जनम-जनम से आँखें बिछाईं
तेरे लिए
इन राहों में
मैंने तेरे लिए ही...

भोले-भाले, भोले-भाले दिल को बहलाते रहे
तनहाई में, तेरे ख़यालों को सजाते रहे
कभी-कभी तो आवाज़ देकर
मुझको जगाया
ख़्वाबों ने
मैंने तेरे लिए ही...

रूठी रातें, रूठी हुई रातों को मनाया कभी
तेरे लिए
मीठी सुबह को बुलाया कभी
तेरे बिना भी, तेरे लिए ही
दीये जलाये, राहों में
मैंने तेरे लिए ही सात रंग के सपने चुने
सपने, सुरीले सपने

मुकेश / **सलिल चौधरी** / 1970

ऐ हैरत-ए-आशिक़ी

<u>गुरु</u>

दम दर दम दर चश्म चश्म-ए-नम...
सुन मेरे हमदम, हमेशा इश्क़ में ही जीना...

ऐ हैरत-ए-आशिक़ी जगा मत
पैरों से ज़मीं ज़मीं लगा मत...

ऐ हैरत-ए-आशिक़ी...
दम दर...

क्यों उर्दू-फ़ारसी बोलते हो...
दस कहते हो दो तोलते हो
झूठों के शहंशाह बोलो ना
कभी झाँको मेरी आँखें...
सुनाये एक दास्तान जो होठों से खोलो ना
ऐ हैरत-ए-आशिक़ी जगा मत...

ऐ हैरत-ए-आशिक़ी...
दम दर...

दो चार महीन से लमहों में...
उम्रों के हिसाब भी होते हैं
जिन्हें देखा नहीं कल तक...
कहीं भी
अब कोख में वो चेहरे बोते हैं

ऐ हैरत-ए-आशिक़ी जगा मत...
ऐ हैरत-ए-आशिक़ी
दम दर...

हरिहरन - अलका याज्ञिक - ए.आर.रहमान - असलम मोहम्मद / **ए. आर. रहमान** / 2006

छोटी-सी कहानी से

इजाज़त

छोटी-सी कहानी से
बारिशों के पानी से
सारी वादी भर गयी
ना जाने क्यों
दिल भर गया
ना जाने क्यों
आँख भर गयी

शाख़ों पे पत्ते थे
पत्तों पे बूँदें थीं
बूँदों में पानी था
पानी में आँसू थे
छोटी-सी कहानी से...

दिल में गिले भी थे
पहले मिले भी थे
मिल के पराए भी
दो हमसाए भी
छोटी-सी कहानी से...

रुकती है थमती है
कभी बरसती है
बादल पे पाँव रखे
बारिश मचलती है
छोटी-सी कहानी से...

आशा भोंसले / **आर. डी. बर्मन** / 1986

लागा रे जल लागा

पहेली

लागा रे जल लागा
बरसा रे जल बरसा
ज़मीं की गोद भरी, रे लागी हरी
कलसी भरी और ताल भरे
और गोरिया के नैना
लागा रे...

पात पात की बात बात पर
झूल झूल कर फूल बजावें तालियाँ
बेर बेर माटी का ढेर बोले सबूर
खोले सवेर की लालियाँ
धन है धन है जल जन्मा है
माटी के बदन से एक और पल जन्मा है
समय की घूर्नी से नया कल जन्मा है
पल जन्मा, रे जल जन्मा...
देख-भाल कर आज काल पर लागा रे लागा
लागा रे...

पलकों में सोया हुआ ओस का दाना था, पिया
वो तेरा नहीं मेरा सपना था अनजाना सा, पिया
जागो पिया, सपना जगा
तेरे नैनों में सोया था सपना जगा
तेरे नैनों में सोया समय जागा है
पल जागा, रे कल जागा...

देख-भाल कर आज काल पर लागा रे लागा
लागा रे...

गोदी में धरती हो आकाश सर पर भरा-भरा
आँगन में बजती रहे झुनझुनों की सदा-सदा
गोदी तेरी भरी रहे
तेरी माँग में सितारे भरे रहें
सुहागन लगन सूर्य लागा रहे
जल लागा रे फल लागा...
एक बार तो पूरे चाँद को लागा रे लागा
लागा रे फल लागा
लागा रे...

एम. एम. क्रीम - सोनू निगम - श्रुति सदोलिकर / **एम. एम. क्रीम** / 2005

दौड़ा-दौड़ा, भागा-भागा सा

चाची 420

दौड़ा-दौड़ा, भागा-भागा सा...
वक़्त ये सख़्त है
थोड़ा-थोड़ा...
थोड़ा-थोड़ा, माँगा-माँगा सा

ठुड्डा खा के दिन गिरा, रात ने उठा लिया
हाथ पाँव पोंछ के, ताक़ पे बिठा दिया
चाँद का चिराग़ है
खूँटियों पे
खूटियों पे टाँगा-टाँगा सा...
थोड़ा-थोड़ा, माँगा-माँगा सा

सो जा रे नैनों के पाखी...
सो जा सो जा

टिकटिकाती सूइयाँ, घड़ी की रुकती ही नहीं...
रस्सियाँ ये वक़्त की, गले से खुलती ही नहीं...

जिस्म का लिबास है
चीरा-चीरा
चीरा-चीरा, धागा-धागा सा...
थोड़ा-थोड़ा, माँगा-माँगा सा...

वक़्त ये सख़्त है...थोड़ा-थोड़ा!

हरिहरन / **विशाल भारद्वाज** / 1997

क़तरा-क़तरा मिलती है

इजाज़त

क़तरा-क़तरा मिलती है
क़तरा-क़तरा जीने दो
ज़िन्दगी है...
बहने दो...
प्यासी हूँ मैं प्यासी रहने दो
रहने दो

क़तरा-क़तरा मिलती है...

कल भी तो कुछ ऐसा ही हुआ था
नींद में थी तुमने जब छुआ था
गिरते-गिरते बाँहों में बची मैं
सपने पे पाँव पड़ गया था
सपनों में
बहने दो
प्यासी हूँ मैं...

क़तरा-क़तरा मिलती है...

तुमने तो आकाश बिछाया
मेरे नंगे पैरों में ज़मीं है
पा के भी तुम्हारी आरज़ू हो
शायद ऐसे ज़िन्दगी हसीं है
आरज़ू में
बहने दो

228

प्यासी हूँ मैं...

क़तरा-क़तरा मिलती है...

हल्के-हल्के कोहरे के धुएँ में
शायद आसमाँ तक आ गयी हूँ
तेरी दो निगाहों के सहारे
देखो तो कहाँ तक आ गयी हूँ
कोहरे में
बहने दो
प्यासी हूँ मैं प्यासी रहने दो
रहने दो

क़तरा-क़तरा मिलती है...

आशा भोंसले / **आर. डी. बर्मन** / 1986

ढन टणन

कमीने

आजा आजा दिल निचोड़ें
रात की मटकी तोड़ें
कोई गुडलक निकालें
आज गुल्लक तो फोड़ें

तिल-तिल तारामिरा तेली का तेल
है कौड़ी-कौड़ी पैसा-पैसा पैसे का खेल
चल-चल सड़कों पर होगी ढन टन
ढन टणन...

आजा आजा दिल...

आजा कि वनवे है ये ज़िंदगी की गली
एक ही चांस है
आगे हवा ही हवा है अगर साँस है तो
ये रोमांस है
यही कहते हैं
यही सुनते हैं
जो भी जाता है—जाता है
वो फिर से आता नहीं
आजा आज कल निचोड़ें
साथ की मटकी तोड़ें
कोई गुडलक निकालें

आज गुल्लक तो फोड़ें
है तिल-तिल तारामिरा...

कोई चाल ऐसी चलो यारो अब कि
समन्दर भी पुल पे चले
फिर तू चले उस पे या मैं चलूँ
शहर हो अपने पैरों तले
कहीं ख़बरें हैं, कहीं क़ब्रें हैं
जो भी सोया है क़ब्रों में उनको जगाना नहीं

आजा आजा दिल निचोड़ें...
रात की मटकी तोड़ें
कोई गुडलक निकालें
आज गुल्लक तो फोड़ें

आजा...आजा...

सुखविन्दर सिंह - विशाल ददलानी / **विशाल भारद्वाज** / 2009

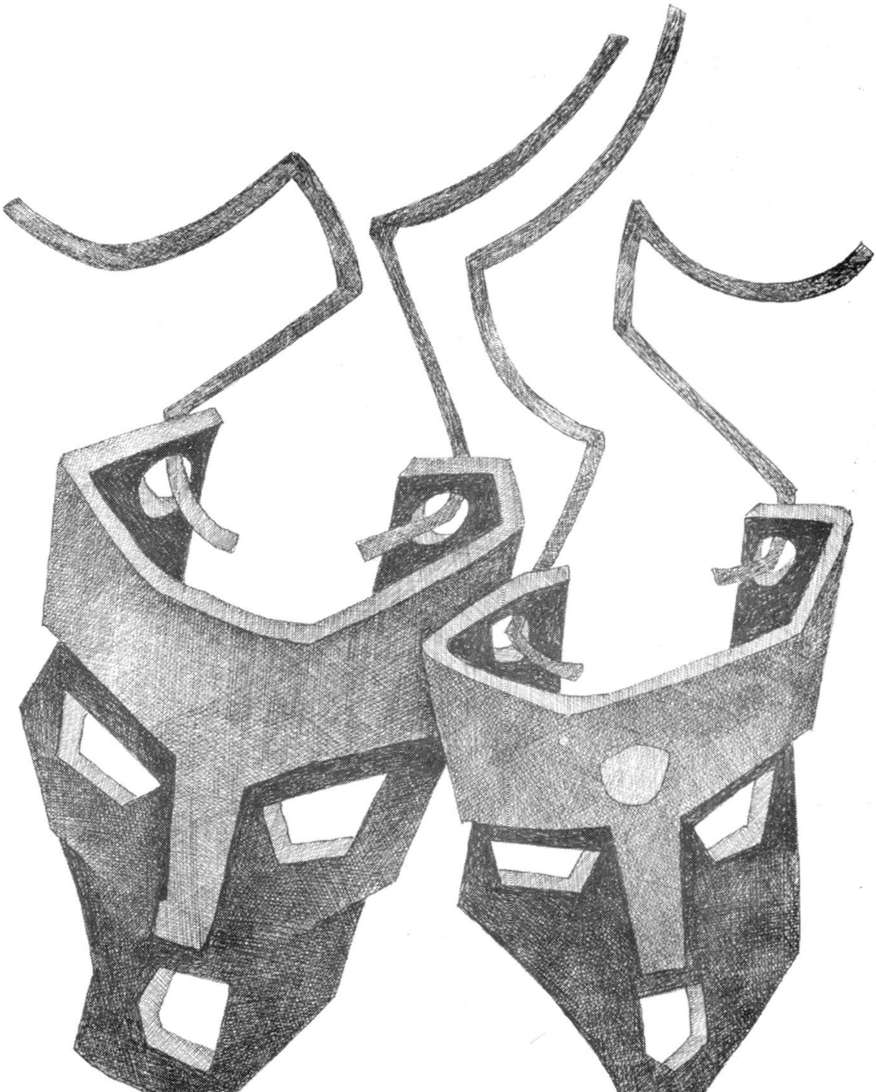

आपकी आँखों में कुछ महके हुए से राज़ हैं
आपसे भी ख़ूबसूरत आपके अंदाज़ हैं

अदा

गुलज़ार के गीतों में नये उपमान गढ़े जाते हैं, जिनको सुनकर बार-बार यह लगता है कि कोई बात जिस अंदाज़ में कह दी गयी, वैसा पहले क्यों नहीं हुआ। ख़ूबसूरती का एहसास कभी छोटी-छोटी चाक्षुष इकाइयों में छिपा होता है, *"तेरी कमर के बल पर नदी मुड़ा करती थी"* और कभी लगभग अदृश्य और अमूर्त अवधारणा को आकृति दी जाती है...

"धागे तोड़ लाओ चाँदनी से नूर के
घूँघट ही बना लो रोशनी से नूर के"।

उनके लफ़्ज़ों में अक़्सर एक झीना-सा आवरण होता है और वह अपनी बात कुछ यों कह जाते हैं कि ऐंद्रिकता बस छू कर निकल जाती है...

"दो चार महीन से लमहों में
उम्रों के हिसाब भी होते हैं
जिन्हें देखा नहीं कल तक, कहीं भी,
अब कोख में वो चेहरे बोते हैं"।

सचमुच आशिक़ी की ऐसी अदा पर हैरत होती है और उस रूमानी दुनिया से उतरने को जी नहीं करता...

"ऐ हैरत-ए-आशिक़ी जगा मत, पैरों से ज़मीं ज़मीं लगा मत"।

उनके गीतों में श्रृंगार की इतनी भंगिमाएँ है कि फिल्में पीछे रह जाती हैं, उनका सफल-असफल होना संदर्भहीन हो जाता है और गुलज़ार के अल्फ़ाज़ अपना जादू बिखेरते रहते हैं। 'वीर' में बेबस हो नायक का कहना, *"जाने कैसा टोना कर गयी, जिया का कटोरा दर्द से भर गयी"* और नायिका की अल्हड़ता और बेरुख़ी, *"चाँद दिखाने छत पर बुलायो, चाँद के सामने आपै मुकर गयी"* आकर्षित करते हैं। इन गीतों से फिर *"कितने रंग आते जाते हैं आपके दो रुख़सारों पर, एक हया का रंग गुलाबी, धूप चढ़ी कोहसारों पर"* यानी शायर की *"एक अदा मासूम है और एक अदा मेहरबाँ"।*

पर जब यह सब अंतर्धारा की तरह होता है तो एक ख़ास अंदाज़ में प्यार की हल्की सी उजास होती है...

"मुस्कराहट-सी खिली रहती है आँखों में कहीं
और पलकों पे उजाले-से झुके रहते हैं
होंठ कुछ कहते नहीं काँपते होंठों पे मगर
कितने ख़ामोश-से अफ़स ने रुके रहते हैं"।

हालाँकि हमें गुलज़ार कई बार बहुत ही सीधे और मासूम अंदाज़ में कही बातों से चौंकाते भी हैं, पर ख़ूबसूरती यह है कि वह जब गीतों में कहते हैं *"बड़ी ख़ूबसूरत हो"* तो सचमुच लगता है कि सीधी-सी बात है, सीधे ही क्यों न कही जाय। बहुत पहले उन्होंने कहा कि *"मुख़्तसर सी बात है, तुमसे प्यार है"।* पीढ़ियाँ बदल जाती हैं, किरदार बदल जाते हैं, पर कुछ बातें, कुछ एहसास वही-वही होते हैं और कई तरह से कहने के बाद शायर को शायद लगता होगा, इस बार सीधे कहकर देखा जाय। और इस कहने में सारी दुनिया भी शामिल कर ली जाती है, *"बड़ी ताज़ा ख़बर है कि तुम ख़ूबसूरत हो"*।

इसी के बरअक्स जब दर्द की दास्तान होती है तो होठों पर एक ही दुआ होती है *"मेरा यार मिला दे साइँया"* और इस दर्द के एकान्त में बार-बार जाना होता है, *"आ देख मेरी पेशानी को तक़दीर के हर्फ़े लिखे हैं, मैं कितनी बार पुकारूँ तुम्हें तेरे नाम के सफ़्हे लिखे हैं"*यानी विरह में भी एक कशिश, एक अदा, *"सिर्फ़ एक तेरी आहट के लिए कंकर पत्थर बुत सारे सुने"*।

ज़िन्दगी में सब कुछ सीधा, सरल, सपाट हो तो सब कुछ नीरस न हो जाए। शायद इसीलिए ख़ूबसूरती, शोख़ी, साज-शृंगार, कौतुक, चंचलता, शरम-ओ-हया, मान-अभिमान, रूठना-मनाना, लुका-छिपी, गिले-शिकवे, सुलह-सफाई, थोड़ा सच और थोड़ा झूठ भी ज़िन्दगी में रस लाते हैं, रंग लाते हैं। वरना शायर न कहता...

"दोस्तों से झूठी-मूठी दूसरों का नाम ले के
फिर मेरी बातें करना
याराँ रात से दिन करना"

और फिर आधी रात की यह ख़्वाहिश यों न खिलती...

"चुपके से, चुपके से
रात की चादर तले
चाँद की भी आहट ना हो
बादल के पीछे चलें
जलें क़तरा-क़तरा
गलें क़तरा-क़तरा
रात भी ना हिले, आधी-आधी ये"।

वैसे भी *"इश्क़ाँ दे (के) तेवर घने"* हों तो सारे बाहरी साज-शृंगार पीछे रह जाते हैं। ऐसे में शायर को सबसे आकर्षक गहने शोख़ी और अदा के दीखते हैं और वह बोल उठता है, *"नख़रों के ज़ेवर बनें"*। सच, महँगे से महँगा ज़ेवर भी ख़ूबसूरत अदाओं की बराबरी कैसे कर सकता है और जब इन नाज़-नख़रों का तिलस्म तारी होता है तो फिर हर अदा ख़ूबसूरत होती जाती है...

"आपकी आँखों में कुछ महके हुए-से राज़ हैं
आपसे भी ख़ूबसूरत आपके अंदाज़ हैं"

और फिर चुहल...

"आपकी बातों में फिर कोई शरारत तो नहीं
बेवजह तारीफ़ करना आपकी आदत तो नहीं"।

यों लगता है, ऐसे में रूठ-सुलह और डाँट-डपट भी प्यार का ही इज़हार है...

"कभी-कभी यूँ करना
मैं डाँटूँ और तू डरना"

और फिर दूरी कहाँ बचती है...

"तेरे दोहरे बदन में सिल जाऊँगी मैं
जब करवट ले तू छिल जाऊँगी मैं"।

अदाओं की दुनिया में फिर सारे ख़याल जादुई हो जाते हैं। यहाँ कुछ भी असंभव नहीं, जो मर्ज़ी ले आएँ...

"लड़-लड़ के जीने को ये लमहे तोड़े हैं
मर-मर के सीने में ये शीशे जोड़े हैं
तुम कह दो तो सब ला दें, बस इतना सोचो तो

अम्बर पे पहले ही सितारे थोड़े हैं"।

आसमान से तारे तोड़ लाने के इन झूठे वादों पर भी मर-मिटने को जी करता है और प्यार के इस खेल में फिर सब कुछ छू-मंतर हो जाता है...

"झूठ कपट छलके नी, मोसे नैना मिलाई के
धड़ से फिसलवाई दीनी, सावन में बुलाई के
सुध-बुध खोई, होश चुराई
छू-मंतर कर दीनी, हमका छू के छुआई के"।

अदाओं की अपनी भाषा होती है। और भाषाओं की भी अपनी अदा होती है। कश्मीर की ठंढी वादियों में फिरन पहने, लम्बी चोटी लहराते हुए, सिर पर सलमा-सितारों से भरा दुपट्टा लिए, शरमीली आँखों की जुबानी आने वाली आवाज़ का नाम अदा ही हो सकता है...

"पूछे जो कोई मेरी निशानी, रंग हिना लिखना
गोरे बदन पे उँगली से मेरा नाम अदा लिखना"

और फिर सारी प्रकृति ख़ूबसूरत हो जाती है...

"आऊँ तो सुबह
जाऊँ तो मेरा नाम सबा लिखना
बर्फ़ पड़े तो बर्फ़ पे मेरा नाम दुआ लिखना"।

और राजस्थान के रंगों से जब गुलज़ार 'पहेली' के *"कँगना रे...कँगना रे"* में चूड़ियों का सौन्दर्य-शास्त्र लिख रहे होते हैं तो चूड़ियों की खनकती भाषा में सारा लावण्य, सारा सौन्दर्य सिमट आता है। ये चूड़ियाँ चमकती हैं जब कँगना को किरनों से रँगा जाए, ये बोलती हैं जब छनकते कँगना से सजना जग जावे। कभी चूड़ियाँ ताने सुनाती हैं, कभी रूठे को मनाती हैं। कहीं काँच की चूड़ियाँ है, जिनके टूटने का डर है तो कहीं चूड़ियों में लाख लगा है, जो समय के साथ छूट सकता है। कभी आसमान में गोलाकार चंदा की चूड़ी है, तो कभी हाथीदाँत का बड़ा-सा चूड़ा। और तो और शायर इन्द्रधनुष (धनुक) तोड़कर इसके दोनों सिरों को बाँध सतरंगी चूड़ी बनाने की बात करता है...

"काँच हो तो टूटे
लाख हो तो छूटे

धनुक तोड़ लाओ तो हम कंगन पहनेंगे
सात रंग चूड़ी पहनेंगे
मैं एक सिरा बाँधूँ
तुम दूजा सिरा बाँधो
तब सात रंग का झूला डाल के
रंग रंग रंग रंग गगन को रँगना रे
कँगना रे, कँगना रे...”

श्रृंगार का शायद ही कोई उपादान हो जो इस गीत में अनुपस्थित हो– घोर अमावस का काला रंग, बिरह के गहरे रंग से रल जाता है; मरुथल में रेत के बगूलों के चूड़ी-नुमा गोल भँवर बनते हैं, फूलों के ज़ेवर सिलते हैं, ख़ुशबू के गहने बनते हैं। रेगिस्तान में जैसा भी फूल मिले, उसका ज़ेवर बनाने की कोशिश होती है, चाहे धूल से सने फूलों के संग काँटे भी चुभें, *“धूल-फूल के ज़ेवर म्हारे, तन पे काँटे लागे”*। और तो और, विरह में भी श्रृंगार को संभव बनाते हुए आँसुओं की माला सजाई जाती है, *“अँसुवन मोती चुन-चुन दीजो माला बुनें हम साजे”*।

श्रृंगार के ये बहिरंग शायर की नज़र के अंतरंग से मिल अदाओं की ख़ूबसूरत दुनिया बनाते हैं। क्या कोई बच सका है इन जानलेवा अदाओं से! इनसे बचने की कोशिश में ख़ुद शायर की मासूम अदा देखिए...

“हुज़ूर इस क़दर भी ना इतरा के चलिए
खुले आम आँचल ना लहरा के चलिए।”

बचना हो तो आँखें बन्द कर लें!

238

एक ही ख़्वाब कई बार देखा है मैंने

किनारा

एक ही ख़्वाब कई बार देखा है मैंने
तूने साड़ी में उड़स ली हैं मेरी चाबियाँ घर की
और चली आयी है बस, यूँ ही मेरा हाथ पकड़कर
एक ही ख़्वाब...

मेज़ पर फूल सजाते हुए देखा है कई बार
और बिस्तर से कई बार जगाया भी है तुझको
चलते-फिरते तेरे क़दमों की वो आहट भी सुनी है
एक ही ख़्वाब...
क्यों चिट्ठी है या कविता
अभी तक तो कविता
गुनगुनाती हुई निकली है नहा के जब भी
अपने भीगे हुए बालों से टपकता पानी
मेरे चेहरे पे छिटक देती है तू *टिकू की बच्ची*
एक ही ख़्वाब...

ताश के पत्तों पर लड़ती है कभी-कभी खेल में मुझसे
और कभी लड़ती भी है ऐसे कि बस खेल रही है मुझसे
और आग़ोश में नन्हे को लिए...
'विल यू शटअप!'
और जानती हो, टिकू
जब तुम्हारा यह ख़्वाब देखा था
अपने बिस्तर पे मैं उस वक़्त पड़ा जाग रहा था!

भूपिन्दर / हेमा मालिनी की आवाज़ / **आर. डी. बर्मन** / 1977

दोस्तों से झूठी मूठी दूसरों का नाम ले के

साथियाँ

दोस्तों से...
दोस्तों से झूठी-मूठी दूसरों का नाम ले के
फिर मेरी बातें करना
याराँ रात से दिन करना
लम्बी जुदाई तेरी
बड़ा मुश्किल है आहों से दिल भरना
याराँ रात से दिन करना
कब ये पूरी होगी, दूर ये दूरी होगी
रोज़ सफ़र करना
याराँ रात से दिन करना

चुपके से, चुपके से
रात की चादर तले
चाँद की भी आहट ना हो
बादल के पीछे चलें
जलें क़तरा-क़तरा
गलें क़तरा-क़तरा
रात भी ना हिले आधी-आधी ये
चुपके से, चुपके से रात की चादर तले...

फरवरी की सर्दियों की धूप में
मुँदी-मुँदी अँखियों से देखना, हाथ की आड़ से
नीम्मी-नीम्मी ठंढ और आग में
हौले-हौले मारवा के राग में, मीर की बात हो

दिन भी न डूबे
रात ना आये
शाम कभी न ढले
शाम ढले तो सुबह ना आये
रात ही रात चले
चुपके से...

तुझ बिन पगली ये पुरवाई
आ के मेरी चुनरी में भर गयी
तू कभी ऐसे ही, आ गले लग जैसे ये पुरवाई
साथियाँ, सुन तू
कल जो मुझको नींद ना आये पास बुला लेना
गोद में अपनी
सर रख लेना
लोरी सुना देना

चुपके से...
चुपके से रात की चादर तले
चाँद की भी भी आहट ना हो
बादल के पीछे चलें
जलें क़तरा-क़तरा
गलें क़तरा-क़तरा
रात भी ना हिले आधी-आधी
रात भी ना हिले आधी-आधी ये
चुपके से...

साधना सरगम - मुर्तज़ा - क़ादिर / **ए. आर. रहमान** / 2002

ओ साथी रे

ओमकारा

ओ साथी रे...दिन डूबे ना
आ चल दिन को रोकें
धूप के पीछे दौड़ें
छाँव छुए ना... ओ साथी रे...

थका थका सूरज जब
नदी से होकर निकलेगा
हरी हरी काई पे
पाँव पड़ा तो फिसलेगा
तुम रोक के रखना
मैं जाल गिराऊँ
तुम पीठ पे लेना
मैं हाथ लगाऊँ
दिन डूबे ना...

तेरी मेरी अट्टी-बट्टी
दाँत से काटे कट्टी
रे जइयो ना ओ पीहू रे
ओ पीहू रे... ना जइयो ना...

कभी-कभी यूँ करना
मैं डाँटूँ और तुम डरना
उबल पड़े आँखों से
मीठे पानी का झरना
तेरे दोहरे बदन में सिल जाऊँगी मैं

जब करवट ले तू छिल जाऊँगी मैं
ओ... संग ले जाऊँगा
तेरी मेरी अँगनी-मँगनी
अंग संग लागी संगनी
संग ले जाऊँ
ओ पीहू रे... ओ साथी रे...
दिन डूबे ना...

आ चल दिन को रोकें
धूप के पीछे दौड़ें
छाँव छुए ना
ओ साथी रे...

श्रेया घोषाल - विशाल भारद्वाज / **विशाल भार[illegible]** / 2006

बहुत ख़ूबसूरत हो

ख़ूबसूरत

बड़ी ताज़ा ख़बर है कि तुम ख़ूबसूरत हो!
बहुत ख़ूबसूरत हो...

ये बिखरी-सी लटें हैं ना
इन्हें चेहरे पे उड़ने दो
बहुत ख़ूबसूरत हो...

बहुत ख़ूबसूरत हो...

ये रुख़सार पीले-से लगते हैं ना
उदासी की हल्दी है हट जाएगी
तमन्ना की लाली को पकने तो दो
कि पतझड़ की छाँव छट जाएगी
लबों पे ज़ुबाँ फेरो
इन्हें गीले रहने दो
बहुत ख़ूबसूरत हो...

वो चेहरे जो रोशन हैं लौ की तरह
उन्हें ढूँढ़ने की ज़रूरत नहीं
मेरी आँख में झाँककर देख लो
तुम्हें आईने की ज़रूरत नहीं
रूठी-सी ख़फ़ा-सी तुम
ज़रा तो मनाने दो
बहुत ख़ूबसूरत हो...

इन्हें चेहरे पे उड़ने दो
बहुत ख़ूबसूरत हो...

अभिजीत - नीरजा पंडित / **जतिन-ललित** / 1999

सपने में मिलती है

सत्या

सपने में मिलती है
ओ कुड़ी मेरी, सपने में मिलती है...
सारा दिन घूँघटे में बन्द पुड़िया-सी...
अँखियों में खुलती है

सपने में मिलता है
ओ मुंडा मेरा, सपने में मिलता है...
सारा दिन सड़कों पे ख़ाली रिक्शे-सा...
पीछे-पीछे चलता है

ओय-होय...कोरी है करारी है, भून के उतारी है...
कभी-कभी मिलती है
ओ कुड़ी मेरी...

बे...ऊँचा लम्बा क़द है, चौड़ा भी तो हद है...
दूर से दिखता है
ओ मुंडा मेरा...
अरे देखने में तगड़ा है, जंगल से पकड़ा है
सींग दिखाता है

सपने में मिलता है...ओ मुंडा मेरा...
सपने में मिलती है...ओ कुड़ी मेरी...

पाजी है शरीर है, घूमती लकीर है
चकरा के चलती है

सपने में मिलती है...ओ कुड़ी मेरी...
सपने में मिलता है...ओ मुंडा मेरा...

अरे...कच्चे पक्के बेरों से, चोरी के शेरों से...
दिल बहलाता है
ओ मुंडा मेरा...
मुंडा मेरा
हाय...गोरा चिट्टा रंग है, चाँद का पलंग है..
चाँदनी में धुलती है
ओ कुड़ी मेरी...
दूध का उबाल है, हँसी तो कमाल है
मोतियों में तुलती है
सपने में मिलती है...ओ कुड़ी मेरी...
सपने में मिलता है...ओ मुंडा मेरा...
नीम-शरीफ़ों के, ऐंवें लतीफ़ों के
क़िस्से सुनाता है
सपने में मिलता है...ओ मुंडा मेरा...
सपने में मिलती है...ओ कुड़ी मेरी...

सारा दिन घूँघटे में बन्द पुड़िया-सी...
अँखियों में खुलती है
सारा दिन सड़कों पे ख़ाली रिक्शे-सा...
पीछे-पीछे चलता है

सपने में मिलता है...ओ मुंडा मेरा...सपने में मिलता है
सपने में मिलती है...ओ कुड़ी मेरी...सपने में मिलती है

सुरेश वाडकर - आशा भोंसले / **विशाल भारद्वाज** / 1998

आपकी आँखों में कुछ महके हुए-से राज़ हैं

घर

आपकी आँखों में कुछ महके हुए-से राज़ हैं
आपसे भी ख़ूबसूरत आपके अंदाज़ हैं

लब हिलें तो मोगरे के फूल खिलते हैं कहीं
आपकी आँखों में क्या साहिल भी मिलते हैं कहीं

आपकी ख़ामोशियाँ भी आपकी आवाज़ हैं
आपकी आँखों में कुछ...

आपकी बातों में फिर कोई शरारत तो नहीं
बेवजह तारीफ़ करना आपकी आदत तो नहीं

आपकी बदमाशियों के ये नये अंदाज़ हैं
आपकी आँखों में कुछ...

किशोर कुमार / लता मंगेशकर / **आर. डी. बर्मन** / 1978

हुज़ूर इस क़दर भी ना इतरा के चलिए

मासूम

हुज़ूर इस क़दर भी ना इतरा के चलिए...
खुलेआम आँचल न लहरा के चलिए
हुज़ूर इस क़दर भी ना इतरा के चलिए...
हुज़ूर इस क़दर भी ना इतरा के चलिए
खुलेआम आँचल न लहरा के चलिए

कोई मनचला गर पकड़ लेगा आँचल...
ज़रा सोचिए आप क्या कीजिएगा
लगा दे अगर बढ़ के ज़ुल्फ़ों में कलियाँ...
तो क्या अपनी ज़ुल्फ़ें झटक दीजिएगा...

हुज़ूर इस क़दर भी ना इतरा के चलिए
खुलेआम आँचल न लहरा के चलिए
हुज़ूर इस क़दर भी...

बहुत ख़ूबसूरत है हर बात लेकिन...
अगर दिल भी होता तो क्या बात होती
लिखी जाती फिर दास्तान-ए-मुहब्बत...
इक अफ़साने जैसी मुलाक़ात होती

हुज़ूर इस क़दर भी ना इतरा के चलिए
खुले आम आँचल ना लहरा के चलिए
हुज़ूर इस क़दर भी...

भूपिन्दर - सुरेश वाडकर / **आर. डी. बर्मन** / 1983

कँगना रे...

पहेली

कँगना रे कँगना रे किरनों से सब रँगना रे...
जब चलूँ तो छन-छन छनके अँगना रे...
जब चूड़ियाँ खनके कँगना छनके
छनके कँगना जग जावे सजना रे
कँगना रे कँगना रे
छन छन-न-न-नन खन खन-न-न-नन
जब चूड़ियाँ खनके कँगना छनके
कँगना रे...

कँगना बिन मर्ज़ी के छनके ना
कँगना बिन अर्ज़ी के खनके ना
ताने सुनावे चूड़ियाँ
कँगना बिन मर्ज़ी के छनके ना
कँगना बिन अर्ज़ी के खनके ना
रूठे मनावे चूड़ियाँ

थारो कौनो रंग ना भावे
म्हाने थारो ढंग ना भावे
काँच हो तो टूटे
लाख हो तो छूटे
धनुक तोड़ लाओ तो हम कंगन पहनेंगे
सात रंग चूड़ी पहनेंगे
मैं एक सिरा बाँधूँ

तुम दूजा सिरा बाँधो
तब सात रंग का झूला डाल के
रंग रंग रंग रंग गगन को रँगना रे
कँगना रे...

ढोला रे...ढोला...
घोर अमावस जाये ना ढोला...
बिरहा को रंग गूढ़ा
ढोला रे ढोला
चंदा की चूड़ी दीखे तो पहनूँ
हाथी दाँत का चूड़ा
बिरहा को रंग गूढ़ा
ढोला रे ढोला
मारुथल में घूमे भँवर बगूलों के
ले लो बाँहों में भर लो ना
बोलो तो सिलवाऊँ सब जेवर फूलों के
ख़ुशबू गहने भर लो ना

धूल-फूल के जेवर म्हारे
तन पे काँटे लागे
अँसुवन मोती चुन चुन दीजो माला बुनें हम साजे
किरनों से मोती रँगना रे रँगना रे
कँगना रे...कँगना रे...

सोनू निगम-श्रेया घोषाल-मधुश्री-बेला शेंडे-कलापिनी कोमकली / **एम. एम. क्रीम** / 2005

साथियाँ

साथियाँ

साथियाँ...साथियाँ
मद्धम मद्धम तेरी ये गीली हँसी
साथियाँ...साथियाँ
सुन के हमने सारी पी ली हँसी

हँसती रहे तू हँसती रहे हया की लाली खिलती रहे
ज़ुल्फ़ के नीचे गर्दन पर सुबह-ओ-शाम मिलती रहे
सोंधी सी हँसी तेरी खिलती रहे मिलती रहे
साथियाँ...

पीली धूप पहन के तुम देखो बाग में मत जाना
भँवरे तुमको सब छेड़ेंगे फूलों में मत जाना
मद्धम मद्धम हँस दे फिर से
सोना सोना फिर से हँस दे
ताज़ा गिरे पत्तों की तरह सब्ज़ लॉन पर लेटे हुए
सात रंग हैं बहारों के एक अदा में लपेटे हुए
सावन भादो सारे तुझ से
मौसम मौसम हँसते रहना
साथियाँ...

कभी नीले आसमान पे चलो घूमने चलें हम
कोई अब्र मिल गया तो ज़मीं पर बरस लें हम
तेरी बाली हिल गयी है
कभी शब चमक उठी है कभी शाम खिल गयी है

तेरे बालों के पनाह में इक सियाह रात गुज़रे
तेरी काली काली आँखें कोई उजली बात उतरे
तेरी इक हँसी के बदले मेरी ये ज़मीन ले ले मेरा आसमान ले ले
साथियाँ...

बर्फ़ गिरी हो वादी में
ऊन में लिपटी सिमटी हुई
बर्फ़ गिरी हो वादी में और हँसी तेरी गूँजे
ऊन में लिपटी सिमटी हुई बात करे धुआँ निकले
गरम गरम उजला धुआँ, नरम नरम उजला धुआँ

सोनू निगम / **ए. आर. रहमान** / 2002

सुरीली अँखियों वाले

वीर

सुरीली अँखियों वाले
सुना है तेरी अँखियों से
बहती हैं नींदें
और नींदों में सपने
कभी तो किनारे से
उतर मेरे सपनों से
आजा ज़मीं पर और मिल जा कहीं पे
मिल जा कहीं
ओ...
मिल जा कहीं
समय से परे
समय से परे मिल जा कहीं
तू भी अँखियों से कभी मेरी अँखियों की सुन
सुरीली अँखियों वाले...

जाने तू कहाँ है
उड़ती हवा पे तेरे पैरों के निशाँ देखे...
ढूँढ़ा है ज़मीं पर छाना है फ़लक पे
सारे आसमाँ देखे
मिल जा कहीं
समय से परे
समय से परे मिल जा कहीं
तू भी अँखियों से कभी मेरी अँखियों की सुन
सुरीली अँखियों वाले

ओट में छुप के देख रहे थे चाँद के पीछे-पीछे थे...
सारा जहाँ देखा
देखा ना आँखों में
पलकों के नीचे थे
आ चल कहीं
समय से परे
समय से परे चल दे कहीं
तू भी अँखियों से कभी मेरी अँखियों की सुन

सुरीली अँखियों वाले सुना है तेरी अँखियों से
सुरीली अँखियों वाले सुना दे ज़रा अँखियों से...

राहत फ़तेह अली ख़ान / **साजिद-वाजिद** / 2010

सलाम आया

वीर

दबी-दबी साँसों में सुना था मैंने
बोले बिना मेरा नाम आया
पलकें झुकीं और उठने लगीं तो
हौले से उसका सलाम आया
दबी-दबी साँसों...

जब बोले वो जब बोले
उसकी आँख में रब बोले...
पास पास ही रहना तुम
आँख आँख में कहना तुम
देखा तुम्हें तो आराम आया
दबी-दबी साँसों...

रोज ही दिल की आग उठा कर
हाथ पे ले कर चलना है
तेरे बिना बिना तेरे बूँद-बूँद
अब रात-रात भर जलना है
तुम मिले ना मिले
ये हसीं सिलसिले
वक़्त के सख़्त हैं
अब ये मिटते नहीं
हाँ तेरे बिना साँस भी चलती है
तेरे बिना दिल भी धड़कता है
याद नहीं था याद आया
दबी-दबी साँसों...

दिन की तरह तुम सर पे आना
शाम के जैसे ढलना तुम
ख़्वाब बिछा रखे हैं राह में
सोच समझ के चलना तुम
नींद के छाँव से
तुम दबे पाँव से
यूँ गये वो निशान अब तो मिटते नहीं

तेरे लिए चाँद भी रुकता है
तेरे लिए रात ठहरती है
याद नहीं था याद आया
दबी-दबी साँसों...

रूप कुमार राठौड़ - श्रेया घोषाल - सुज़ान डिमेले / **साजिद-वाजिद** / 2010

चोरी पे चोरी

साथियाँ

तौबा तौबा...

चोरी पे चोरी...
एक डकैती और सीनाज़ोरी...
चोरी पे चोरी...
हाथ पकड़ के उँगरी मरोड़ी

तौबा तौबा तौबा यार मेरी तौबा
तौबा तौबा तौबा ये तो नहीं होगा

हे, चोरी पे चोरी
चोरी पे चोरी
कत्थे की चुटकी
चूने की बोरी
झूठी जहान की
आफ़त है जान की
एक डकैती और सीनाज़ोरी
तौबा तौबा तौबा...

दोस्तो
बार-बार तोड़ने की बात भी पुरानी हो गयी
रात-रात-भर का इन्तज़ार भी कहानी हो गयी
दिल का जलते रहना दोस्त अब तो ज़िन्दगानी हो गयी
इक रात मिलने की बाक़ी सुलगने की
सावन नहीं है कहीं
दो-तीन लहरें हैं बाक़ी समन्दर है

साहिल नहीं है कहीं
दो गज़ की कश्ती मीलों समन्दर है
डूब डूब के जाना होगा मीलों समन्दर है, बाबा

चोरी पे चोरी...
सीनाज़ोरी...

दोस्तो
इक ख़याल के भँवर में कैसे सारी ज़िन्दगी गुज़ार दें
हे, बने तो हम तेरे ख़याल को लिबास की तरह उतार दें
इश्क़-विश्क का खुमार भी उतार दीजिए ज़रा
जाने भी दो यार कैसे निभेगी कैसे गुज़र होगा
ये ऐंवें के फेरे
ये ऐंवें के चक्कर
यारो भँवर होगा
दो गज़ की कश्ती मीलों समन्दर है
डूब डूब के जाना होगा मीलों समन्दर है, बाबा

हे, चोरी पे चोरी...
कत्थे की चुटकी, चूने की बोरी
झूठी जहान की, आफ़त है जान की
एक डकैती और सीनाज़ोरी
तौबा तौबा तौबा
यारो मेरी तौबा
तौबा तौबा तौबा
ये तो नहीं होगा!

आशा भोंसले - कार्तिक / **ए. आर. रहमान** / 2002

नाम अदा लिखना

यहाँ

पूछे जो कोई मेरी निशानी
रंग हिना लिखना
गोरे बदन पे उँगली से मेरा
नाम अदा लिखना

कभी-कभी आस पास चाँद रहता है
कभी-कभी आस पास शाम रहती है

आऊँ तो सुबह, जाऊँ तो मेरा
नाम सबा लिखना
बर्फ़ पड़े तो बर्फ़ पे मेरा
नाम दुआ लिखना

ज़रा-ज़रा आग-वाग पास रहती है
ज़रा-ज़रा काँगड़ी की आँच रहती है

जब तुम हँसते हो दिन हो जाता है
तुम गले लगा लो तो दिन सो जाता है

डोली उठाए आएगा दिन तो
पास बिठा लेना
कल जो मिले तो माथे पे मेरे
सूरज उगा देना

कभी-कभी आस पास धूप रहेगी
कभी-कभी आस पास रंग रहेंगे
पूछे जो कोई मेरी निशानी...

श्रेया घोषाल - शान / **शान्तनु मोइत्रा** / 2005

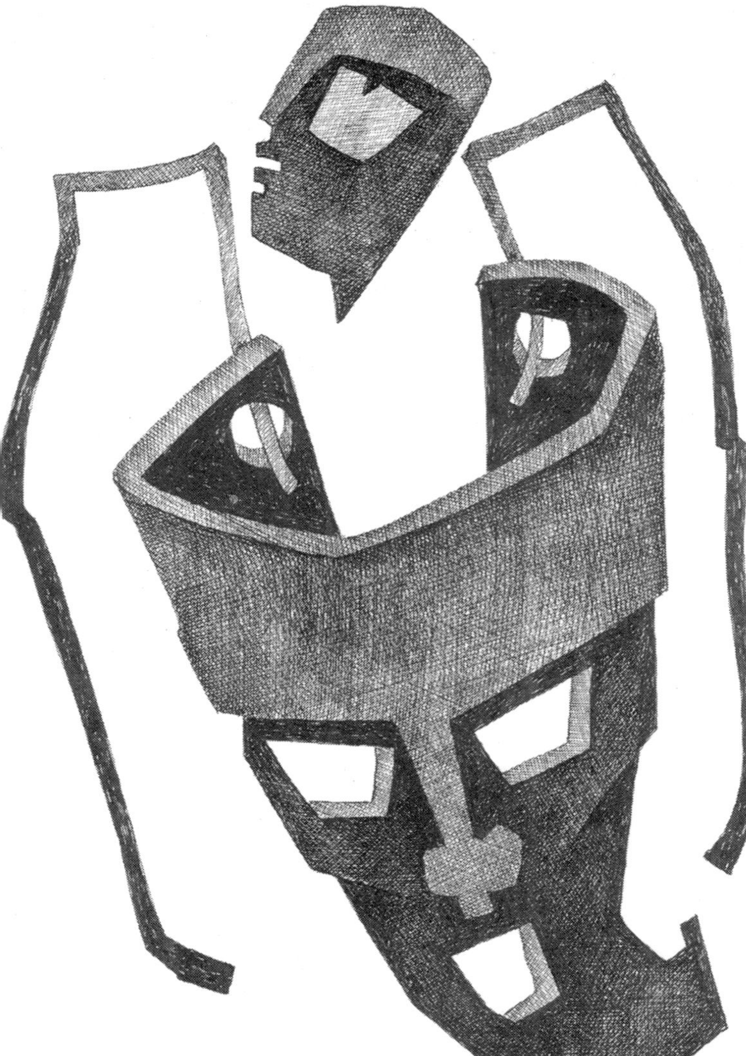

आँखों के नीचे थोड़ा सा काजल ढलक गया है
पलकें उठाओ ख़्वाब का आँचल अटक गया है

आँखें

शायर की नज़र को कोई नहीं जानता, कहाँ पहुँचे और क्या देखे– और पूरी दुनिया की कोई एक सार्वभौमिक भाषा है तो वो आँखों की जुबानी आती है। ऐसे में जब शायर की नज़र आँखों को पढ़ती है तो हर बार एक नयी कविता कहती है। आँखों में रात उतर आती है, ख़्वाब भी और आँसू भी। मुश्किल यह है कि आँखें जब चुप हों तब भी बोलती हैं और जब बोलती हैं तो क्या ख़ूब बोलती हैं।

आँखों को कोई आँखों से जूठा कर जाए तो लाख छिपाने से भी यह झूठ नहीं छिपता, *"जूठे नैना बोले साँची बतियाँ"*। दरअसल, आँखें जब तक अनछुई हैं, उनमें एक अनदेखे-अनजाने का इन्तज़ार होता है और जब अचानक यह बाँध टूट जाता है तो आँखों का दरिया कल-कल बहने लगता है और आस-पास सब कुछ रोशनी से भीग जाता है...

"रोशनी-से भरे-भरे, भरे-भरे नैना तेरे
छू के बोले ना छूना मुझे"।

प्यार-भरी आँखों में डूबने से भला कौन बचना चाहता है। इनमें डूब आँखों की गहराई से शायर चुहल-भरे अन्दाज़ में पूछता है...

"लब हिलें तो मोगरे के फूल खिलते हैं कहीं
आपकी आँखों में क्या साहिल भी मिलते हैं कहीं"।

प्यार के एहसास को आँखें न जाने कितनी अलग-अलग जुबान देती हैं, कभी लज्जा, कभी संकोच, कभी बेबाकी, कभी बेबसी...

"कहते-कहते रुक जाती हैं ना जाने क्यूँ
दोनों आँखें झुक जाती हैं ना जाने क्यूँ"।

और फिर *''झुकी हुई निगाह में कहीं मेरा ख़याल था, दबी-दबी हँसी में इक हसीन-सा गुलाल था''*।

ये आँखें ही हैं, जो कभी इतनी ज़ार-ज़ार हो जाती हैं कि लगता है, *"सारा*

दिन जागें तो बेजान-सी हो जाती हैं, साँस लेती हुई आँखों को ज़रा सोने दो"
और इन सहमी आँखों में...

"डर सा रहता है ज़िन्दगी का सदा
क्या पता कब कहाँ से वार करे
आँसू ठहरे हैं आ के आँखों में
नींद से कह दो इंतज़ार करे"।

इंतज़ार के पलों में आँसू रुकते कहाँ हैं, *"दो नैना और एक कहानी, थोड़ा सा बादल, थोड़ा सा पानी"* और इंतज़ार यदि पूरी उम्र का हो तो फिर कहाँ बचते हैं आँसू भी...

"आँखों को निचोड़ा मैंने बहुत पर कोई आँसू उतरा नहीं
मैं एक सदी से बैठी हूँ, इस राह से कोई गुज़रा नहीं"।

फिर शायर तड़प उठता है आँसुओं के लिए, *"पानी-पानी रे, खारे पानी रे, नैनों में भर जा, नींदें ख़ाली कर जा"।*

सच, इतने रंग हैं गुलज़ार के गीतों में कि आँखें चौंक जाती हैं, *"इक नूर से आँखें चौंक गईं देखा जो तुझे आईने में"* और इन नूरानी आँखों में यों लगता है कि सारी सृष्टि का सूत्र समाया है...

"आँखों के नीचे थोड़ा सा काजल ढलक गया है
पलकें उठाओ ख़्वाब का आँचल अटक गया है
आँखों से नींद खोलो दरिया रुके हुए हैं
और पर्वतों पर कब से बादल झुके हुए हैं
जो रात बन्द हो तो दिन का सुआ खुलेगा
ये सुबह साँस लेगी और बागबाँ खुलेगा"।

न जाने कितने रंग हैं आँखों के– कभी ये कजरारी हैं, कभी सुरमई। और न जाने कितने रंग हैं आँखों में– कभी इनमें उजास भरी होती है, कभी ये बुझी हुई और बेरंग होती हैं। फिर आँसुओं की कितनी कहानियाँ सुनाती हैं आँखें– कभी धीमे-से, *"मचल के जब भी आँखों से छलक जाते हैं दो आँसू, सुना है आबशारों को बड़ी तकलीफ़ होती है"* और कभी अचानक *"उबल पड़े आँखों से मीठे पानी का झरना"।*

वैसे तो आँखें किसी को बसाने के लिए सबसे महफ़ूज़ जगह है...

"आ ना आ इक दफ़ा
इस ज़मीं से उठें
पाँव रखें हवा पर, ज़रा सा उड़ें
चल चलें हम जहाँ कोई रस्ता न हो
कोई रहता न हो, कोई बसता न हो
कहते हैं आँखों में मिलती है ऐसी जगह
फ़िज़ा..."।

पर दर्द की इन्तहा में इन आँखों से सब कुछ लुट जाता है और रात की सियाही पसर जाती है, *"जिन दिनों आप थे आँख में धूप थी, जिन दिनों आप रहते थे आँख में धूप रहती थी, अब तो जाले ही जाले हैं"* और बिखरी ज़िन्दगी में इन बुझी आँखों से कोई आग कैसे पैदा हो, *"बड़ी धीरे जली रैना, धुआँ धुआँ नैना"*। ऐसे में शायर तार-तार होते साँसों के लिबास को मुश्किलों से बचाता है। ज़िन्दगी ज़री का काम किए हुए किसी पुराने कपड़े की तरह हो जाती है और इसमें जो भी क़ीमती है उस किनारी को, एक-एक गोटे को, एक-एक सलमा-सितारे को सलीके से सँभालना होता है। पुरखों की थाती की तरह या अतीत की यादों की तरह। रात के अँधेरों में मुश्किलें और भी बढ़ जाती हैं और चाँदी से चमकते एक-एक तारे को धीरे-धीरे निकाल पौ फटने के इंतज़ार में शायर आसमान की ओर उम्मीद लगाए रहता है...

"रातों से हौले-हौले खोली है किनारी
अँखियों ने तागा-तागा भोर उतारी
खारी अँखियों से, धुआँ जाए ना"।

दरअसल, आँखें ज़िन्दगी की तरह हैं और आँखों में वह सब कुछ लिखा जाता है जो ज़िन्दगी लिखती है। इनमें जब शोख़ी होती है, शरारत होती है, आकर्षण होता है, अदा होती है तो ये कजरारी आँखें चम्बल के लुटेरों-सी हो जाती हैं—कुछ भी नहीं बचता फिर इनसे। ये बहुत रोचक है कि एक तरफ गुलज़ार के *"कजरारे-कजरारे तेरे कारे कारे नैना"* में शोख़ियों का नशीलापन छाता है तो दूसरी तरफ *"कजरारे-कजरारे नैणावाले, नैणा तेरे चंबल दे लुटेरे"* में एक आदिम जंगल की परछाईं होती है, *"नैना हैं आकाश में उड़ती कूँजें, बरसें तो*

झीलों में मल्हार गूँजे" या फिर *"ऊँचे मचानों से बादल उड़ाते हैं, सूखे नसीबों पे बारिश बरसाते हैं, जीवें तेरे नैना दे लुटेरे"*।

आँखों का यह तिलस्म जब टूटता है तो अचानक आँखों की बातें करते-करते हम ठगे से रह जाते हैं, और फिर गुलज़ार कविता को एक सूफ़ियाना ऊँचाई देकर कहते हैं *"नैणा ठग लेंगे"*। इस जादुई गीत को सुनकर सचमुच यक़ीन होने लगता है...

"नैणों की मत माणियो रे
नैणों की मत सुणियो रे
नैणा ठग लेंगे,
जगते जादू फूँकेंगे रे जगते-जगते जादू
जगते जादू फूँकेंगे रे
नींदे बंजर कर देंगे
नैणा ठग लेंगे"।

गुलज़ार जब लिखते हैं तो अँखियों के आलों में खुद उतर आते हैं और उनके गीतों में हमें आँखों की भाषा का पूरा शब्दकोश मिल जाता है। यह इकलौती भाषा है, जो बिना तर्जुमा किए पढ़ी जा सकती है– देख पाएँ तो!

जूठे नैना बोलें

लेकिन

जूठे नैना बोलें
साँची बतियाँ...
नित चमकावे
चाँद
काली रतियाँ
जूठे नैना बोलें...

जानूँ जानूँ झूठे
माही की जात...
किन सौतन संग
तुम काटी रात
अब लिपटी-लिपटी
बनाओ ना बतियाँ
जूठे नैना बोलें...

बोलो बोलो कैसी
भायी साँवरी...
जिसको दे दीनी
मोरी मुंदरी
अब भीनी-भीनी
अब भीनी-भीनी बनाओ ना बतियाँ
जूठे नैना बोलें...

आशा भोंसले - पं. सत्यशील देशपांडे / **पं. हृदयनाथ मंगेशकर** / 1990

दो नैना और एक कहानी

मासूम

दो नैना और एक कहानी
दो नैना, एक कहानी
थोड़ा-सा बादल, थोड़ा-सा पानी
और एक कहानी
दो नैना...

दो नैना और एक कहानी

छोटी-सी दो झीलों में वो
बहती रहती है...
कोई सुने या ना सुने कहती रहती है
कुछ लिख के और कुछ ज़ुबानी
ओ... थोड़ा-सा बादल, थोड़ा-सा पानी, और एक कहानी
दो नैना और एक कहानी

थोड़ी-सी है जानी हुई, थोड़ी-सी नयी...
जहाँ रुके आँसू वहीं पूरी हो गयी
है तो नयी फिर भी है पुरानी
ओ... थोड़ा-सा बादल, थोड़ा-सा पानी, और एक कहानी
दो नैना और एक कहानी

एक ख़त्म हो तो दूसरी रात आ जाती है...
होठों पे फिर भूली हुई बात आ जाती है
दो नैनों की है ये कहानी
ओ... थोड़ा-सा बादल, थोड़ा-सा पानी, और एक कहानी
दो नैना और एक कहानी

आरती मुखर्जी / **आर. डी. बर्मन** / 1983

मचल के जब भी आँखों से

गृहप्रवेश

मचल के जब भी आँखों से छलक जाते हैं दो आँसू...
सुना है आबशारों को बड़ी तकलीफ़ होती है

मचल के जब भी आँखों से छलक जाते हैं दो आँसू
मचल के जब भी आँखों से

ख़ुदारा अब तो बुझ जाने दो इस जलती हुई लौ को...
चिराग़ों से मज़ारों को बड़ी तकलीफ़ होती है...
मचल के जब भी आँखों से...

कहूँ क्या वो बड़ी मासूमियत से पूछ बैठे हैं...
क्या सचमुच दिल के मारों को बड़ी तकलीफ़ होती है...
मचल के जब भी आँखों से...

तुम्हारा क्या तुम्हें तो राह दे देते हैं काँटे भी...
मगर हम ख़ाकसारों को बड़ी तकलीफ़ होती है...
मचल के जब भी आँखों से छलक जाते हैं दो आँसू
सुना है आबशारों को बड़ी तकलीफ़ होती है
मचल के जब भी आँखों से छलक जाते हैं दो आँसू...

भूपिन्दर / **कनु रॉय** / 1979

दो नैनों में

खुशबू

दो नैनों में
आँसू भरे हैं
दो नैनों में आँसू भरे हैं
निंदिया कैसे समाए, निंदिया
दो नैनों में...

डूबी-डूबी आँखों में सपनों के साए
रात-भर अपने हैं, दिन में पराए...
कैसे नैनों में
निंदिया समाए

दो नैनों में...

झूठे तेरे वादों पे बरस बिताए
ज़िंदगी तो काटी, ये रात कट जाए...
कैसे नैनों में
निंदिया समाए
दो नैनों में...

लता मंगेशकर / **आर. डी. बर्मन** / 1975

सारा दिन जागें तो

सितम

सारा दिन जागें तो
बेजान-सी हो जाती हैं
साँस लेती हुई आँखों को
ज़रा सोने दो...

साँस लेती हुई आँखें अक्सर
बोलती रहती हैं गूँगी बातें
सारा दिन चुनती हूँ सूखे पत्ते
रात-भर काटी हैं सूखी रातें

आँखें बुझ जाती हैं, यह देखा है
ज़िन्दगी रुकती नहीं बुझती नहीं
ख़्वाब चुभते हैं बहुत आँखों में
नींद जागो तो कभी चुभती नहीं

डर सा रहता है ज़िन्दगी का सदा
क्या पता कब कहाँ से वार करे...
आँसू ठहरे हैं आ के आँखों में
नींद से कह दो इंतज़ार करे
नींद से कह दो इंतज़ार करे...

आशा भोंसले / **जगजीत सिंह** / 1983

कजरारे कजरारे नैणावाले

चुपके से

कजरारे कजरारे नैणावाले
कजरारे कजरारे नैणावाले
नैणा तेरे चंबल दे लुटेरे
कजरारे कजरारे...

ऊँचे मचानों से बादल उड़ाते हैं
सूखे नसीबों पे बारिश बरसाते हैं
जीवें तेरे नैनाँ दे लुटेरे
कजरारे-कजरारे...

नैनाँ ओ नैनाँ ओ नैनों की झीलें... नैनाँ
क्या जाए तेरा जो दो ओक पी लें... नैनाँ
नैनाँ तेरे कँवारे, तर गया जिस पे वारे
नैनाँ तेरे नैनाँ, नैनाँ तेरे नैनाँ
जिनका चैन लुटा था
चैन से हैं वो सारे
नैनाँ तेरे नैनाँ, नैनाँ तेरे नैनाँ
रँग गए मेरे शाम-सवेरे
शाम-सवेरे रँग गए मेरे
कजरारे-कजरारे...

नैनाँ हैं आकाश में उड़ती कूँजें
बरसें तो झीलों में मल्हार गूँजे... नैनाँ
नैनाँ तेरे नैनाँ, नैनाँ तेरे नैनाँ
बनजारे बनजारे नैनाँ दो बेचारे

दोनों को है उड़ना
बहनें हैं दो जुड़वाँ
नैनाँ तेरे नैनाँ, नैनाँ तेरे नैनाँ
पंछियों के फूल में डेरे
कजरारे कजरारे नैनाँ वाले

कजरारे-कजरारे नैनाँ वाले
नैनाँ तेरे चंबल दे लुटेरे
ऊँचे मचानों से बादल उड़ाते हैं
सूखे नसीबों पे बारिश बरसाते हैं
ओ जीवें तेरे नैनाँ दे लुटेरे...
कजरारे-कजरारे...

दलेर मेहँदी / **विशाल भारद्वाज** / 2003

अब मुझे कोई इंतज़ार कहाँ

इश्क़िया

अब मुझे कोई इंतज़ार कहाँ
अब मुझे कोई इंतज़ार कहाँ
वो जो बहते थे आबशार कहाँ
अब मुझे कोई इंतज़ार कहाँ

आँख के एक गाँव में
रात को ख़्वाब आते थे
छूने से बहते थे
बोले तो कहते थे
उड़ते ख़्वाबों का एतबार कहाँ
अब मुझे कोई...

जिन दिनों आप थे
आँख में धूप थी
जिन दिनों आप रहते थे
आँख में धूप रहती थी
अब तो जाले ही जाले हैं
ये भी जाने वाले हैं
वो जो था दर्द का क़रार कहाँ
अब मुझे कोई...

रेखा भारद्वाज / **विशाल भारद्वाज** / 2010

रेत उड़ावे रे नैना रूखे

मक़बूल

रेत उड़ावे रे नैना रूखे
रूखे नैना...
मेघ बुलावे रे नैना रूखे
रूखे-रूखे नैना...रूखे-रूखे नैना

निद्रा ना आवे तो बदरा ही आवे
रूखी अँखियों में कुछ तो समावे
दोनों सावन सूखे
रूखे नैना रैना जगावे रे
नैना...

मुँदी-मुँदी आँखें कोसों चलती हैं
इक युग पीछे
इक युग आगे
बह जाती हैं
ओ...दर पे झरे रे
सूखी-सूखी पतियाँ
पिया तेरे वादे
पिया तेरी बतियाँ
मौसम पीछे छूटे
नैना
रेत उड़ावे रे नैना रूखे
मेघ बुलावे रे
नैना...

संजीव अभ्यंकर / **विशाल भारद्वाज** / 2004

बड़ी धीरे जली रैना

इश्क़िया

बड़ी धीरे जली रैना
धुआँ धुआँ नैना
बड़ी धीरे जली रैना
धुआँ धुआँ नैना
रातों से हौले-हौले
खोली है किनारी
अँखियों ने तागा-तागा
भोर उतारी
खारी अँखियों से, धुआँ जाए ना
बड़ी धीरे जली...

पलकों पे सपनों की अग्नि उठाए
हमने तो अँखियों के आलने जलाए
दर्द ने कभी
लोरियाँ सुनाई तो
दर्द ने कभी
नींद से जगाया रे
बैरी अँखियों से ना जाए
धुआँ जाए ना
बड़ी धीरे जली...

जलते चिराग़ों में
नींद ना आए
फूँकों से हमने
सब तारे बुझाए

275

जाने क्या खुले
रात की पिटारी से
खोले तो कोई
भोर की किनारी रे
सूजी अँखियों से
ना जाए धुआँ
जाए ना
बड़ी धीरे जली...

रेखा भारद्वाज / **विशाल भारद्वाज** / 2010

276

रोशनी से भरे-भरे

अशोका

रोशनी से भरे-भरे, भरे-भरे नैना तेरे...
छू के बोले ना छूना मुझे...

सपनों से भरे-भरे, भरे-भरे नैना तेरे...
छू के बोले ना छूना मुझे...

ढूँढ़ा है ढूँढ़ा है तुझे आकाश ऊपर तले
शायद किसी बदरी में लिपटी हुई तू मिले
ओ... ढूँढ़ा है ढूँढ़ा है तुझे आकाश ऊपर तले
शायद किसी नदिया पे चलता हुआ तू मिले
रोशनी से भरे-भरे...

मैंने समय रोक के
तेरा पता पूछा है
नीली नदी से कह के
सागर तले ढूँढ़ा है
ओ... लहरों पे चलते हुए
पानी के फन छूते हैं
जैसे तेरे ही हाथ हों
मेरा ये तन छूते हैं

रोशनी से भरे-भरे...

सपनों से भरे-भरे...

अभिजीत - अलका याज्ञिक / **अनु मलिक** / 2001

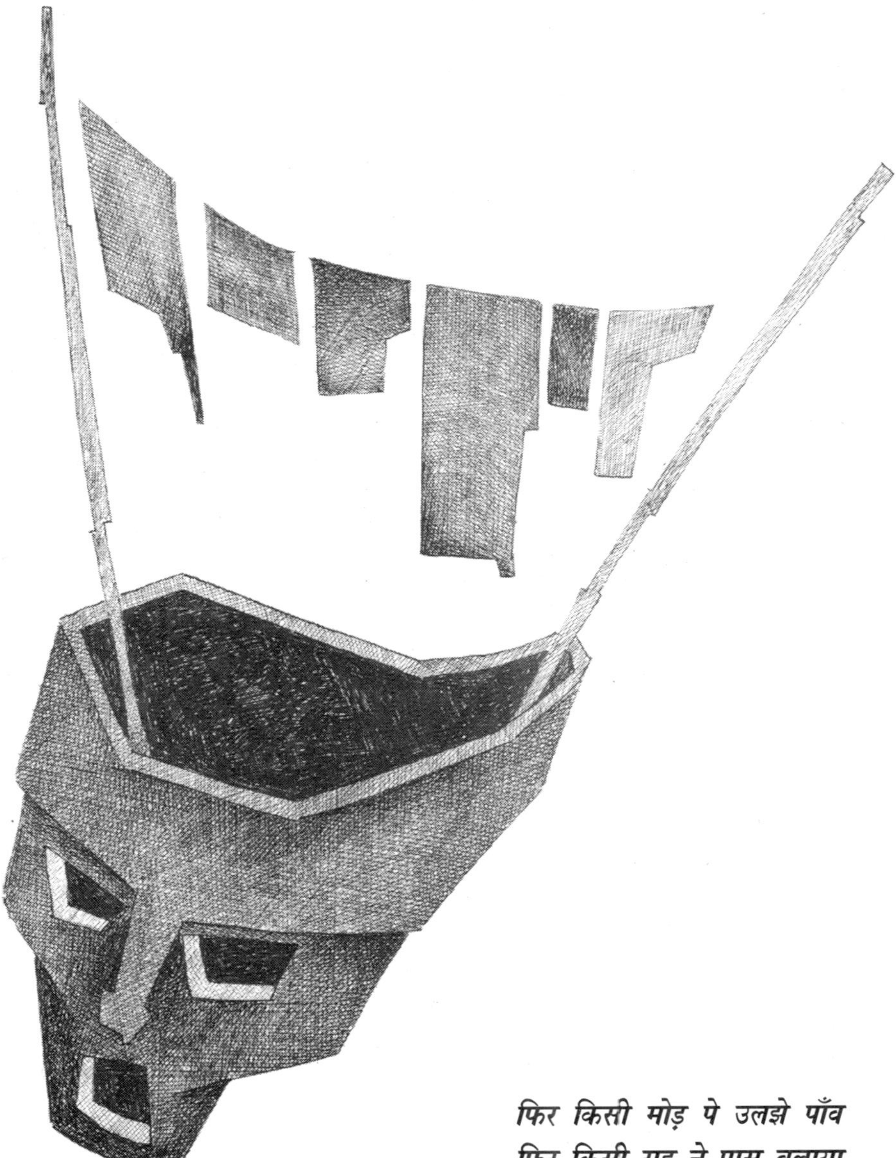

फिर किसी मोड़ पे उलझे पाँव
फिर किसी राह ने पास बुलाया

लिबास

फिल्मों में जितने गुलज़ार हैं, उससे कहीं ज़्यादा नज़्मों/ग़ज़लों/त्रिवेणियों में हैं। कभी-कभार उन्होंने अपने पहले लिखे को फिल्मों में इस्तेमाल किया है, ज्यों का त्यों या थोड़े बदलाव के साथ। बदलाव कभी ज़रूरी होता है, जब धुन के दायरे में लफ़्ज़ों को समेटना होता है और कभी प्रसंग के संदर्भ में। इसका एक रोचक पहलू यह है कि शायर अपने लिखे को जब फिर से लिखता है तो लगभग नयी रचना कर जाता है। उनकी एक ग़ज़ल *"शाम से आँख में नमी सी है"* के इस तरह चार अवतार हुए। पहले 'मिट्टी के देव' और 'ख़्वाहिश' में (ये फिल्में दर्शकों तक नहीं पहुँचीं) और फिर ग़ैर-फिल्मी एलबम 'दिल पड़ोसी है' और 'मरासिम' में इसके दो अलग रूप आए। कविता के तत्त्व वही हैं, मिज़ाज भी वही हैं, पर कई नए ख़याल शामिल हो गए हैं इन चार अलग-अलग लेकिन एक-सी दीखती रचनाओं में। इस किताब में इस ग़ज़ल के तीन रूपों को एक साथ रखा गया है— स्वाद बदलने का लुत्फ़ लेते हुए। इसी तरह *"हाथ छूटे भी तो रिश्ते नहीं छोड़ा करते"* के दो संस्करण हैं—एक एलबम 'मरासिम' में और दूसरा फिल्म 'पिंजर' में। *"अभी न पर्दा गिराओ ठहरो"* हेमन्त कुमार के सर्वश्रेष्ठ गायन का एक उदाहरण तो है ही, इसे दुबारा कोई आठ साल बाद 'शक़' फिल्म में जे. के. बनर्जी की आवाज़ में इस्तेमाल किया गया।

इन रचनाओं का यह पुनर्पाठ इस यक़ीन को पुख़्ता करता है कि कविता एकांगी नहीं होती और उसके मानी सपाट और इकहरे नहीं होते। ऐसे प्रयोग करने में गुलज़ार शायद झिझकते रहे हैं, क्योंकि ऐसे मौक़े कम ही दीखते हैं। पर जब भी दीखते हैं, बख़ूबी अपना असर छोड़ते हैं। 'लाल पाथोर' में मुबारक बेगम की तेज़-क़दम आवाज़ *"रुके-रुके से क़दम, रुक के बार-बार चले"* में बिलकुल अलग प्रभाव पैदा करती है और 'मौसम' में लता मंगेशकर की आवाज़ में यही नज़्म अलग रूप में दर्द-भरे रास्तों पर मद्धिम गति से चलती सुनाई पड़ती है। 'आँधी' का ख़ूबसूरत गीत *"इस मोड़ से जाते हैं कुछ सुस्त- क़दम रस्ते, कुछ तेज़-कदम राहें"* गुलज़ार की एक असरदार नज़्म की बाँह थामे होता है और ऐसे में उस नज़्म की ये पंक्तियाँ फिल्म की राह में नहीं दीखतीं—

"सहरा की तरफ़ जाकर, इक राह बगूलों में खो जाती है चकराकर
रुक-रुक के झिझकती-सी, इक मौत की ठंडी-सी वादी में उतरती है
इक राह ठधड़ती-सी, छिलती हुई काँटों से, जंगल से गुज़रती है
इक दौड़ के जाती है और कूद के गिरती है, अनजानी ख़लाओं में" और यही नज़्म 'वो जो शायर था' एलबम में भूपिन्दर की कशिश-भरी आवाज़ में पत्थर की हवेली, शीशे के घरौंदे और तिनकों के नशेमन को पीछे छोड़ देती है।

इसी तरह उनकी नज़्मों को फिल्मों में किरदार की ज़ुबान भी मिलती है। 'रेनकोट' में ख़ुद उन्होंने अपनी आवाज़ दी है और गुलज़ार की आवाज़ की धमक *"किसी मौसम का झोंका था"* से शुभा मुद्‌गल की गूँज *"पिया तोरा कैसो अभिमान"* को एक नया विस्तार मिलता है। 'आस्था' में *"तुम्हीं से जन्मूँ तो शायद मुझे पनाह मिले"* गाने में उनकी एक नज़्म ओम पुरी की आवाज़ में है और एलबम में इसे ख़ुद गुलज़ार साहब ने पढ़ा है। 'आनन्द' में इसी तरह उनकी नज़्म *"मौत तू, एक नज़्म है"* को *"मौत तू एक कविता है"* के रूप में बड़े संवेदनशील प्रसंग में बाबू मोशाय (अमिताभ बच्चन) इस्तेमाल करते हैं।

कविता के इन रूपों को प्रयोग इसलिए कह सकते हैं क्योंकि ये कम हैं, वरना अपने-आप में ये पूर्ण हैं और एक नयी सृजनशीलता गढ़ते हैं। फिल्में, एलबम, संवाद और कथानक सबमें एक कविता-तत्त्व है, जो आवाज़, ध्वनि, ध ुन और रूप में गुलज़ार की क़लम का विस्तार है। और यह आवा-जाही इकतरफ़ा नहीं है। 'अठन्नियाँ' नाटक में सलीम आरिफ़ ने *''अठन्नी-सी ज़िन्दगी''* का ख़ूबसूरत इस्तेमाल किया है, जो गाने के रूप में 'जहाँ तुम ले चलो' में पहले से थी। मेरा मानना है कि अपने आप में यह एक संश्लिष्ट विधा है, जिसका और ज़्यादा इस्तेमाल संभव है।

कई फिल्मों में एक ही गाने के या तो एक से ज़्यादा रूप हैं या कहानी के सफ़र में अलग-अलग पड़ावों पर उन गानों के मानी बदल जाते हैं। ऐसे में हर रचना अपने आप में स्वायत्त होते हुए भी पहली रचना का विस्तार होती है। 'घरौंदा' में पहले एक ख़ानाबदोश की ख़्वाहिश है– *"एक अकेला इस शहर में, रात और दोपहर में, आब-ओ-दाना ढूँढ़ता है, आशियाना ढूँढता है"*, फिर इस उदासी में जब कोई साथ होता है तो ख़्वाहिश सिर्फ ज़रूरत नहीं रह जाती, सपना बन जाती है– *"दो दीवाने शहर में, रात या दोपहर में, आब-ओ-दाना*

ढूँढ़ते हैं, आशियाना ढूँढते हैं" /पहली स्थिति में एक कशिश है, *"दिन ख़ाली-ख़ाली बर्तन है और रात है जैसे अँधा कुआँ"* और हताशा भी, *"जीने की वजह तो कोई नहीं मरने का बहाना ढूँढ़ता है"*। दूसरी स्थिति में उत्साह है *"असमानी रंग की आँखों में बसने का बहाना ढूँढ़ते हैं"*। एक साथ ये अनुभव वाचिक भी हैं और श्रव्य भी; पढ़ें तो कविता, सुनें तो गीत।

कहीं संजीदा और कहीं शरारती अन्दाज़ गुलज़ार के गीतों में बिखरे पड़े हैं। एक नहीं, दो नहीं, तीन नहीं, कई-कई अर्थ खुलते हैं उसी पंक्ति में और कई बार अलग-अलग अर्थ देने के लिए अलग-अलग मिज़ाज के गानों में मुखड़ा वही होता है– पर बाक़ी सब कुछ नया। 'झूम-बराबर-झूम' में ऐसे तीन गाने हैं जो झुमाते हैं। एक है बिलकुल 'धूम-धड़ाका'। इसमें जो मस्ती का एहसास है वह बादशाहत की तरह बेलगाम है– *"कर धूम धड़ाका, हो जाए तमाशा, छोड़ गुल्ले बेगी (गुलाम, बेग़म), तू आज का बाश्शाह (बादशाह)"*। मस्ती की पराकाष्ठा में कुछ भी वर्जित नहीं, *"तू बीन बजा के झूम, या टीन बजा के झूम, वो एक लगावे ठुमका, तू तीन लगा के झूम"*। जो भी हो झूमना है—बीन न बजा पाओ तो टीन ही सही—वाह! और इसका दूसरा संस्करण *"बीच बज़ारी दंगे लग गए, दो तलवारी अँखियों के"* में पहली नज़र के इश्क़ की क़ातिलाना अदा है, *"ओ जान कटे कि जिगर कटे अब इन दोधारी अँखियों से"*। वहीं एक संशय भी है, *"ये रात बड़ी चिकनी है मत खेल फिसल जाएगा"* और फिर गुलज़ार का सार्वभौमिक चाँद भी, *"ये चाँद का चिकना साबुन कुछ देर में गल जाएगा"*। यहाँ प्यार के तीखे एहसास के चुक जाने की आशंका तो है, पर फिर जानते हुए भी इस एहसास की ख़ूबसूरती और मासूमियत में खुद को भुला देने की बेबाकी, *"जो बावरे से लगते हैं, वो लोग भले होते हैं, जो इश्क़ में जी नहीं सकते, पहले से मरे होते हैं"*। इश्क़ में लुट भी गये तो क्या– ग़ालिब भी लुटे, "कहते हैं मुहब्बत में नहीं है फ़र्क जीने और मरने का, उसी को देखकर जीते हैं जिस काफ़िर पे दम निकले" और गुलज़ार भी

"तू ही जीने की वजह है तू ही मरने का सबब है
तू अजब है तू ग़ज़ब है तू ही तब था, तू ही अब है"।

झूम-बराबर-झूम के इन तीन रूपों में जो पंक्तियाँ अद्‌भुत हैं– वे हैं फक्कड़पन, भाईचारे और साझा जीने के तरीक़ों को जुबान देती हुई। साझेपन का ये

एहसास अब शायद या तो कम हो रहा है या फिर उतनी शिद्दत से दीखता नहीं, *"यहीं कहीं शब काटेंगे, चिलम-चटाई बाँटेंगे"* या फिर, *"तंदूर जला के झूम-झूम"* और फक्कड़ अन्दाज़ में, *"मकई की रोटी गुड़ रख के"* और इन्हीं सार्वजनिक पलों के बीच कुछ निजी भी (जो कविता में आसान हैं!)– *"मिश्री से मीठे लब चख के"*। समूह में कितना दम होता है कि बेलगाम मस्ती कह उठती है, *"आजा चाँदनी कूटेंगे, आसमान को लूटेंगे"*। असीम को पाने की यह ललक अद्‌भुत है। 'झूम बराबर झूम' के गानों की गुत्थियाँ बेशक़ीमत हैं और इन्हें जब-जब खोलने की कोशिश की है, लुत्फ़ तो आया ही है, समृद्ध भी हुआ हूँ, *"आजा रब्बा इश्क़ दी खोल गुत्थियाँ, घाटे ना मुनाफ़े अनमोल गुत्थियाँ"*।

एक सर्जक के रूप में लफ़्ज़ों को अर्थ के बिलकुल नये लिबास पहनाने का ताना-बाना बुनते हैं गुलज़ार। और वक़्त की किताब के सफ़्हों में एक ही गाने की रूह अलग-अलग लिबास पहने मिल जाती है।

और जब बात चली कि वह सब जो लिखा गया, पर न छपा, न फिल्मों में दिखा तो ग़ालिब का एक वाक़या याद आता है। कहते हैं हाजी मीर प्रकाशक भी थे और ग़ालिब के दोस्त भी। गदर के समय जब अंग्रेजों ने कहर ढाया तो हाजी मीर की दुकान भी जलायी गयी। बड़े अफ़सोस से मीर साहब ने जले से हुए नुकसान के हिसाब पर मिर्ज़ा ग़ालिब से कहा *"किताब का हिसाब तो कर लूँ। लेकिन उस कलाम का हिसाब कहाँ से लाऊँ, जो किताबों तक भी न पहुँचा और जल गया।"* सचमुच, ये सोचकर मन सिहर जाता है कि ग़ालिब का कितना लिखा जल गया और कितना गुम हो गया।

गुलज़ार के कई ऐसे फिल्मी गीत हैं जो अलग-अलग वजहों से हम तक नहीं पहुँच पाए। 'देवदास' में *"सहमा-सहमा डरा सा रहता है"* और *"कुहू कुहू कोयलिया बुलाए"*; 'भरोसा' में *"कैसे देखूँ कि मेरी आँखों के बहुत पास हो तुम"*; 'अभी-अभी में *"जाने तुम कौन हो बोलो तुम कौन हो"* और *"आज की रात ना गुज़रे देखो"*; 'लाल पाथोर' में *"साँस के ज़ख़्म भर रहा है कोई"*। वगैरह-वगैरह।

यह फेहरिस्त कितनी लम्बी है– यह तो खुद गुलज़ार साहब ही बता सकते हैं। उन गीतों को किसी तरह जमा कर प्रकाशित किया गया तो उनको खोने से बचाया जा सकेगा। यों भी जो मिला नहीं अब तक, क्या पता वो और भी बेशक़ीमत हो। वैसे भी जब कुछ लिखा जाता है, रचा जाता है तो आख़िरकार वह स्वतंत्र हो जाता है– रचनाकार से भी। फिर उस पर पढ़नेवाले का, सुननेवाले का एक तरह से हक़ हो जाता है। कभी इस हक़ को भी किसी को अदा करना होगा।

सहमा-सहमा डरा-सा रहता है

देवदास

सहमा-सहमा डरा-सा रहता है
जाने क्यों जी भरा-सा रहता है

ज़िंदगी जैसे ख़ाली कुआँ है
दूर तक सिर्फ़ धुआँ-धुआँ है
जल गया सब, ज़रा-सा रहता है

दर्द होता है ऐसे जीने में
साँस बजती है ख़ाली सीने में
जाने क्यों मन मरा-सा रहता है

सहमा-सहमा डरा-सा रहता है
जाने क्यों जी भरा-सा रहता है

भूपिन्दर / **आर. डी. बर्मन**

सहमा-सहमा डरा-सा रहता है

विसाल

सहमा-सहमा डरा-सा रहता है
जाने क्यों जी भरा-सा रहता है

काई सी जम गयी है आँखों पर
सारा मंजर हरा-सा रहता है

एक पल देख लूँ तो उठता हूँ
जल गया सब, ज़रा-सा रहता है

इश्क़ में और कुछ नहीं होता
आदमी बावरा-सा रहता है

एक और शेर जो गाया नहीं गया :

सर में जुंबिश ख़याल की भी नहीं
ज़ानुओं पर धरा-सा रहता है

गुलाम अली / **गुलाम अली** / 2001

आँख में क्यों नमी-नमी सी रहती है

मिट्टी के देव / ख़्वाहिश

आँख में क्यों नमी-नमी सी रहती है
जाने कैसी कमी-कमी सी रहती है

हँस लिए, रो लिए हैं जी-भरके
जीना सीखा है जीते-जी मरके
साँस फिर भी थमी-थमी सी रहती है
आँख में क्यों नमी-नमी सी रहती है

ज़िंदगी अब कभी न रास आये
दफ़्न कर दें हमें तो साँस आये
साँस ऐसे जमी-जमी सी रहती है

आँख में क्यों नमी-नमी सी रहती है
जाने कैसी कमी-कमी सी रहती है

मुकेश / सलिल चौधरी ❐ लता मंगेशकर / लक्ष्मीकांत-प्यारेलाल

286

शाम से आँख में नमी सी है

दिल पड़ोसी है

शाम से आँख में नमी सी है
आज फिर आपकी कमी सी है

दफ़्न कर दो हमें तो साँस आए
देर से साँस कुछ थमी सी है

कौन पथरा गया है आँखों में
बर्फ़ पलकों पे क्यों जमी सी है

शाम से आँख में नमी सी है
आज फिर आपकी कमी सी है

आशा भोंसले / आर. डी. बर्मन / 1987

शाम से आँख में नमी सी है

मरासिम

शाम से आँख में नमी सी है
आज फिर आपकी कमी सी है

दफ़्न कर दो हमें कि साँस आए
नब्ज़ कुछ देर से थमी सी है

वक़्त रुकता नहीं कहीं टिककर
इसकी आदत भी आदमी सी है

कोई रिश्ता नहीं रहा फिर भी
एक तस्लीम लाज़िमी सी है

शाम से आँख में नमी सी है
आज फिर आपकी कमी सी है

इस ग़ज़ल के कुछ शेर जो अब तक गाये नहीं गये :

आइए रास्ते अलग कर लें
ये ज़रूरत भी बाहमी सी है

जाने क्यों आँख भीग जाती है
उनकी आवाज़ शबनमी सी है

जगजीत सिंह / **जगजीत सिंह** / 1999

एक अकेला इस शहर में

घरौंदा

एक अकेला इस शहर में
रात में और दोपहर में
आब-ओ-दाना ढूँढ़ता है
आशियाना ढूँढ़ता है

दिन ख़ाली-ख़ाली बर्तन है
और रात है जैसे अँधा कुआँ
इन सूनी अँधेरी आँखों में
आँसू की जगह आता है धुआँ

जीने की वजह तो कोई नहीं
मरने का बहाना ढूँढता है
एक अकेला इस शहर में...

इन उम्र से लम्बी सड़कों को
मंज़िल पे पहुँचते देखा नहीं
बस दौड़ती-फिरती रहती हैं
हमने तो ठहरते देखा नहीं

इस अजनबी-से शहर में
जाना-पहचाना ढूँढ़ता है
एक अकेला इस शहर में...

भूपिन्दर / **जयदेव** / 1977

दो दीवाने शहर में

घरौंदा

दीवाना!
एक दीवाना शहर में...
एक दीवाना नहीं, एक दीवानी भी
हाँ...
दो दीवाने शहर में
दो दीवाने शहर में, रात में या दोपहर में
आब-ओ-दाना ढूँढ़ते हैं, एक आशियाना ढूँढ़ते हैं
आब-ओ-दाना ढूँढ़ते हैं, एक आशियाना ढूँढ़ते हैं

दो दीवाने शहर में, रात में या दोपहर में
आब-ओ-दाना ढूँढ़ते हैं, एक आशियाना ढूँढ़ते हैं
दो दीवाने...

इन भूल-भूलैया गलियों में अपना भी कोई इक घर होगा
अम्बर पे खुलेगी खिड़की या खिड़की पे खुला अम्बर होगा

इन भूल-भूलैया गलियों में अपना भी कोई इक घर होगा
अम्बर पे खुलेगी खिड़की या खिड़की पे खुला अम्बर होगा
असमानी रंग की आँखों में
असमानी या आसमानी!
असमानी रंग की आँखों में, बसने का बहाना ढूँढ़ते हैं, ढूँढ़ते हैं
आब-ओ-दाना ढूँढ़ते हैं, एक आशियाना ढूँढ़ते हैं

दो दीवाने शहर में, रात में या दोपहर में
आब-ओ-दाना ढूँढ़ते हैं, एक आशियाना ढूँढ़ते हैं
दो दीवाने...

जब तारे ज़मीं पर
तारे और ज़मीन पर!
ऑफ कोर्स!
जब तारे ज़मीं पर चलते हैं, आकाश ज़मीं हो जाता है
उस रात नहीं फिर घर जाता, वो चाँद यहीं सो जाता है
जब तारे ज़मीं पर चलते हैं, आकाश ज़मीं हो जाता है
उस रात नहीं फिर घर जाता, वो चाँद यहीं सो जाता है

पल भर के लिए, पल भर के लिए
पल भर के लिए इन आँखों में, हम एक ज़माना ढूँढ़ते हैं, ढूँढ़ते है
आब-ओ-दाना ढूँढ़ते हैं, एक आशियाना ढूँढ़ते हैं

दो दीवाने शहर में, रात में या दोपहर में
आब-ओ-दाना ढूँढ़ते हैं, एक आशियाना ढूँढ़ते हैं
दो दीवाने...
दो दीवाने...
दो दीवाने...
हाँ दो दीवाने...
दो दीवाने...

भूपिन्दर - रूना लैला / **जयदेव** / 1977

मौत तू एक कविता है

आनन्द

मौत तू एक कविता है
मुझसे एक कविता का वादा है मिलेगी मुझको

डूबती नब्ज़ों में जब दर्द को नींद आने लगे
ज़र्द सा चेहरा लिये जब चाँद उफ़क़ तक पहुँचे

दिन अभी पानी में हो, रात किनारे के क़रीब
न अँधेरा न उजाला हो, यह न रात न दिन

जिस्म जब ख़त्म हो और रूह को जब साँस आए
मुझसे एक कविता का वादा है मिलेगी मुझको

अमिताभ बच्चन की आवाज़ में / 1968

किसी मौसम का झोंका था

रेनकोट

किसी मौसम का झोंका था
जो इस दीवार पर लटकी हुई तस्वीर
तिरछी कर गया है!

गये सावन में ये दीवारें यूँ सीली नहीं थीं
न जाने इस दफ़ा क्यों इनमें सीलन आ गयी है
दरारें पड़ गई हैं
और सीलन इस तरह बहती है
जैसे ख़ुश्क रुख़सारों पे गीले आँसू चलते हैं

हवा की साँस क्यूँ सहमी हुई है
मेरी वाक़िफ़ थी जब आती थी कमरे में
मेरे सीने में भर जाती थी
जैसे बादबान भरते हैं कश्ती के

ये बारिश गुनगुनाती थी इसी छत की मुँडेरों पर
ये घर की खिड़कियों के काँच पर
उँगली से लिख जाती थी संदेसे
देखती रहती है बैठी हुई अब बन्द रोशनदानों के पीछे

दुपहरें ऐसे लगती हैं, बिना मोहरों के ख़ाली ख़ाने रखे हैं
न कोई खेलने वाला है बाज़ी, और न कोई चाल चलता है
न दिन होता है अब न रात होती है, सभी कुछ रुक गया है

वो क्या मौसम का झोंका था
जो इस दीवार पर लटकी हुई तस्वीर तिरछी कर गया है!

गुलज़ार की आवाज़ / **पिया तोरा कैसा अभिमान** गाने में पिरोई गयी नज़्म / 2004

अभी न पर्दा गिराओ

शक़

अभी न पर्दा गिराओ, ठहरो, कि दास्ताँ आगे और भी है
अभी न पर्दा गिराओ, ठहरो!
अभी तो टूटी है कच्ची मिट्टी, अभी तो बस जिस्म ही गिरे हैं
अभी तो किरदार ही बुझे हैं
अभी सुलगते हैं रूह के ग़म, अभी धड़कते हैं दर्द दिल के
अभी तो एहसास जी रहा है

यह लौ बचा लो जो थक के किरदार की हथेली से गिर पड़ी है
यह लौ बचा लो यहीं से उठेगी जुस्तजू फिर बगूला बनकर
यहीं से उठेगा कोई किरदार फिर इसी रोशनी को लेकर
कहीं तो अंजाम-ओ-जुस्तजू के सिरे मिलेंगे
अभी न पर्दा गिराओ, ठहरो!

हेमन्त कुमार / **हेमन्त कुमार** / 1966 ❐ जे. के. बनर्जी / **वसन्त देसाई** / 1974

294

हाथ छूटे भी तो

मरासिम

हाथ छूटे भी तो रिश्ते नहीं छोड़ा करते
वक्त की शाख़ से लमहे नहीं तोड़ा करते

जिसकी आवाज़ में सिलवट हो, निगाहों में शिकन
ऐसी तस्वीर के टुकड़े नहीं जोड़ा करते

शहद जीने का मिला करता है थोड़ा-थोड़ा
जाने वालों के लिए दिल नहीं थोड़ा करते

लग के साहिल से जो बहता है, उसे बहने दो
ऐसे दरिया का कभी रुख़ नहीं मोड़ा करते

इस ग़ज़ल के कुछ शेर जो अब तक गाये नहीं गाये :

जागने पर भी नहीं आँख से गिरती किरचें
इस तरह ख़्वाबों से आँखें नहीं फोड़ा करते

जाके कोहसार से सर मारो कि आवाज़ तो हो
ख़स्ता दीवारों से माथा नहीं फोड़ा करते

जगजीत सिंह / **जगजीत सिंह** / 1999

हाथ छूटे भी तो

पिंजर

हाथ छूटे भी तो रिश्ते नहीं छोड़ा करते
वक़्त की शाख़ से
लमहे नहीं तोड़ा करते...

छूट गए यार न छूटी यारी मौला...

जिसने पैरों के निशाँ भी नहीं छोड़े पीछे
उस मुसाफ़िर का पता भी नहीं पूछा करते
हाथ छूटे भी तो...

तूने आवाज़ नहीं दी कभी मुड़कर वरना
हम कई सदियाँ तुझे घूम के देखा करते
हाथ छूटे भी तो...

बह रही है तेरी जानिब ही ज़मीं पैरों की
थक गयी दौड़ते दरियाओं का पीछा करते
हाथ छूटे भी तो...

जगजीत सिंह- प्रीति उत्तम / **उत्तम सिंह** / 2003

आजा रब्बा इश्क़ दी खोल गुत्थियाँ

झूम बराबर झूम

हो आजा आजा रब्बा इश्क़ दी खोल गुत्थियाँ...
आजा रब्बा इश्क़ दी खोल गुत्थियाँ...
घाटे ना मुनाफ़े अनमोल गुत्थियाँ
ते लगी ते लगी ते लगी
जो लगावे ना लगे आशिक़ी...

उड़ती उड़ती अँखियों के, लड़ गए पेंचे लड़ गए वे
दीद लगा के झूम झूम झूम
झूम बराबर झूम बराबर, झूम बराबर झूम...

हो कब लगे कहाँ रब जाने
जब लगे जहाँ सब जानें
रब्बा रब्बा

हर चोट मज़ा देती है
जीने की सज़ा देती है
रब्बा रब्बा...रब्बा

झूठी-मूठी बातें सुन के
गुनगुनाती आँखें सुन के
जलावें बुझावें, बुझावें जलावें ओए मोमबत्तियाँ...
उड़ती उड़ती...

ओ ये इश्क़ पुराना पापी
हर बार ख़ता करता है...रब्बा
हर बार बचाता हूँ मैं

हर बार ये जा मरता है...रब्बा रब्बा...
हो पास कोई आ गया तो, रास कोई आ गया तो
बार बार बार कलेजे पे ना मार अँखियाँ...
उड़ती उड़ती...

आजा आजा रब्बा...

उड़ती उड़ती अँखियों के, लड़ गए पेंचे लड़ गए वे
दीद लगा के झूम झूम झूम
झूम बराबर झूम बराबर, झूम बराबर झूम...

रब्बा...

शंकर महादेवन / **शंकर-एहसान-लॉय** / 2007

ओ बीच बज़ारी दंगे लग गए

झूम बराबर झूम

ओ बीच बज़ारी दंगे लग गये दो तलवारी अँखियों के, मखणा
ओ जान कटे कि जिगर कटे अब इन दोधारी अँखियों से, मखणा

हो... चाँद की उतार ली हैं दोनों बालियाँ
आजा आजा हत्थ मार दे तालियाँ...

ओ बिल्लो नी बिल्लो नी बिल्लो नी हत्थ मार दे तालियाँ...

आजा चाँदनी कूटेंगे, आसमान को लूटेंगे
चल धुआँ उड़ा के झूम झूम

झूम बराबर झूम बराबर झूम बराबर झूम
झूम बराबर...

ये रात बड़ी चिकनी है मत खेल फिसल जाएगा...आजा हो...आजा
ये चाँद का चिकना साबुन कुछ देर में गल जाएगा...आजा
तू ही जीने की वजह है तू ही मरने का सबब है
बिल्लो नी...

तू अजब है तू ग़ज़ब है
तू ही तब था तू ही अब है
बिल्लो नी...

यहीं कहीं शब काटेंगे
चिलम चटाई बाँटेंगे
चल धुआँ उड़ा के झूम झूम झूम
झूम बराबर...

जो बावरे से लगते हैं, वो लोग भले होते हैं, मखणा...
जो इश्क़ में जी नहीं सकते, पहले से मरे होते हैं, मखणा

बा-अदब हो बा-मुलाहिज़ा
आया तुझ पर दिल भी आया...
बिल्लो नी...

मकई की रोटी गुड़ रख के
मिश्री से मीठे लब चख के
तंदूर जला के झूम झूम
झूम बराबर...

ओ बीच बज़ारी दंगे लग गये, दो तलवारी अँखियों के, मखणा
ओ जान कटे कि जिगर कटे अब इन दोधारी अँखियों से, मखणा

आजा चाँदनी कूटेंगे, आसमान को तूटेंगे...
चल धुआँ उड़ाके झूम झूम झूम...
झूम बराबर...

यहीं कहीं शब काटेंगे
चिलम चटाई बाँटेंगे
चल धुआँ उड़ाके झूम झूम झूम...
झूम झूम झूम...

मकई की रोटी गुड़ रखके
मिश्री से मीठे लब चख के
तंदूर जला के झूम झूम झूम
झूम झूम झूम...

उड़ती-उड़ती अँखियों के
लड़ गये पेंचे लड़ गए वे
दीद लगा के
झूम बराबर....

के. के.- सुखविन्दर सिंह - महालक्ष्मी अय्यर - शंकर महादेवन / **शंकर-एहसान-लॉय** / 2007

कर धूम-धड़ाका

झूम बराबर झूम

झूम बराबर झूम झूम झूम...
कर धूम धड़ाका, हो जाए तमाशा
छोड़ गुल्ले बेगी तू आज का बाश्शाह...
ओ रे मस्ती में आज झूमो रे
अरे मस्ती में आज झूमो रे

तू बीन बजा के झूम, या टीन बजा के झूम
वो एक लगावे ठुमका, तू तीन लगा के झूम

हो सा रे ग म ग म सारे चूम ले, फिर घूम ले
आज झूमो रे झूमो रे झूमो रे झूमो रे...
झूम बराबर झूम बराबर झूम बराबर झूम...

बदमाशी है, इश्क़ है, आशिक़ी है, ऐयाशी है
ऐयाशी है चारों दिलचोरों की तलाशी है
बाज़ी महँगी लगी है, आड़ी-सीधी लगी है

तू बीन बजा के झूम, या टीन बजा के झूम
वो एक लगावे ठुमका, तू तीन लगा के झूम

हो सा रे ग म ग म सारे चूम ले, फिर घूम ले
आज झूमो रे झूमो रे झूमो रे झूमो रे...
झूम बराबर झूम बराबर झूम बराबर झूम...

घुमाया है रात का चक्का जो चलाया है
चलाया है चाँद को दाँव पे लगाया है
खीसे खुलने लगे हैं, हीरे तुलने लगे हैं

तू बीन बजा के झूम, या टीन बजा के झूम
वो एक लगावे ठुमका, तू तीन लगा के झूम

हो सा रे ग म ग म सारे चूम ले, फिर घूम ले
आज झूमो रे झूमो रे झूमो रे झूमो रे...
झूम बराबर झूम बराबर झूम बराबर झूम...

केसरिया बालमा

लेकिन

केसरिया बालमा मोहे
बावरी बोलें लोग
ना मैं जीवती ना मरियों मैं...
बिरहा म्हारो रोग रे
बावरी बोलें लोग
लोग रे, बावरी बोलें लोग

केसरिया बालमा

चढ़ते दिन की आँच बटोरूँ
तिल-तिल
तिल-तिल सब जल जाए
ढलती साँझ की राख कुरेदूँ
रेत में
रेत में सब रल जाए
ना मिल पाई, ना बिछुड़ी मैं...
कैसो ये संजोग रे
बावरी बोलें लोग
लोग रे, बावरी बोलें लोग
केसरिया बालमा...

केसरिया
मारुथल की लम्बी छाइयाँ
निस दिन

निस दिन कुछ लिख जाएँ
मेरो संदेसो कोई सुणा दो
जिसको
जिसको वो दिख जाएँ

प्रीत को देखें नगरीवाले
पीड़ ना देखें लोग रे
बावरी बोलें लोग

लोग रे, बावरी बोलें लोग
ना मैं जीवती ना मरियों मैं...
बिरहा म्हारो रोग रे
बावरी बोलें लोग

केसरिया...

केसरिया बालमा...

लता मंगेशकर / **पं. हृदयनाथ मंगेशकर** / 1990

केसरिया बालमा

लेकिन

केसरिया बालमा आओ जी
कि तुमसे लागे नैन...नैन रे
कि तुमसे लागे नैन, केसरिया बालमा...

केसरिया...

रँग लियो मैं
आज अंग अंग तेरे रंग में
तन हुआ मन हुआ केसरिया...

चाँदनी है रात, अब तो आजा पिया...

केसरिया...
हो केसरिया बालमा...

टकरा के सर को जान ना दे दूँ
तो क्या करूँ
कब तक पिया के आर के सदमे सहा करूँ
मैं तो हजार चाहूँ कि बोलूँ ना यार से
काबू में अपने दिल को न पाऊँ तो क्या करूँ
चाँदनी है रात अब तो आजा पिया...
चाँदनी है रात अब तो आजा पिया आजा पिया
चाँदनी है रात...

केसरिया
हो केसरिया बालमा...
केसरिया

लता मंगेशकर / **पं. हृदयनाथ मंगेशकर** / 1990

इन उम्र से लम्बी सड़कों को मंज़िल पे पहुँचते देखा नहीं
बस दौड़ती-फिरती रहती हैं हमने तो ठहरते देखा नहीं

सफ़र

सफ़र में चलते-चलते यों लगता है कि वक़्त के हाथ तो सभी लगते हैं, वक़्त हमारे हाथ क्यों नहीं लगता। वक़्त को गिरेबाँ से पकड़ अपनी नज़्मों में बाँधना इस जद्दोजहद का सफ़रनामा है। इसमें एक कोशिश है, *"सारा दिन ग़ज़लें पिरोना"* और कशिश भी, *"रात भर आवारगी"*। वक़्त के इस सफ़र में कोई आधी सदी हो गयी– गुलज़ार के साथ के शायर को फिल्मी गीतों पर चलते-चलते– कभी तेज़-क़दम और कभी धीमे-धीमे। और इस सफ़र में न जाने कितने पड़ाव आए, कितने तरह के पड़ाव आए...

"इस मोड़ से जाते हैं कुछ सुस्त-क़दम रस्ते
कुछ तेज़-क़दम राहें
पत्थर की हवेली को
शीशे के घरौंदों में
तिनकों के नशेमन तक
इस मोड़ से जाते हैं"।

जब ये शायर हवाओं के साथ चलते-चलते ख़ुशबुओं को महसूस करता है और कहता है, *"हवाओं पे लिख दो, हवाओं के नाम"* तो ख़याल परिंदे हो जाते हैं और ऐसे में हमसफ़र का होना और सुकून देता है...

"हमसफ़र मेरे हमसफ़र, पंख तुम परवाज़ हम
ज़िन्दगी का साज़ हो तुम, साज़ की आवाज़ हम"।

पर सफ़र ज़िन्दगी का है तो ज़िन्दगी के हर रंग दिखाएगा ही। ऐसे में कभी उदासी का एक अन्तहीन रेगिस्तान फैल जाता है, बाहर का उजाड़ा अंदर के वीराने से मिल जाता है। इस सूने सफ़र में बालू के ढूह होते हैं, छायाहीन कीकर की निरर्थक मौजूदगी होती है और शायर हताश हो टूटने के कगार पर लगभग विक्षिप्त हो कहता है, *"ये भी कोई जीना है, ये भी कोई मरना, यारा सीली-सीली बिरहा की आग में जलना"* और घोर निराशा को स्थिति में उसे अकेलेपन का तीखा एहसास है...

"पैरों में ना साया कोई, सर पे ना साईं रे
मेरे साथ जाए ना, मेरी परछाईं रे"।

ऐसे सफ़र में दर्द की दूरियों में कोस काले हो जाते हैं...

"बंजर है सब बंजर है, हम ढूँढ़ने जब फ़िरदौस चले
तेरी खोज तलाश में देख पिया, हम कितने काले कोस चले"।

उदास पलों में गुलज़ार की कविता की ये आवाज़ दूर तक गूँजती है और बरबस कह उठती है, *"मेरा यार मिला दे साइँया"*। और इस बेचैन ख़याल को सचमुच तब सुकून मिलता है जब इस सफ़र में कोई अपना मिल जाता है...

"दिन डूबा नहीं, रात डूबी नहीं
जाने कैसा है सफ़र
ख़्वाबों के दीये, आँखों में लिए
वहीं आ रहे थे...जहाँ से तुम्हारी सदा आ रही थी
तुम आ गए हो नूर आ गया है
नहीं तो चिराग़ों से लौ जा रही थी
जीने की तुमसे वजह मिल गयी है,
बड़ी बेवजह ज़िन्दगी जा रही थी"।

सफ़र में साथ के कितने पहलू होते हैं। कभी अकेले चलते-चलते अजनबी अजनबी नहीं रह जाते...

"कई बार यूँ ही हुआ है सफ़र में, अचानक से दो अजनबी मिल गए हों
जिन्हें रूह पहचानती हों अज़ल से, भटकते-भटकते वही मिल गए हों"

और कभी साथ चलते-चलते अचानक अकेले हो जाने पर किसी मोड़ पर सफ़र अटका सा लगता है...

"जहाँ से तुम मोड़ मुड़ गए थे
ये मोड़ अब भी वहीं पड़े हैं
हम अपने पैरों में जाने कितने
भँवर लपेटे हुए खड़े हैं"।

ऐसा लगता है कि गहरे अवसाद को जीवन-दर्शन से जोड़ना सफ़र में चलते जाने की प्रेरणा देता है और अनन्त यात्रा में भी हौले-हौले चप्पू चलाते जाने की

ताक़त मिलती है। शायद शायर को पता है कि ज़िन्दगी के सफ़र में अनिश्चितता ही निश्चित है...

"नाव मेरी ठहरे जाने कहाँ
घाट होते नहीं सागरों में कहीं"

एक-न-एक दिन ज़िन्दगी के इस सफ़र में आख़िरी पड़ाव भी आएगा ही, इस सचाई से सभी रू-ब-रू हैं, पर अवश्यंभावी मौत के इस एहसास पर शायर हर पल ज़िन्दगी की बाँह थामे दीखता है, *"अगले मोड़ पे मौत खड़ी है, मरने की भी क्या जल्दी है"*।

ज़िन्दगी के इस ख़याल को बार-बार अलग-अलग अंदाज़ में, अलग-अलग बिम्बों में, अलग-अलग लफ़्ज़ों में पुख़्ता किया जाता है— ज़िन्दगी के जोखिम भरे रास्तों पर ढन-टणन करते हुए *"आजा कि वनवे है ये ज़िन्दगी की गली एक ही चांस है, आगे हवा ही हवा है अगर साँस है तो ये रोमांस है"* और ज़िन्दगी के कश लगाते, हसरतों की राख उड़ाते हुए नोम-बेहोशी में

"चौपाए चर जाएँगे, जंगल की क्यारियाँ हैं
पगडंडियों पे मिलना, दो दिन की यारियाँ हैं
क्या जाने कौन जाए, बारी से बारी आए
हम भी क़तार में है, जब भी सवारी आए
ये जहान पानी है, बुलबुला है, पानी है
बुलबुलों पे रुकना क्या, पानियों पे बहता जा"।

ज़िन्दगी की सचाई के इस गहरे एहसास को ओझल रखने के लिए और ज़िन्दगी के रास्तों पर चलते जाने के लिए बार-बार यायावर होना कवि को दिलासा देता है, और यह सफ़र फिर जन्मों के बंधन को भी तोड़ आगे बढ़ता जाता है...

"जनम से बंजारा हूँ बंधु, जनम-जनम बंजारा
कहीं कोई घर न घाट न अँगनारा"।

यों भी होता है कि इस सफ़र में चलते-चलते अक्सर हम भटक जाते हैं, उलझ जाते हैं और फिर थोड़ा सा थम, थकान कम करते हैं, ख़ुद से बातें करने लगते हैं और फिर चल पड़ते हैं...

"जीवन से लम्बे हैं बंधु, ये जीवन के रस्ते
इक पल थम के रोना होगा, इक पल चलना हँस के"।

जीवन के रास्तों में हवाओं के झोंकों के साथ चलना आसान भी तो नहीं, कुछ हवाओं में तो बस एक आवारगी होती है...

"हवा पे रखे सूखे पत्ते, आवारा
पाँव ज़मीं पे लगते ही उड़ लेते हैं दोबारा
ना शाख जुड़े ना जड़ पकड़े
मौसम-मौसम बंजारा
आवारा आवारा"।

गर ये आवारगी, ये दीवानगी पैरों में ना हो तो कोई चले भी क्यों। ख़यालों के इस सफ़र की दास्तान चाहे 'आशीर्वाद' में मन्ना डे की मर्मस्पर्शी आवाज़ में हो या कोई बयालीस साल बाद "सात ख़ून माफ़" में मास्टर सलीम की दिलकश आवाज़ में, लफ़्ज़ों के इस मुसाफ़िर को तो चलते जाना है, बस चलते जाना।

दरअसल, इस सफ़र में *"ओ माँझी रे, अपना किनारा नदिया की धारा है"* कहने वाले गुलज़ार के गीतों के साथ चलना हम सबके लिए पाँव के नीचे जन्नत होना है। चल छैंया-छैंया!

हवाओं पे लिख दो

दो दूनी चार

हवाओं पे लिख दो, हवाओं के नाम
हम अनजान परदेसियों का सलाम
हवाओं पे लिख दो...

ये किसके लिए है, बता किसके नाम
ओ पंछी तेरा ये सुरीला सलाम
हवाओं पे लिख दो...

शाख़ पर जब धूप आयी
हाथ छूने के लिए
छाँव छम् से नीचे कूदी
हँसके बोली, आइए
यहाँ सुबह से खेला करती है शाम
हवाओं पे लिख दो...

चुलबुला यह पानी अपनी
राह बहना भूलकर
लेटे-लेटे आईना चमका रहा है फूल पर
ये भोले-से चेहरे हैं, मासूम नाम
हवाओं पे लिख दो, हवाओं के नाम

ये किसके लिए है, बता किसके नाम
ओ पंछी तेरा ये सुरीला सलाम
हवाओं पे लिख दो...

किशोर कुमार / **हेमन्त कुमार** / 1968

जीवन से लम्बे हैं बन्धु

आशीर्वाद

जीवन से लम्बे हैं बन्धु, ये जीवन के रस्ते
इक पल थम के रोना होगा, इक पल चलना हँस के

राहों से राही का रिश्ता कितने जनम पुराना
एक को चलते जाना आगे, एक को पीछे आना

मोड़ पे मत रुक जाना बन्धु, दोराहों में फँस के
जीवन से लम्बे हैं बन्धु...

दिन और रात के हाथों नापी, नापी एक उमरिया
साँस की डोरी छोटी पड़ गई, लम्बी आस डगरिया

भोर के मंज़िल वाले, उठ कर भोर से पहले चलते
ये जीवन के रस्ते...
जीवन से लम्बे हैं बन्धु...

मन्ना डे / **वसंत देसाई** / 1968

जनम से बंजारा हूँ बन्धु

राहगीर

जनम से बंजारा हूँ बन्धु, जनम-जनम बंजारा
कहीं कोई घर न घाट न अँगनारा
जनम से बंजारा हूँ...

जहाँ कहीं ठहर गया दिल, हमने डाले डेरे
रात कहीं नमकीन मिली तो मीठे साँझ-सवेरे
कभी नगरी छोड़ी, साहिल छोड़ा, लिया मँझधारा
बन्धु रे
नगरी छोड़ी, साहिल छोड़ा, लिया मँझधारा बन्धु
कहीं कोई घर न घाट न अँगनारा
जनम से बंजारा...

सोच ने जब करवट बदली, शौक ने पर फैलाए
मैंने आशियाँ के तिनके सारे डाल से उड़ाए
कभी रिश्ते तोड़े, नाते तोड़े, छोड़ा कूल-किनारा
बन्धु रे
रिश्ते तोड़े, नाते तोड़े, छोड़ा कूल-किनारा बन्धु
कहीं कोई घर न, घाट न अँगनारा
जनम से बंजारा हूँ...

हेमन्त कुमार / **हेमन्त कुमार** / 1969

आसमाँ के पार शायद

रॉकफोर्ड

आसमाँ के पार शायद, और कोई आसमाँ होगा
बादलों के पर्वतों पर, कोई बारिश का मकाँ होगा
मैं हवा के परों पे कहाँ, जा रहा हूँ कहाँ
कभी उड़ता हुआ, कभी मुड़ता हुआ, मेरा रास्ता चला
मैं हवा के परों पर...

इन लम्बे रास्तों पर सब तेज़ चलते होंगे
कॉपी के पन्नों जैसे यहाँ दिन पलटते होंगे
शाम को भी, सुबह जैसा, क्या समाँ होगा
होगा क्या समाँ, क्या समाँ होगा
मैं हवा के परों पर...
आसमाँ के पार शायद...

मेरे पाँव के तले की ये ज़मीन चल रही है
कहीं धूप ठंढी-ठंढी कहीं छाँव जल रही है

इस ज़मीं का, और कोई, आसमाँ होगा
होगा आसमाँ, आसमाँ होगा
मैं हवा के परों पर...
आसमाँ के पार शायद...

शंकर महादेवन / **शंकर-एहसान-लॉय** / 1999

हज़ार राहें, मुड़के देखीं

थोड़ी-सी बेवफ़ाई

हज़ार राहें मुड़के देखीं
कहीं से कोई सदा न आयी
बड़ी वफ़ा से निभाई तुमने हमारी थोड़ी-सी बेवफ़ाई

जहाँ से तुम मोड़ मुड़ गये थे...
ये मोड़ अब भी वहीं पड़े हैं
हम अपने पैरों में जाने कितने...
भँवर लपेटे हुए खड़े हैं
बड़ी वफ़ा से...

कहीं किसी रोज़ यूँ भी होता...
हमारी हालत तुम्हारी होती
जो रात हमने गुज़ारी मरके
वो रात तुमने गुज़ारी होती
बड़ी वफ़ा से...

तुम्हें यह ज़िद थी कि हम बुलाते
हमें ये उम्मीद वो पुकारें
है नाम होंठों पे अब भी लेकिन
आवाज़ में पड़ गईं दरारें

हज़ार राहें मुड़के देखीं
कहीं से कोई सदा न आयी
बड़ी वफ़ा से निभाई तुमने हमारी थोड़ी-सी बेवफ़ाई
हमारी थोड़ी-सी बेवफ़ाई

किशोर कुमार - लता मंगेशकर / **ख़य्याम** / 1980

रुके-रुके-से क़दम

मौसम

रुके-रुके-से क़दम, रुक के बार-बार चले...
क़रार लेके तेरे दर से बेक़रार चले
रुके-रुके-से क़दम, रुक के बार-बार चले
रुके-रुके-से क़दम

सुबह न आयी कई बार नींद से जागे
थी एक रात की ये ज़िंदगी गुज़ार चले...
रुके-रुके-से क़दम

उठाए फिरते थे एहसान दिल का सीने पर...
ले, तेरे क़दमों में ये क़र्ज़ भी उतार चले...
क़रार लेके तेरे दर से बेक़रार चले

रुके-रुके-से क़दम, रुक के बार-बार चले
रुके-रुके-से क़दम

लता मंगेशकर / **मदन मोहन** / 1975

आवारा

सात ख़ून माफ़

आवारा...आवारा...आवारा...आवारा...आवारा
आवारा...आवारा...आवारा...आवारा...आवारा
हवा पे रखे सूखे पत्ते, आवारा
हवा पे रखे सूखे पत्ते, आवारा
पाँव ज़मीं पे लगते ही उड़ लेते हैं दोबारा
आवारा...आवारा...

ना शाख़ जुड़े, ना जड़ पकड़े
ना शाख़ जुड़े, ना जड़ पकड़े
मौसम-मौसम बनजारा
आवारा...आवारा...

झोंका-झोंका ये हवा
हो...झोंका-झोंका ये हवा
रोज़ उड़ाये रे
जाकी डार गयी
वो तो बीत गया
जाकी माटी गयी
वाका मीत गया
कोई ना बुलाए रे
रुत रंग लिए आयी भी गयी
मुठ्ठियाँ ना खुलीं बेरंग रही
सूखा पत्ता बनजारा
आवारा...आवारा...

318

हौले-हौले ये हवा
हौले-हौले ये हवा
खेल खिलाए रे
खोले धूप कभी, घोले छाँव कभी
कभी पंख बने, बने पाँव कभी
धूल दिखाए रे
कोई ठाँव ना मिली ना हवा ना ज़मीं
ना उम्मीद उगी
ना दिलासा कहीं
उड़ता जाए बेचारा
आवारा...आवारा...
आवारा...

मास्टर सलीम / **विशाल भारद्वाज** / 2011

कभी रुक गये हैं कभी चल दिए

राहगीर

मुझको दोष न देना बन्धु मेरा कोई दोष नहीं
किसको देकर आया था दिल किससे माँगा होश नहीं

कभी रुक गये हैं कभी चल दिए
न जाने किसे ढूँढ़ते हैं सफ़र में
कभी रुक गये कभी चल दिए
किसे खो दिया था न जाने डगर में
ना जाने किसे ढूँढ़ते हैं सफ़र में

अकेले रहे ज़िन्दगी भर अकेले
न दिल साथ आया ना ग़म साथ आये...
यही रास्ते जिनकी मंज़िल नहीं थी...
यही साथ थे बस यही साथ आए
कभी रुक गये हैं...

कभी माँग कर ले लिए ग़म किसी के
कभी अपने ग़म कर दिये हैं पराये...
ये बेदर्द यादें ये हमदर्द आँसू...
बड़ी दूर तक छोड़ने साथ आए
कभी रुक गये हैं...

किनारा मिला जो किनारा नहीं था
बहाना था कोई सहारा नहीं था
यही एक दिल जिसको समझे थे अपना...
न जाने था किसका हमारा नहीं था

हेमन्त कुमार / **हेमन्त कुमार** / 1968

राह पे रहते हैं

नमकीन

राह पे रहते हैं, यादों पे बसर करते हैं
ख़ुश रहो अहले वतन, ओ हम तो सफ़र करते हैं

जल गये जो धूप में तो साया हो गये...
आसमाँ का कोई कोना ओढ़ा सो गये
जो गुज़र जाती है बस उस पर गुज़र करते हैं
राह पे रहते हैं...

उड़ते पैरों के तले जब बहती है ज़मीं...
मुड़के हमने कोई मंज़िल देखी ही नहीं
रात दिन राहों पे हम, हो...शाम-ओ-सहर करते हैं
राह पे रहते हैं...

ऐसे उजड़े आशियाने तिनके उड़ गए...
बस्तियों तक आते-आते रस्ते मुड़ गए
हम ठहर जाएँ जहाँ, हो...उसको शहर कहते हैं

राह पे रहते हैं, यादों पे बसर करते हैं
ख़ुश रहो अहले वतन, ओ हम तो सफ़र करते हैं!

किशोर कुमार / **आर. डी. बर्मन** / 1981

बहुत रात हुई

मुसाफ़िर

बहुत रात हुई
थक गया हूँ
मुझे सोने दो
बहुत रात हुई
चाँद से कह दो
उतर जाए
बहुत बात हुई
बहुत रात हुई

ज़िन्दगी के सभी
रास्ते सर्द हैं
अजनबी रात के
अजनबी दर्द हैं
याद से कह दो
गुज़र जाए

आशियाँ के लिए
चार तिनके भी थे
आसरे रात के
और दिन के भी थे
ढूँढते थे जिसे
वो ज़रा-सी ज़मीं
आसमाँ के तले
खो गई है कहीं

322

धूप से कह दो
उतर जाए

याद आता नहीं
अब कोई नाम से
सब घरों के दिए
बुझ गए शाम से
वक़्त से कह दो
गुज़र जाए

किशोर कुमार / **आर. डी. बर्मन** / 1984

ओ माँझी रे

खुशबू

ओ, माँझी रे,
अपना किनारा
नदिया की धारा है

साहिलों पे बहनेवाले
कभी सुना तो होगा कहीं
काग़ज़ों की कश्तियों का
कोई किनारा होता नहीं

कोई किनारा, जो किनारे से मिले
वह अपना किनारा है
ओ माँझी रे...

पानियों में बह रहे हैं
कई किनारे टूटे हुए
रास्तों में मिल गये हैं
सभी सहारे छूटे हुए

कोई सहारा, मँझधार में मिले तो
अपना सहारा है
ओ माँझी रे...

किशोर कुमार / **आर. डी. बर्मन** / 1975

324

नाव मेरी

कशमकश

नाव मेरी
ठहरे
जाने कहाँ
नाव मेरी
घाट होते नहीं
सागरों में कहीं
नाव मेरी

घाट होते नहीं
सागरों में कहीं
नाव, मेरी ठहरे जाने कहाँ
नाव मेरी

हर नाव का साहिल होगा
इसका साहिल कोई नहीं
बारिश में ये काग़ज़ की नाव
ढूँढ़े गलियाँ

नाव मेरी

सोचा था जब
पानी भरेगा
मैं भी कहीं
बह जाऊँगी...
दूर नहीं है

कोई किनारा
साथ ले लेगी धारा
दूर नहीं है कोई किनारा
सागर जाती है हर धारा...
डूब के शायद इस नौका को
मिल जाए किनारा
नाव मेरी ठहरे जाने कहाँ

नाव मेरी

घाट होते नहीं
सागरों में कहीं
नाव मेरी ठहरे जाने कहाँ
नाव मेरी

हरिहरन - मधुश्री / **संजोय-राजा** / 2011

हमसफ़र मेरे हमसफ़र

पूर्णिमा

हमसफ़र मेरे हमसफ़र
पंख तुम परवाज़ हम
ज़िन्दगी का साज़ हो तुम, साज़ की आवाज़ हम
हमसफ़र मेरे हमसफ़र...

हमसफ़र मेरे हमसफ़र
पंख तुम परवाज़ हम
ज़िन्दगी का गीत हो तुम, गीत का अंदाज़ हम
हमसफ़र मेरे हमसफ़र...

आँख ने शरमा के कह दी
दिल के शरमाने की बात
एक दीवाने ने सुन ली
दूजे दीवाने की बात
प्यार की तुम इंतहा हो, प्यार का आग़ाज़ हम
हमसफ़र मेरे हमसफ़र...

ज़िक्र हो अब आसमाँ का
या ज़मीं की बात हो
ख़त्म होती है तुम्हीं पर
अब कहीं की बात हो
हो हसीं तुम, महजबीं तुम, नाज़नीं तुम नाज़ हम
हमसफ़र मेरे हमसफ़र...

मुकेश - लता मंगेशकर / **कल्याणजी-आनन्दजी** / 1965

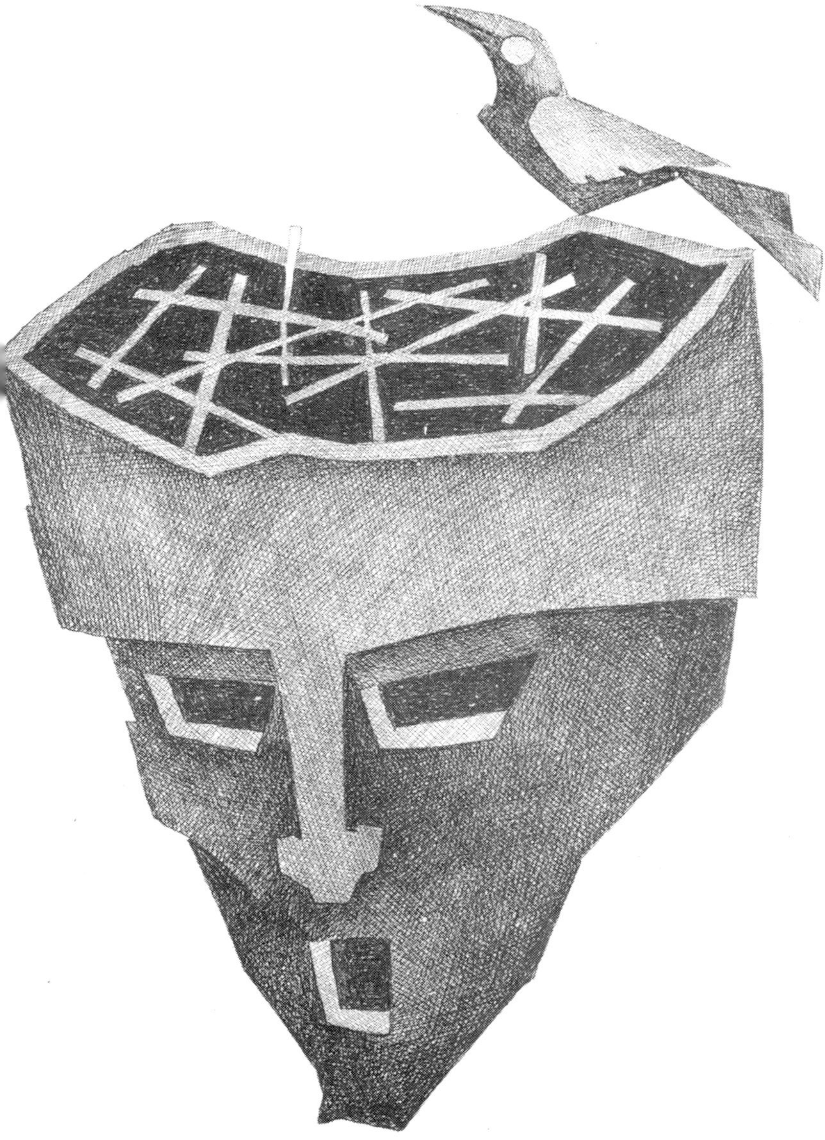

सुरमई अँखियों में नन्हा-मुन्ना इक सपना दे जा रे
निंदिया के उड़ते पाखी रे अँखियों में आजा साथी रे

थपकी

"ख़याल, साँस, नज़र, सोच, खोलकर दे दो
लबों से बोल उतारो, ज़ुबाँ से आवाज़ें
हथेलियों से लकीरें उतारकर दे दो
हाँ दे दो अपनी 'ख़ुदी' भी कि 'ख़ुद' नहीं हो तुम
उतारो रूह से यह जिस्म का हसीं गहना
उठो दुआ से तो 'आमीन' कहके रूह दे दो।"

'ख़ुदी' को इस तरह सौंपते शायर का ख़ुदा से एक ऐसा रिश्ता भी होता है, जिसमें वो सारे संशय होते हैं, जो भक्तिमार्ग में शायद वाजिब नहीं। आस्था और विश्वास के इस झीने आवरण को हटा परमात्मा से रू-ब-रू होने की चाहत किसमें नहीं होती। पर क्या यह संभव है। गुलज़ार ने इसे काव्यात्मक संभावना दी है और अपनी एक नज़्म में ख़ुदा से यह रोचक बाज़ी खेली है– ''पूरे का पूरा आकाश घुमाकर बाज़ी देखी मैंने''। पर हैं तो हम इहलोक में ही और यह एहसास तारी रहता है कि हम दीवार की इस जानिब हैं...

"इस जानिब तो धूप भी है, हरियाली भी!
ओस भी गिरती है पत्तों पर
आ जाये तो आलसी कोहरा
शाख़ पे बैठा घंटों ऊँघता रहता है
बारिश लम्बी
तारों पर नटनी की तरह थिरकती
आँख से गुम हो जाती है
जो मौसम आता है, सारे रस देता है!
लेकिन इस कच्ची दीवार की दूसरी जानिब
क्यों ऐसा सन्नाटा है
कौन है जो आवाज़ नहीं करता लेकिन
दीवार से टेक लगाये बैठा रहता है।"

पर कई ऐसे ख़ामोश पल होते हैं जो आवाज़ देते लगते हैं, जो ईश्वर को क़रीब लाते

हैं— बचपन की निश्छल खुशियों के, ममतामयी लोरियों के, किसी अपने की मौत से रू-ब-रू होने के, जन्म-जन्मांतर की अनवरत यात्रा के ख़याल के, मोह के धागों के बंधन के, राग-विराग की दुविधा के। कैसी वेदना होती है जब कोई अपना अचानक चला जाए— इस तथ्य को नकारते हुए व्याकुल मन कहता है...

''जगाओ इसको गले मिल के अलविदा तो कहूँ
ये कैसी रुख़सती है ये क्या सलीक़ा है
अभी तो जीने का हर एक ज़ख़्म ताज़ा है
न ले के जाओ, मेरे दोस्त का जनाज़ा है
अभी तो गर्म है मिट्टी, ये जिस्म ताज़ा है''।

पर ज़िन्दगी से जूझना भी आसान कहाँ— शायर 'येसु' से गिरजाघर के एकान्त में न सिर्फ़ 'कन्फ़ेसन' करता है, बल्कि सवाल भी पूछता है...

''क्या जिस्म ये बेमानी है, क्या रूह ग़रीब होती है
तुम प्यार ही प्यार हो लेकिन, क्या प्यार सलीब होती है''

और फिर ज़िन्दगी के दर्द के सिलसिले को एक अनोखा बिम्ब मिलता है

''रूई की तरह इस जिस्म को तुम किसलिए धुनते हो, येसु''।

ज़िन्दगी और मौत के दोनों छोर पर हम कितने असहाय होते हैं— ऐसे में, बचपन में माँ बच्चे को थपकी देकर प्यार-भरी नींद में सुलाती है, पर ज़िन्दगी की थकान से मुक्ति तो उसी की थपकी से मिल सकती है, जो है पर नहीं है, जिसे महसूस तो कर सकते हैं, पर जिसका साक्षात्कार लगभग असंभव है। शायद इसीलिए जीवन से घोर निराशा भी अध्यात्म की ओर ले जाती है...

"तारे सारे रात रात हैं
दिन आए तो ख़ाली अम्बर
आँख में सपना रह जाता है
ओ रे मन, खोया क्या जो पाया ही नहीं"

और प्रेम की पराकाष्ठा भी...

"साँचे प्रेम की ज्योत जला के
मन सुन मेरी कान लगा के
पाप और पुण्य की गठरी उठा के
अपनी राह चलें
चलो मन जाएँ घर अपने"।

अध्यात्म सूक्ष्म से सूक्ष्मतर होते जाने की प्रक्रिया है– लगभग कविता की तरह। और जो इतना सूक्ष्म है, वही अनन्त भी है। काल के अनवरत प्रवाह में कई ऐसे मौक़े होते हैं, जब सचमुच विराट का, असीम का आभास होता है...

''गंगा आए कहाँ से, गंगा जाए कहाँ रे
लहराए पानी में जैसे धूप-छाँव रे
नाम कोई बोली कोई, लाखों रूप और चेहरे
खोल के देखो प्यार की आँखें, सब तेरे सब मेरे रे
लहराए पानी में जैसे धूप-छाँव रे"।

ऐसे महीन ख़यालों को महसूस तो किया जा सकता है, पर उन्हें ज़ुबान देना बहुत कठिन होता है। फिल्मों में ऐसी स्थितियों में अमूमन भजनों का सहारा लिया जाता है, पर वे गीत बामुश्किल मिलते हैं जो इन्सानी दायरों में समझे जा सकें, उनकी थपकी का स्पर्श महसूस किया जा सके और कोई निस्पृह भाव में ममतामय होकर कह सके...

"सुरमई अँखियों में, नन्हा मुन्ना इक सपना दे जा रे
निंदिया के उड़ते पाखी रे, अँखियों में आजा साथी रे।"

'सदमा' के इस अद्‌भुत गीत में येसुदास की मखमली आवाज़ जिसे थपकी देती है, वह तो आत्मीयता के आग़ोश में सो ही जाती है, हम भी जब इसे सुनते हैं तो अपनी जागी आँखों को नम पाते हैं। 'गुड्डी' से निकल *''हमको मन की शक्ति देना, मन विजय करें''* स्कूलों में प्रार्थना का हिस्सा बन सकता है। और 1983 के बाद का शायद ही कोई बच्चा होगा, जिसके 'मासूम' होठों ने *''लकड़ी की काठी''* की सवारी न की हो। ऐसा लगता है मानो बच्चों के लिए लिखते वक़्त गुलज़ार अपनी क़लम को बार-बार बचपन की दवात में डुबोते हैं, ख़यालों को चित्रकथा की तरह उकेरते हैं और फिर उनकी भाषा में बचपन बोलने लगता है। उनकी फिल्मों में भी बड़ों की कहानी के बीच बच्चे सिर्फ़ सजावट नहीं होते, बल्कि उनका ख़ुद का किरदार बख़ूबी बनता है। 'परिचय' के छोटे बच्चों की शरारतों और शैतानियों को सबसे बड़ी बच्ची रमा (जया भादुड़ी) का समझदार साथ मिलता है तो फिर सरगम गा उठती है, *"पापा नहीं हैं, धानी-सी दीदी, दीदी के साथ हैं सारे"।*

गुलज़ार के गीतों में ये थपकी देते पल राग के भी हैं, विराग के भी; बचपन के भी और बंदगी के भी!

गंगा आए कहाँ से

काबुलीवाला

गंगा आए कहाँ से, गंगा जाए कहाँ रे
लहराए पानी में जैसे धूप-छाँव रे
गंगा आए कहाँ से...

रात कारी दिन उजियारा
मिल गये दोनों साये
साँझ ने देखो रंग-रूप के
कैसे भेद मिटाए रे
लहराए पानी में जैसे धूप-छाँव रे
गंगा आए कहाँ से...

काँच कोई, माटी कोई
रंग-बिरंगे प्याले
प्यास लगे तो एक बराबर
जिसमें पानी डाले रे
लहराए पानी में जैसे धूप-छाँव रे
गंगा आये कहाँ से...

नाम कोई बोली कोई
लाखों रूप और चेहरे
खोल के देखो प्यार की आँखें
सब तेरे सब मेरे रे
लहराए पानी में जैसे धूप-छाँव रे

गंगा आए कहाँ से, गंगा जाए कहाँ रे
लहराए पानी में जैसे धूप-छाँव रे
गंगा आए कहाँ से...गंगा जाए कहाँ रे...

हेमन्त कुमार / **सलिल चौधरी** / 1961

न ले के जाओ, मेरे दोस्त का जनाज़ा है

फ़िज़ा

न ले के जाओ, मेरे दोस्त का जनाज़ा है
अभी तो गर्म है मिट्टी, ये जिस्म ताज़ा है
न ले के जाओ...

उलझ गई है कहीं साँस खोल दो इसकी
लबों पे आई है जो बात पूरी करने दो
अभी उम्मीद भी ज़िन्दा है दर्द ताज़ा है
न ले के जाओ...

जगाओ इसको गले मिल के अलविदा तो कहूँ
ये कैसी रुख़सती है ये क्या सलीक़ा है
अभी तो जीने का हर एक ज़ख़्म ताज़ा है

न ले के जाओ, मेरे दोस्त का जनाज़ा है
अभी तो गर्म है मिट्टी, ये जिस्म ताज़ा है

जसपिन्दर नरूला / **अनु मलिक** / 2000

कौन गली से निकलूँ

सितम

कौन गली से निकलूँ
वृन्दावन की सब गलियों के
मोड़ पे श्याम खड़े
कौन गली से निकलूँ

इक पग घर से बाहर मेरा
इक पग है आँगन में
किस पग मोड़ मुड़ूँ

मन ही शायद आँचल पकड़े
भटकाकर ले जाए
बहकी-बहकी फिरूँ
कौन गली से निकलूँ...

रवीन्द्र साठे / **जगजीत सिंह** / 1984

हरि दिन तो बीता

किताब

हरि, दिन तो बीता, शाम हुई, रात पार करा दे
बीता मेरा काल तो बीता, कूल पार करा दे

मैंने साथ लिया न कोई
दोशाला न लोई
अपने छूटे, सपने छूटे
आशा और छुड़ा दे

हरि, दिन तो बीता, शाम हुई, रात पार करा दे

दाता, तेरे द्वार खड़ी हूँ
माँगू मोती दान
बंधु छूटे, बंधन छूटे
छोर पार करा दे

हरि, दिन तो बीता, शाम हुई, रात पार करा दे
बीता मेरा काल तो बीता, कूल पार करा दे

राज कुमारी / **आर. डी. बर्मन** / 1977

चलो मन जाएँ घर अपने

स्वामी विवेकानन्द

चलो मन जाएँ घर अपने
इस परदेस में ओ परदेस में
क्यूँ परदेसी रहें
चलो मन...

आँख जो भाये वो कोरा सपना
आँख जो भाये वो कोरा सपना
सारे पराये हैं कोई न अपना...
ऐसे झूठे प्रेम में पड़ ना
भूल में काहे जिएँ
चलो मन...

साँचे प्रेम की ज्योत जला के
साँचे प्रेम की ज्योत जला के...
मन सुन मेरी कान लगा के...
पाप और पुण्य की गठरी उठा के
अपनी राह चलें
चलो मन...

चलो मन जाएँ घर अपने
इस परदेस में ओ परदेस में
क्यूँ परदेसी रहें
चलो मन...

येसुदास / **सलिल चौधरी** / 1998

खोया क्या जो पाया ही नहीं

कशमकश

ओ रे मन...
खोया क्या जो पाया ही नहीं...
ख़ाली हाथ की लकीरें हैं...
कुछ लिखा ही नहीं
कल जो आएगा
कल जो जा चुका
खोया क्या जो पाया ही नहीं...

बीता बीता बीत चुका है...
फिर से पल-पल बीत रहा है...
खोया-पाया खोज लिया सब
ओ रे मन
खोया क्या जो पाया ही नहीं...

तारे सारे रात रात हैं...
दिन आए तो ख़ाली अम्बर...
आँख में सपना रह जाता है...
ओ रे मन
खोया क्या जो पाया ही नहीं...

ओ रे मन...

हरिहरन / **संजोय-राजा** / 2011

छूटे नाहीं छूटे ना

दायरा

छूटे नाहीं छूटे ना छूटे नाहीं छूटे ना
छूटे नाहीं मौला छूटे ना...

रेशम की डोरियों से मनवा ने बाँधा है रे
माटी का ये चोला छूटे ना...
छूटे नाहीं...

साँस का ये तागा बैरी दाँत से न काटा जाए...
पानी से गले ना माटी जितना भी डाला जाए...
मोह की गिरह लागी रे
माया तेरा भोला छूटे ना...
छूटे नाहीं...

ओ...
बहती नदी में भाई रे तू बिन तर जाए कोई...
कामना का फंदा डाले कैसे घर जाए कोई...
कौड़ी-कौड़ी जोड़ी मौला
नातों का ये झोला छूटे ना...
छूटे नाहीं मौला छूटे ना

छूटे नाहीं छूटे ना छूटे नाहीं छूटे ना
छूटे नाहीं मौला छूटे ना...

रेशम की डोरियों से मनवा ने बाँधा है रे
माटी का ये चोला छूटे ना...
छूटे नाहीं...

येसुदास / आनन्द-मिलिन्द / 1997

येसु

सात ख़ून माफ़

गिरजे का गज़र सुनते हो, येसु
फिर भी तुम चुप रहते हो, येसु
अपने चाहनेवालों को तुम कैसे चुनते हो, येसु
ओ येसु!

क्या जिस्म ये बेमानी है
क्या रूह ग़रीब होती है
तुम प्यार ही प्यार हो लेकिन
क्या प्यार सलीब होती है
रूई की तरह इस जिस्म को तुम किसलिए धुनते हो, येसु
येसु!
गिरजे का गजर...

कोई नहीं इस वक़्त यहाँ
इस वक़्त मुझे अपना ना
आग़ोश में अपनी ले लो
फिर चाहे जहाँ ले जाना
उस पार तो कोई दर्द नहीं
बोलो ना सुनते हो, येसु
येसु!

गिरजे का गजर सुनते हो, येसु
फिर भी तुमं चुप रहते हो, येसु
अपने चाहनेवालों को तुम कैसे चुनते हो, येसु
गिरजे का गजर...

रेखा भारद्वाज / **विशाल भारद्वाज** / 2011

हमको मन की शक्ति देना

गुड्डी

हमको मन की शक्ति देना, मन विजय करें
दूसरों की जय से पहले ख़ुद को जय करें
हमको मन की शक्ति देना...

भेद-भाव अपने दिल से साफ़ कर सकें
दोस्तों से भूल हो तो माफ़ कर सकें

झूठ से बचे रहें, सच का दम भरें
दूसरों की जय से पहले ख़ुद को जय करें
हमको मन की शक्ति देना...

मुश्किलें पड़ें तो हम पे, इतना करम कर
साथ दें तो धरम का, चलें तो धरम पर

ख़ुद पे हौसला रहे, बदी से न डरें
दूसरों की जय से पहले ख़ुद को जय करें
हमको मन की शक्ति देना...

वाणी जयराम / **वसंत देसाई** / 1971

इक था बचपन

आशीर्वाद

इक था बचपन, इक था बचपन
छोटा-सा नन्हा-सा बचपन
इक था बचपन

बचपन के इक बाबूजी थे
अच्छे-सच्चे बाबूजी थे
दोनों का सुंदर था बंधन
इक था बचपन

टहनी पर चढ़ के जब फूल बुलाते थे
हाथ उसके छोटे टहनी तक न जाते थे
बचपन के नन्हें दो हाथ उठाकर वह
फूलों से हाथ मिलाते थे
इक था बचपन...

चलते-चलते जाने कब इन राहों में
बाबूजी बस गए बचपन की बाँहों में
मुट्ठी में बंद हैं वो सूखे फूल अभी
ख़ुशबू है जीने की चाहों में
इक था बचपन...

मेरे होंठों पे उनकी आवाज़ भी है
साँसों में सौ का विश्वास भी है
जाने किस मोड़ पे मिल जाएँगे वह
पूछेंगे बचपन का एहसास भी है
इक था बचपन...

लता मंगेशकर / **बसन्त देसाई** / 1968

नीली आसमानी छतरी

द ब्लू अम्ब्रेला

अरे हे...हे हे
हे नीली आसमानी छतरी
छतरी का उड़नखटोला
डोले तो लागे हिन्डोला...
उड़े कभी, भागे कभी
भागे कभी, दौड़े कभी
समझे ना माने छतरी

अम्बर का टुकड़ा तोड़ा
लकड़ी का हत्था जोड़ा
हाथ में अपना आसमान है...रे
छतरी ले के चलती हूँ
मेमों जैसी लगती हूँ
गोरों का दिल बेईमान है...रे

खूँटी कभी, लाठी कभी
लाठी कभी, छड़ी कभी...
पाजी शैतानी छतरी

बारिश से जो रिश्ता है
पानी पे मन खिंचता है
पिछली कोई पहचान है...रे
शायद फिर उड़ना चाहे
अम्बर से जुड़ना चाहे
भोली है अन्जान है

डूबे कभी, तैरे कभी
ग़ोते खाती जाये कभी...
करे नादानी छतरी

हे हे हे नीली आसमानी छतरी
छतरी का उड़नखटोला
डोले तो लागे हिन्डोला...
उड़े कभी, दौड़े कभी
दौड़े कभी, भागे कभी
समझे ना माने छतरी

उपाग्ना पंड्या / **विशाल भारद्वाज** / 2007

सुरमई अँखियों में

सदमा

सुरमई अँखियों में
नन्हा मुन्ना इक सपना दे जा रे

निंदिया के उड़ते पाखी रे
अँखियों में आजा साथी रे

रारि-रारि... ओ रारि रुम

सच्चा कोई सपना दे जा
मुझको कोई अपना दे जा
अनजाना सा
मगर कुछ पहचाना सा
हल्का-फुल्का शबनमी
रेशम से भी रेशमी

रात के रथ पर जाने वाले
नींद का रस बरसाने वाले
इतना कर दे
कि मेरी आँखें भर दे
आँखों में बसता रहे
सपना ये हँसता रहे

सुरमई अँखियों में
नन्हा मुन्ना इक सपना दे जा रे

येसुदास / **इलैयाराजा** / 1983

सारे के सारे

परिचय

सारे के सारे, गामा को लेकर, गाते चले
पापा नहीं हैं, धानी-सी दीदी
दीदी के साथ हैं सारे

'सा' से निकले रोज़ सवेरा
दूर करे अँधियारा
'रे' से रेशमी किरनों ने
ख़ूब किया उजियारा
सूरज की रोशन किरनों पे सारे गाते चले
सारे के सारे...

'ग' से गुनगुन
'म' से मद्धम
'पा' से एक पुजारी

'ग' से गुनगुन करता है
घूमे क्यारी-क्यारी
'म' से मीठे बोलों में
'पा' से एक पुजारी
भँवरे के जैसे फूलों में सारे गाते चले
सारे के सारे...

'ध' से धूप सुनहरी है
यह 'नी' नशीली लागे

सरगम हो गयी पूरी
अब क्या होगा आगे

सरगम के साथी, सरगम की धुन में गाते चले
सारे के सारे...

किशोर कुमार - आशा भोंसले / **आर. डी. बर्मन** / 1972

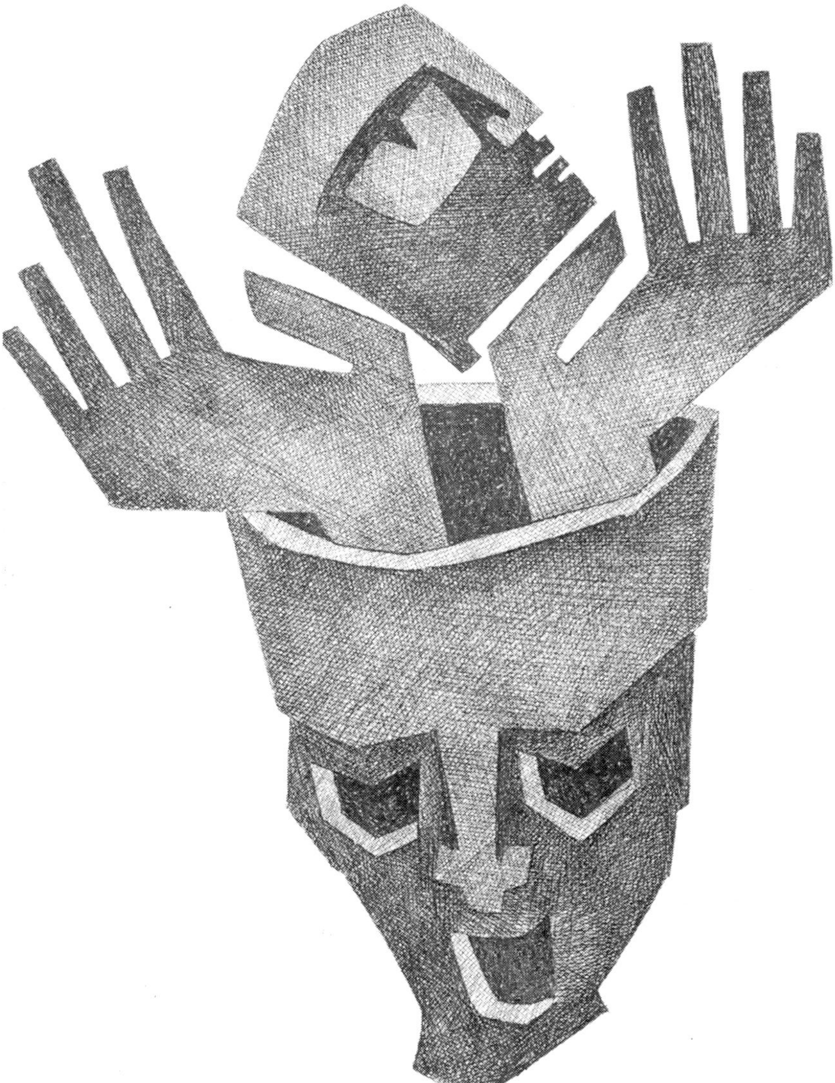

अभी न पर्दा गिराओ, ठहरो
कि दास्ताँ आगे और भी है

सरोकार और भी

मानवीय रिश्तों की कहानियों में अक्सर मन के संघर्ष होते हैं। ज़्यादातर फिल्में भी इन्हीं दायरों में होती हैं। इसीलिए शायद सामाजिक, राजनीतिक, आर्थिक मुद्दों और यथार्थ के सरोकार फिल्मों में कम दीखते हैं।

यह निर्विवाद है कि गुलज़ार के फिल्मी-सफ़र में मानव मन की जटिलताओं का एक विस्तृत रचना-संसार है और अक्सर रचनाकार बार-बार कहे गए से ही ज़्यादा जाना जाता है। ज़ाहिर है, ऐसे में जो कम कहा गया उसपर ध्यान कम जाता है। पर जब भी ऐसे मौक़े आए, गुलज़ार के सामाजिक सरोकार बख़ूबी दीखे। वैसे भी यह कैसे संभव था कि संवेदनाओं के शिल्पकार गुलज़ार की क़लम में सामाजिकता की स्याही न होती– 'मेरे अपने', 'आँधी', 'गोल-माल' 'माचिस', 'हू-तू-तू' और 'चला मुसद्दी ऑफिस-ऑफिस' जैसी फिल्मों में उन्हें ऐसे किरदार मिले, जिनकी ज़ुबान की मारफ़त कई नई बातें अपने अंदाज़ में कही गयीं और कई स्थापित सामाजिक सचाइयों को एक अलग संप्रेषण मिला। 'हू-तू-तू' में जब चाँद निकलता है तो वह सिर्फ़ *"नीम के तले"* या *"राहू के गले"* से नहीं निकलता, अपने धब्बों में वह मेहनतकश मज़दूर के साथ खड़ा होता है...

"वर्कर है वर्दी पे धब्बे हैं तेल के
कारखाने से निकला, निकला, रे निकला।"

और जब हर रोज़ घोटालों, घपलों और स्कैम की चर्चा से अख़बार के पन्ने भरे हों तो ऐसे में शायर रैली और सभाओं में जनता की बातचीत के अंदाज़ में कहता है, *"घपला है, भई घपला है"* और फिर आम आदमी की मज़बूरियाँ और सीमाएँ जो विडंबना रचती हैं, वे कविता का हिस्सा होती जाती हैं...

"घिसते-घिसते फट जाते हैं
जूतों जैसे लोग बेचारे
पैरों में पहने जाते हैं
जलसे और जुलूसों में

संगीनों से सिले सिपाही
वर्दी के मलबूसों में
गोली से जो फट जाते हैं
चीथड़ों जैसे फेंक दिए जाते हैं सारे
तिन-तिन तारे, तिन-तिन तारे
लोग बेचारे...”

‘मेरे अपने’ में बेरोज़गारी बोलती है *“काम नहीं है वर्ना यहाँ, आपकी दुआ से सब ठीक-ठाक है”* और हत्या जैसे जघन्य अपराध भी जब बर्दाश्त किए जाते हैं तो दुनिया इस बेबसी को भाग्य के भरोसे छोड़ देती है, *“अल्लाह मियाँ जाने कोई जिए या मरे, आदमी को ख़ून-वून सब माफ़ है।”* चुनाव और लोकतंत्र की अपनी सीमाएँ हैं और इसमें कितने अंतर्निहित ढकोसले हैं— इसपर राजनीतिशास्त्र और समाजशास्त्र के विद्वान तो ग्रंथ लिख सकते हैं, पर शायर को दो-ढाई घंटे की फिल्म के कुछ मिनटों में संगीत की धुन की बंदिश के बीच चंद अल्फ़ाज़ मिलते हैं और वह इस थोड़े से ‘स्पेस’ में अपनी बात कह रहा होता है। भीड़ की निरर्थकता और साधारण जन के अस्तित्व को नकारती व्यवस्था पर व्यंग्य होता है...

“जो मिट्टी में उगते हैं, उनको दफ़ना के क्या होगा
जो नंगे तन जीते हैं, उनको कफ़ना के क्या होगा”

और राज करने वालों की अवसरवादिता पर कुछ खरी बातें सुनाई पड़ती हैं...

“अदल-बदल, दल बदल-बदल कर लड़ते हैं
अरे हाथ कहीं और पाँव कहीं पर पड़ते हैं”

इन विडंबनाओं के बीच, कवि की दुविधाओं को भी शब्द मिलते हैं। मुसद्दीलाल, जो संज्ञा नहीं आम आदमी के सर्वनाम जैसा है, किधर चले— वामपंथ, धुर-वामपंथ, मध्यमार्ग, दक्षिणपंथ या बाज़ार और सत्ता के रास्तों में कौन सा रास्ता कब चुने! ज़ाहिर है, आम आदमी किसी तरह जीना चाहता है और यह जीने की चाहत और उसकी जद्दोजहद उसे किसी एक राह पर बाँधकर नहीं रख पाती...

“कभी दाँयीं सड़क, कभी बाँयीं सड़क
कभी बीच सड़क

बेधड़क धड़क
बेधड़क धड़क...

गर्दन में बाँध के झेले
कभी खींचे कभी धकेले
कभी दाँएँ सड़क, कभी बाँएँ सड़क
कभी बीच सड़क बेधड़क मुसद्दी, चला मुसद्दी"

इन गिरते-पड़ते रास्तों में बहुत पहले 'हू-तू-तू' में शायर इतिहास के उन पन्नों की तरफ इशारा करता है, जिनके असली अर्थ वक़्त ही खोल सकता है...

"समय बराबर कर देता है, समय के हाथ में आरी है
वक़्त से पंजा मत लेना, वक़्त का पंजा भारी है।"

यह स्पष्ट है कि इन सारे शोर-ओ-गुल के बीच गुलज़ार कोई तात्त्विक विवेचना करते नहीं दीखते। शायद ऐसा संभव नहीं। पर वे उसे ज़रूर संभव बनाते हैं जो उनकी कविता के क़रीब है और शायर अक्सर मध्यवर्ग क़े सहज इंसानी दायरों में वापस आता दीखता है, जहाँ या तो *"गोलमाल है भई सब गोलमाल है, सीधे रस्ते की हर टेढ़ी चाल है"* या फिर *"थोड़ा है, थोड़े की ज़रूरत है"*।

कोई शायर अपने ख़यालों को फिल्मों की दुनिया में जितना बो सकता है, उससे उसकी जड़ों को तो पहचाना जा सकता है, पर कितना उगता है, कितना खिलता है—यह इसपर भी तो निर्भर करता होगा कि कैसी फिल्में बनती हैं और फिर कितनी चलती हैं। आख़िरकार कविता तो बस मरने के हज़ार बहानों के बीच जीने की वज़ह बनाती है और इस जिजीविषा की तलाश में गुलज़ार तमाम विडंबनाओं के बीच भी अपनी बात कहते सुनाई पड़ते हैं। व्यक्ति के स्तर पर बहुत पहले (1966) 'सन्नाटा' में इस शायर ने अपने अनोखे अंदाज़ को एक नयी ज़ुबान दी थी...

"बस एक चुप सी लगी है, नहीं उदास नहीं
कहीं पे साँस रुकी है, नहीं उदास नहीं"

और समष्टि के स्तर पर 'माचिस' और 'हू-तू-तू' के सर्जक को जब मौक़ा मिला तो उसने ये चुप्पी बख़ूबी तोड़ी है और आधुनिकता को एक अपनी ख़ास ज़ुबान दी है।

आधुनिक होना भी वक़्त की ज़रूरत है और निरंतरता को बनाए रखना भी, और परंपरागत होना अपनी धरोहर को बचाए रखना है। आधुनिकता के कई नए प्रयोग गुलज़ार के गीतों में अक्सर चौंकाते हैं और दूसरी तरफ लफ़्ज़ों को, भाषा को बचाए रखने की एक सहज कोशिश भी उनके गीतों को एक अलग महत्त्व देती है। कई ऐसे मौक़े आते हैं जब उनकी ज़ुबान को हिन्दी, उर्दू, पंजाबी, बँगला, मराठी और अंग्रेजी के शब्दों से विस्तार मिलता है। वैसे भी गुलज़ार का शब्दकोश समृद्ध है। कभी शब्दों को वे बिलकुल खिलंदड़े अंदाज़ में जहाँ मर्जी ले जाते हैं और कभी कुछ कहने के साथ बहुत कुछ अनकहा छोड़ देना उनके गीतों को एक अलग अर्थ-विस्तार देता है।

इसीलिए कहीं उत्तर-आधुनिक अंदाज़ में, *"आँख कुछ लाल-सी है रात जागे तो नहीं, रात जब बिजली गयी डर के भागे तो नहीं"* (सात ख़ून माफ़); *"जोड़ी रे...जोड़ी रे... लोड-शेडिंग पर चाँद जलाते दो, लोग-बाग बोलते कैसे ये हुआ"* (गुरु) जैसे गद्यात्मक प्रयोग दीखते हैं। और कहीं यह आधुनिक अंदाज़ परम्परागत काव्य में अनायास शामिल हो जाता है– *"कोसा है, कोसा है, बारिश का बोसा है"* में भीगते हुए *"जल-जल, जल-जल, जल-थल, जल-थल"* करते हुए उनकी पंक्तियाँ आसमान, बादल, पानी, धरती के साथ-साथ नायिका के उल्लास को एकाकार करती हैं। और *"बहने दे मुझे बहने दे"* में अथाह पानी में डूबते-उतराते वेगमयी कविता का प्रबल प्रवाह होता है...

"घन इतना बरस कि गलने लगूँ
मैं पानी के ऊपर तरने लगूँ
बहने दे घनघोर घटा
बहने दे पानी की तरह
सागर में जा गिरना है
बहने दे नदिया की तरह"।

लगता है ऐसे गीतों को छूकर देखेंगे तो भीगे-भीगे मिलेंगे। और फिर इस पानी को एक गति देते हुए लगभग फंतासी की तरह ध्वनियों में परिवर्तित करना, *"छई छप छई, छपाक छई"* और सिर्फ पानी नहीं बल्कि ज़िन्दगी के आलोड़न में *"आती हुई लहरों पर जाती हुई लड़की"*। इसे क्या कहें–ध्वन्यात्मक, काव्यमय, संगीतमय या बस एक एहसास जिसमें सारी संज्ञाएँ सजग हैं!

शब्दों को बचाए रखना गुलज़ार का आग्रह है, कभी-कभी लगभग ज़िद की तरह और फिर ऐसे में उनके अलंकार कहीं एक ख़ास स्वाद देते हैं– *"गोरी चटकोरी जो कटोरी से खिलाती थी"* और कहीं ठिठोली करते हैं, *"जुम्मे के जुम्मे जो सुरमे लगाती थी"*। गुलज़ार कभी अपने बिम्बों से देश-काल की सीमाओं को तोड़ते हैं और कभी ऐसे देशज या स्थानिक बिम्बों में रम जाते हैं कि उनकी पंक्तियों में लोक गा उठता है। मसलन, 'माचिस' में वो पंजाब के गाँवों की व्यस्त कर्मठता को अर्थ और ध्वनि दोनों देते हैं, *"चप्पा चप्पा चरखा चले"*। पंजाबी में ही *"चूड़ियाँ चढ़ा दूँ, मेहँदियाँ करा दूँ और झाँझरा पवा दूँ"* हो सकता है। और कश्मीर की ठिठुरती वादियों में *"ज़रा-ज़रा आग-वाग पास रहती है, ज़रा-ज़रा काँगड़ी की आँच रहती है"* और जब हम सुनते हैं *"ऐसा कोई सगा नहीं, जिसको ठगा नहीं"* तो कानपुर के ठग्गू के लड्डू याद आ जाते हैं।

जब गीतों में पूरी बात कही जाए तो अर्थ पूरे खिलते हैं। कोमलता की गरमाहट का अहसास हौले-हौले राग में फैलता है...

"फरवरी की सर्दियों की धूप में
मुँदी मुँदी अँखियों से देखना
हाथ की आड़ से,
नीम्मी-नीम्मी ठंढ और आग में
हौले-हौले मारवा के राग में
मीर की बात हो"।

और कभी अर्थों को बस एक भंगिमा, एक छटा देकर अधखुला छोड़ दिया जाता है। दरअसल इससे अक्सर एक नया अंदाज़ मिलता है– *"हँसी तेरी सुन-सुन के फसल पका करती है"* में जो खनखनाहट है, वह देर तक कानों में होती है और *"बाजरे के सिट्टों जैसे बेटे हो जवाँ"* में तरुणाई के शरीर-सौष्ठव और सौंदर्य की कल्पना आँखों में एक चमक पैदा करती है। शब्दों को बचाने की ज़िद में एक तरफ पुराने दिनों का तारामिरा (सरसों तथा राई का एक ज़्यादा कड़वा प्रकार) का तेल तिल-तिल निकाला जाता है और 'फटक' में 'एड्स' जैसी बीमारी पर लिखते हुए इस भयानक 'वायरस' को *"कीड़ों की बस्ती का मकोड़ा है"* कहा जाता है। और फिर जुगुप्सा पैदा करती देह-व्यापार की निशाचरी दुनिया का

नख-शिख वर्णन होता है, *"सौदा करे सहेली का, सर पर तेल चमेली का, कान में इत्र का फाया रे"*।

ध्वनियों की अपनी एक स्वायत्त दुनिया होती है– हर जुबान से अलग। दुनिया की कोई भाषा बच्चे के रोने या खिलखिलाने को नहीं बदल सकती। संगीत की दुनिया में अक्सर ऐसा होता है कि आप आँखें बन्द भी कर लें और फिल्म न भी देखें तो सिर्फ सुनकर बहुत कुछ समझ लेते हैं कि कौन-सा मनोभाव उभर कर सामने आ रहा है। इसलिए संगीत के साथ-साथ फिल्मों में कभी-कभी गीतों के लफ़्ज़ों के लगभग नए मानी देती ध्वनियाँ होती हैं। रीतिकाल के कवियों ने अक्सर ऐसी छूट ली है जिससे एक ही शब्द कई तरह से कविता का हिस्सा बना है। गुलज़ार ने भी ऐसे प्रयोग कर कई अद्भुत स्थितियों को और प्रभावशाली बनाया है– ध्वनियों का एक संसार रचा है। ये ध्वनियाँ कुछ शब्दों की हों या पूरी पंक्ति की, या फिर सिर्फ सरगम के किसी अंश की– कविता के अर्थ को पुख़्ता करती हैं। इस प्रक्रिया में अक्सर उन्होंने ऐसे लफ़्ज़ों को भी चुना है जिनके समानार्थी शब्द उतने मौजूँ नहीं होते। ऐसे में यमक अलंकार की अनायास उपस्थिति आकर्षित करती है– 'कशिश' के गीत *"किसी आसमाँ पे तो साहिल मिलेगा"* में

"जहाँ पे मिले वो जहाँ, जा रहा हूँ
मैं लाने वही आसमाँ जा रहा हूँ"

या फिर 'नमकीन' में

"जल गए जो धूप में तो साया हो गए
आसमाँ का कोई कोना ओढ़ा सो गए
जो गुज़र जाती है बस उस पर गुज़र करते हैं
राह पे रहते हैं, यादों पे बसर करते हैं"

और 'अनुभव' में तो ऐसे प्रयोग का जादुई उत्कर्ष है...

"मुझे जाँ न कहो मेरी जाँ, मेरी जाँ, मेरी जाँ।"

पर क्या ध्वनियों को हमेशा अर्थ चाहिए! क्या सरगम अपने आप में एक आनन्दलोक में नहीं ले जाती! और अर्थ हो तो भी, न हो तो भी, ध्वनियों की भी एक भाव-भूमि होती ही है। *चल छैंया-छैंया; उड़ी-उड़ी ओ ख़्वाबों की पुड़ी; चुप-चुप के, छुप-छुप के चोरी से चोरी; तेरी मेरी अट्टी-बट्टी, दाँत से काटी कट्टी;*

मैंने पोटा-पोटा फ़लक छाना, मैंने टोटे-टोटे तार चुने; चल-चल चल चल-चल चलत-चलत जब ठाठ दिखावे और बाट दिखावे; न ना रे, न ना रे, ना रे, ना रे— इन सबको गुलज़ार ऐसी जगह लाते हैं, मानो शायरी की मुर्कियाँ गायकी की मुर्कियों के बरअक्स कानों में समा रही हों।

ध्वनियों के इस खेल में सरगम शामिल हो जाती है और सुर संज्ञा बन जाते हैं— *"सारे के सारे गामा को लेकर गाते चले"*। कई बार यों लगता है कि खेल-खेल में वे उन शब्दों को संपदा की तरह सँजोते हैं, जो हमारी स्मृति की धरोहर हैं, *"रात के ढाई बजे, धेला टका पाई बजे"*— स्मृतियों के व्यापार में ये सिक्के अमूल्य हैं (चाहे अब चवन्नी का चलना भी बंद हो जाए)। कहते हैं, पैसों का कोई रंग नहीं होता—पर *"काला है सफेद है ये पैसा, है नीला, है पीला"* और लोभ की पिपासा इसे लगभग हिंसक बनाती है *"कहीं लाल भी है ये पैसा"*। लक्ष्मी चंचला होती है और पता नहीं इसके कितने रूप हैं, *"बड़े रंग बदलता है पैसा, ये गिरगिट है चलता है पैसा"* और कितनी उम्र, कितने ठिकाने, *"हाथ के मैल का है पसीना यही जो मिनटों में बह जाता है, हाथ में छाप का है नगीना यही जो पुश्तों में रह जाता है"*।

शब्दों के इन प्रयोगों में आंचलिकता है, इतिहास है और कई बार भूगोल भी। *"ना लिहाफ़ ना ग़िलाफ़, ठंढी हवा भी ख़िलाफ़"* में एक देशज बेबाकी है और *"मैंने साथ लिया न कोई, दोशाला न लोई"* की बेबसी में एक आध्यात्मिक समर्पण है। हर क्षेत्र की अपनी संज्ञाएँ और क्रियाएँ होती हैं। *"चलते दिन की आँच बटोरूँ, तिल-तिल सब जल जाए; ढलती साँझ की राख कुरेदूँ, रेत में सब रल जाए"*— सच, राजस्थानी में ही रलना हो सकता है— मिलकर एकाकार हो जाना।

यों ही नहीं है कि *"महरौली में चरता है, पर घोड़ा अपना अरबी है"*— दिल्ली के बाशिंदों में भी कुछ को शायद पता न हो कि महरौली में कितने अस्तबल होते थे और उत्तरी दिल्ली की सब्ज़ीमंडी में बरफखाना एक पुरानी आम जगह है। इसलिए 'लकड़ी की काठी' में घोड़ा टगबग-टगबग करते-करते उधर मुड़ जाता है और फिर *"सब्ज़ीमंडी बरफ पड़ी थी, बरफ में लग गयी ठंढी"*। पूरी पुरानी दिल्ली को *"बल्लीमारान से दरीबे (दरीबाकलाँ) तलक"* में

एक शायर ही बयान कर सकता है और लखनऊ जाए बग़ैर कैसे पता चले कि कितनी नशीली होती है *''किमाम की ख़ुशबू''*। वृन्दावन में घूमते हुए जब कोई गोपी-भाव में हो तो लगता है कि *"कौन गली से निकलूँ, वृन्दावन की सब गलियों के मोड़ पे श्याम खड़े"*। मुम्बई के वर्ली-बांद्रा पुल के ऊपर चले बिना इस उलटबाँसी को कोई कैसे महसूस करे, *"कोई चाल ऐसी चलो यारो अब कि, समन्दर भी पुल पर चले"* और फिर 'एक्सप्रेस बिल्डिंग' वाले इलाके से जुड़े रास्तों में जब कई 'सेमेटरी' और क़ब्रिस्तान मिलते हैं तो रातों में सड़कों पर ढन-टणन करते हुए उधर से गुज़रनेवालों को यह अहसास होता होगा, *"कहीं ख़बरें हैं, कही क़ब्रें हैं"* और फिर शायर आगाह करता है, *"जो भी सोए हैं क़ब्रों में, उनको जगाना नहीं।"* ऐसी रातों में रात की मटकी तोड़ते-तोड़ते किरदार की ज़ुबान में शायर गुल्लक फोड़ने लगता है—और नयी पीढ़ी को इसमें किसी 'गुड लक' की तलाश होती है।

दो हज़ार ग्यारह के हिन्दुस्तान में शहरों की ज़िन्दगी में बोल-चाल की भाषा पर अंग्रेजी के बढ़ते प्रभाव को नज़रअंदाज़ नहीं किया जा सकता। ऐसे में कभी-कभी गीत भी इनसे नहीं बच पाते *"डार्लिंग, सॉरी तुझे संडे के दिन ज़हमत हुई"* और आज का बेलौस अंदाज़ कि *"आँखों से आँखें चार करने दो"* और फिर सारा संकोच ताक़ पे रख *"पब्लिक में सनसनी एक बार करने दो"*। पर इसी गीत में मौक़ा मिलते ही शायर की ज़ुबान में सुनाई पड़ता है, *"बेकैफ़ है बहाराँ, बेचैन जान-ए-याराँ, बुलबुलों को अभी इन्तज़ार करने दो"*।

इन्हीं प्रयोगों से गुज़रते हुए कई बार लगता है कि आधुनिकता का भाषायी अंदाज़ परंपरागत को तत्काल से यों मिलाता है कि भाषा, बोली, ज़ुबान और ध्वनियाँ सब एकाकार हो जाती हैं और एकदम नए प्रभाव पैदा करती हैं। ऐसे अद्‌भुत प्रयोगों का संसार गुलज़ार के अनगिन गानों में फैला है— इनसे होकर गुज़रना दिलचस्प तो है ही, इन्हें पढ़ना-सुनना आनन्ददायक भी है।

कोई दुनिया जब सार्थक भी हो, दिलचस्प भी और आनन्ददायक भी तो और क्या चाहिए!

बरसो रे

गुरु

ना रे ना रे ना रे ना रे
न न ना रे ना रे ना रे ना रे
न न रे न न रे न न रे ना ना रे
न न रे न न रे न न रे ना ना रे
बरसो रे
मेघा-मेघा
बरसो रे मेघा-मेघा
बरसो रे मेघा बरसो...

मीठा है कोसा है
बारिश का बोसा है
कोसा है कोसा है
बारिश का बोसा है...

जल जल जल जल जल-थल जल-थल
चल चल चल चल चल चल चल चल बहता चल

न ना रे न ना रे न ना रे ना ना रे...
बरसो रे...

गीली गीली... हाँ
गीली-गीली माटी, गीली माटी के
चल घरौंदे बनाएँगे रे
हरी भरी अम्बी, अम्बी की डाली
मिल के झूले झुलाएँगे रे

धनु बैजू गजू ने, हल जोते सब ने
बैलों की घंटी बजी
और ताल लगे भरने
रे तैर के चली मैं तो पार चली
रे तैर के चली मैं तो पार चली
पार वाले परले किनार चली
रे मेघा...

न ना रे न ना रे न ना रे ना ना रे...

काली-काली रातें
काली रातों में
ये बदरवा बरस जायेगा
गली-गली मुझ को मेघा ढूँढ़ेगा
और गरज के पलट जायेगा

घर आँगन अँगना, और पानी का झरना
भूल न जाना मुझे, सब पूछेंगे वरना

रे बह के चली मैं तो बह के चली
रे कहती चली मैं तो कह के चली
रे मेघा...

न ना रे न ना रे न ना रे ना ना रे...

श्रेया घोषाल / **ए. आर. रहमान** / 2006

बहने दे मुझे बहने दे

रावण

अरे आँख से बूँद गिरा कोई
चिंगारी का टुकड़ा जला कोई
उम्मीद को आग लगा ज़रा
सहरा की प्यास बुझा ज़रा...

घन इतना बरस कि गलने लगूँ
मैं पानी के ऊपर तरने लगूँ
बहने दे, मुझे बहने दे, मुझे बहने दे, मुझे बहने दे...

बहने दे घनघोर घटा
बहने दे पानी की तरह
सागर में जा गिरना है
बहने दे नदिया की तरह

शर्त लगी है मर जाने की
जीना है तो प्यार में
देह कहीं भी हो मेरा
जान लगी है यार में
बह जा बह जा
है नदिया को बहना
पत्ते से टपकती बूँद की आवाज़ सुनाई दी थी
नदिया में टपक और गुम हो जा
बह गया बह गया, जो रह गया रह गया...
बहने दे...

मेरा पल-पल अंग-अंग भर दिया
तूने जाँ पे जुनूँ सा कर दिया
मेरा है क्या जो मैं हार दूँ
जाँ तेरी है तुझ पे वार दूँ
डूब गये जो सुना है सारे तेरे डेरे आते हैं
दिल के चुल्लू में बेचारे डुबकियाँ ग़ोते खाते हैं
बह जा बह जा
चल तोड़ किनारे को
बह जा बह जा
धर ले मझधारे को
चिंगारी उड़ा के राख से
इक बूँद गिरा के आँख से
चलने का इशारा कर गया
कर गया कर गया, सब भर गया भर गया...
बहने दे...

बहने दे...

कार्तिक - मो. इरफ़ान / **ए. आर. रहमान** / 2010

कश लगा

नो स्मोकिंग

कश लगा, कश लगा, कश लगा, कश लगा...
कश लगा...
ज़िन्दगी के कश लगा...
हसरतों की राख उड़ा
ये जहान पानी है, बुलबुला है, पानी है
बुलबुलों पे रुकना क्या
पानियों पे बहता जा, बहता जा
कश लगा...

जलती हैं तनहाइयाँ
तापी हैं रात-रात जाग-जाग के
उड़ती हैं चिंगारियाँ
गुच्छे हैं लाल-लाल गीली आग के
खिलती है जैसे जलते जुगनू हों बेरियों में
आँखें लगी हों जैसे उपलों की ढेरियों में
दो तिनका आग है ये सारे जहाँ का धुआँ
दो दिन की ज़िन्दगी में दोनों जहाँ का गुमाँ
ये जहान पानी है बुलबुला है पानी है
बुलबुलों पे रुकना क्या
पानियों पे बहता जा, बहता जा
कश लगा...

छोड़ी हुई बस्तियाँ
जाता हूँ बार-बार घूम-घूम के

मिलते नहीं वो निशाँ
छोड़े थे दहलीज़ चूम-चूम के

चौपाए चर जाएँगे
जंगल की क्यारियाँ हैं
पगडंडियों पे मिलना दो दिन की यारियाँ हैं
क्या जाने कौन जाए
बारी से बारी आए
हम भी क़तार में हैं जब भी सवारी आए
ये जहान पानी है, बुलबुला है पानी है
बुलबुलों पे रुकना क्या, पानियों पे बहता जा, बहता जा
कश लगा...

ज़िन्दगी के कश लगा...
हसरतों की राख उड़ा
ये जहान पानी है, बुलबुला है पानी है
बुलबुलों पे रुकना क्या, पानियों पे बहता जा, बहता जा
कश लगा...

सुखविन्दर सिंह - दलेर मेंहदी - विशाल भारद्वाज / **विशाल भारद्वाज** / 2009

बेक़राँ

सात ख़ून माफ़

बेक़राँ है बेक़राँ आँखें बन्द कीजे ना
डूबने लगे हैं हम साँस लेने दीजे ना... लिल्लाह!

एक ज़रा चेहरा उधर कीजे इनायत होगी...
आप को देख के बड़ी देर से मेरी साँस रुकी है...
बेक़राँ है...

एक ज़रा देखिये तो आपके पाँव तले
कुछ तो अटका है कहीं वक़्त से कहिए चले
उड़ती-उड़ती सी नज़र मुझको छू जाए अगर
एक तसलीम को हर बार मेरी आँख झुकी है
आप को देख के बड़ी देर से मेरी साँस रुकी है

आँख कुछ लाल-सी है रात जागे तो नहीं
रात जब बिजली गयी डर के भागे तो नहीं
क्या लगा होंठ तले जैसे कोई चोट चले
जाने क्या सोच के इस बार मेरी आँख झुकी है
आप को देख के बड़ी देर से मेरी साँस रुकी है
बेक़राँ हैं...

आँखें तेरी बेक़राँ आँखें बन्द कीजे ना
आसमाँ ही आसमाँ... आँखें बन्द कीजे ना
डूबने लगा हूँ मैं साँस लेने दीजे ना
बेक़राँ है बेक़राँ आँखें बन्द कीजे ना
डूबने लगे हैं हम साँस लेने दीजे ना... लिल्लाह!

विशाल भारद्वाज / **विशाल भारद्वाज** / 2011

तू मेरे रू-ब-रू है

मक़बूल

तू मेरे रू-ब-रू है
मेरी आँखों की इबादत है
ये ज़मीं है मुहब्बत की
यहाँ मना है ख़ता करना
सिर्फ़ सज्दे में गिरना है
और अदब से दुआ करना

तू मेरे रू-ब-रू है

बस इतनी इजाज़त दे
क़दमों में जबीं रख दूँ
फिर सर ना उठे मेरा
ये जाँ भी वहीं रख दूँ

इक बार तो दीदार दे
मेरे सामने रह कर भी तू
ओझल है तू
पोशीदा है
मेरे हाल से ख़्वाहीदा है
बस इतनी इजाज़त दे...

एक मासूम सी दिल की तज्वीज़ है
इश्क़ में जान दे दे बड़ी चीज़ है
दीवाना बना अपना
दीवानगी यूँ भी है

365

पैरों में पड़ी गर्दिश
और सर पे जुनूँ भी है
इस बार तो दीदार दे
जाँ सौंप दे जाँ वार दे
इस बार तो दीदार दे
गर तू नहीं तो ये ज़िन्दगी
कुछ भी नहीं कुछ भी नहीं
ये बन्दगी कुछ भी नहीं...कुछ भी नहीं
ये ज़िन्दगी कुछ भी नहीं...कुछ भी नहीं

दीवाना बना अपना
दीवानगी यूँ भी है
पैरों में पड़ी गर्दिश
और सर पे जुनूँ भी है

तू मेरे रू-ब-रू है
मेरी आँखों की इबादत है
तू मेरे रू-ब-रू है

दलेर मेंहदी - राकेश पंडित - साबिर ख़ान - डॉमिनिक़ / **विशाल भारद्वाज** / 2004

366

जब एक क़ज़ा से गुज़रो तो

देवता

जब एक क़ज़ा से गुज़रो तो
इक और क़ज़ा मिल जाती है
मरने की घड़ी मिलती है अगर
जीने की सज़ा मिल जाती है

इस दर्द के बहते दरिया में
हर ग़म है, मरहम कोई नहीं
हर दर्द का ईसा मिलता है
ईसा की मरियम कोई नहीं
साँसों की इजाज़त मिलती नहीं
जीने की रज़ा मिल जाती है

मैं वक़्त का मुजरिम हूँ लेकिन
इस वक़्त ने क्या इंसाफ़ किया
जब तक जीते हो, जलते रहो
जल जाओ तो कहना माफ़ किया
जल जाए ज़रा-सी चिंगारी
तो और हवा मिल जाती है
जब एक क़ज़ा से...

कुछ ऐसे क़िस्मत वाले हैं
कि जिनकी क़िस्मत होती नहीं
हँसना भी मना होता है उन्हें
रोने की इजाज़त होती नहीं
बेनाम-सा मौसम जीते हैं

बेरंग फ़ज़ा मिल जाती है

जब एक क़ज़ा से गुज़रो तो
इक और क़ज़ा मिल जाती है
मरने की घड़ी मिलती है अगर
जीने की सज़ा मिल जाती है

मो. रफी / **आर. डी. बर्मन** / 1978

368

तेरी सीमाएँ कोई नहीं हैं

कशमकश

तेरी सीमाएँ कोई नहीं हैं
बहते जाना
बहते जाना है

दर्द ही दर्द है
सहते रहना
सहते जाना है
तेरी सीमाएँ...

तेरे होते दर्द नहीं था
दिन का चेहरा ज़र्द नहीं था...
तुझसे रूठ के मरते रहना
मरते रहना है
तेरी सीमाएँ...

मैं आधी-अधूरी बैठी किनारे
नदिया नदिया
आँसू आँसू रोना
बातों पे रोना
नैनों की जुबानी
रात दिन कहते रहना है
आग अन्दर की कोई न देखे
पलक झपकते तुम जो देखो...
तुझको पाना
तुझको छूना
मुक्ति का पाना है
तेरी सीमाएँ...

श्रेया घोषाल / **संजोय-राजा** / 2011

यह जीना है अंगूर का दाना

खट्टा-मीठा

यह जीना है, अंगूर का दाना
कुछ कच्चा है, कुछ पक्का है
अरे, जितना खाया मीठा था
जो हाथ न आया खट्टा है

यह घूमता पहिया, गोल रुपैया
हाथ न आये रे
और मैं हूँ इसके साथ, कि साथी
साथ न जाए रे

हाथ न आये तो समझो है सपना
जेब में हो तो प्यारे माल है अपना
जी के देखो, जीने वाले यूँ भी जीते हैं
दिन की चादर फट जाए तो रात को सीते हैं

थोड़ा-सा रो के, थोड़ा-सा हँसना
थोड़ा-सा रुकना, थोड़ा-सा चलना

यह जीना है, अंगूर का दाना
कुछ कच्चा है, कुछ पक्का है
अरे, जितना खाया मीठा था
जो हाथ न आया खट्टा है

किशोर कुमार / **राजेश रोशन** / 1977

कभी दाँयीं सड़क कभी बाँयीं सड़क

चला मुसद्दी ऑफिस-ऑफिस

हो कभी बाँयीं सड़क
कभी दाँयीं सड़क
कभी बीच सड़क बेधड़क
धड़क बेधड़क धड़क
धड़ धड़क मुसद्दी
मुसद्दी...

ओए चल दाँएँ सड़क से बाँएँ सड़क
या बाँएँ सड़क से दाँएँ सड़क...मुसद्दी...
हर मोड़ पे मौला देखता है
क्या खेल मुसद्दी खेलता है...मुसद्दी...

गर्दन में बाँध के झेले
कभी खींचे कभी धकेले
कभी बाँएँ सड़क, कभी दाँएँ सड़क
कभी बीच सड़क बेधड़क मुसद्दी
चला मुसद्दी...चला मुसद्दी चला मुसद्दी
अहा मुसद्दी, मुसद्दी...

हो...मत पूछ कहाँ कब चलता है
सब चलता है जब चलता है
पर्ची-वर्ची, रुक्का-मुक्का
जब कुछ न चले रब चलता है
हो, मत पूछ कहाँ कब चलता है

सब चलता है जब चलता है
पर्ची-वर्ची, रुक्का-मुक्का
जब कुछ न चले रब चलता है

रिश्वत है एक रिवाज़ यहाँ...
बिन जले दीये से जलता है
न पंख है न पाँव है
फिर भी ये पैसा चलता है
कभी बाँएँ सड़क, कभी दाँएँ सड़क
कभी बीच सड़क बेधड़क मुसद्दी
चला मुसद्दी...चला मुसद्दी चला मुसद्दी
अहा मुसद्दी, मुसद्दी...

जब सर पर सर-सर साँय चले
तब दाँएँ चले या बाँएँ चले...मुसद्दी...
चक्कर पे चक्कर घूमता है.
वो दफ़्तर-दफ़्तर घूमता है...मुसद्दी...
कभी नंगे पाँव दौड़ता है
और सर से पत्थर तोड़ता है
कभी बाँएँ सड़क, कभी दाँएँ सड़क
कभी बीच सड़क बेधड़क मुसद्दी
चला मुसद्दी...चला मुसद्दी चला मुसद्दी
अहा मुसद्दी, मुसद्दी...

सुखविन्दर सिंह / **साजिद-वाजिद** / 2011

बाज़ी लगा

गुरु

बाज़ी लगा...
ओ चलने दे चलने दे पैसा चले
ओ चलने दे चलने दे जैसा चले
बाज़ी लगा...

एक एक्का दो, दो के दूनी चार
सौ बना के सौ दे जो बाक़ी सौ उधार
बाज़ी लगा...

कंकर कंकर चुनकर शंकर अन्दर साहू हुआ
चुगते चुगते चाँद सितारे शंकर राहू हुआ
एक एक्का दो...

हाथ के मैल का है पसीना यही
जो मिनटों में बह जाता है
हाथ में छाप का है नगीना यही
जो पुश्तों में रह जाता है
बाज़ी लगा...

चवन्नी अठन्नी, अठन्नी रुपैया
वो चलता है चलता है चलने दे पहिया
काला है सफेद है ये पैसा...दादा
है नीला...दादा, है पीला...दादा

कहीं लाल भी है ये पैसा...दादा
है नीला, है पीला...दादा
कहीं लाल भी है
बड़े रंग बदलता है...दादा

ये गिरगिट है चलता है...दादा
बारी आयी...आयी आयी...आयी आयी ओ
बाज़ी लगा...

हो...पैसे का बुख़ार है चढ़े तो भला है...दादा
जो उतरे...दादा... बुरा है बुरा है...दादा
चढ़े तो भला है दादा, जो उतरे बुरा है बुरा है...दादा
अजब बेक़रारी है...दादा
सुनहरी सवारी है...दादा
बारी आयी... आयी आयी... आयी आयी... ओ
बाज़ी लगा...

ओ चलने दे चलने दे पैसा चले
ओ चलने दे चलने दे जैसा चले
बाज़ी लगा...

कंकर कंकर चुनके शंकर अन्दर साहू हुआ
चुगते चुगते चाँद सितारे शंकर राहू हुआ

चल चल चलने दे पैसा चले
चल चल चलने दे जैसा चले... लाखों पाए

चल चल चलने दे पैसा चले
चल चल चलने दे जैसा चले... करोड़ों पाए

चल चल चलने दे पैसा चले
चल चल चलने दे जैसा चले... अरबों पाए
चल चल चलने दे...

उदित नारायण - मधुश्री - भार्गवी - श्वेता / **ए. आर. रहमान** / 2007

फटक

कमीने

ये भँवरा भँवरा आया रे, कि भँवरा भँवरा आया रे
फटक, फटक
ये भँवरा भँवरा आया रे, भँवरा भँवरा आया रे
फटक, फटक
कि गुनगुन करता आया रे, फटक, फटक
भँवरा भँवरा आया रे, गुनगुन करता आया रे
सुन सुन करता गलियों से, अब तक कोई ना भाया रे
फटक, फटक

अरे सौदा करे सहेली का
सर पे तेल चमेली का
कान में इत्र का फाया रे
फटक...

गिनती न करना इसकी यारों में
आवारा घूमे गलियारों में
ये चिपकू हमेशा सताएगा
ये जाएगा फिर लौट आएगा
ख़ून के मैले क़तरे में, जान के सारे ख़तरे
कि आया, कि आया
कि आया रात का जाया रे
कि आया
फटक
कि आया

फटक
कि आया रात का जाया रे
फटक...

जितना भी झूठ बोले थोड़ा है
कीड़ों की बस्ती का मकोड़ा है
ये रातों का बिच्छू है काटेगा
ये ज़हरीला है ज़हर चाटेगा
दरवाजे में कुंडे दो
दफ़ा करो ये गुंडे
ये शैतान का साया रे
फटक...

कि भँवरा भँवरा आया रे, गुनगुन करता आया रे
ये सुनसुन करता गलियों से अब तक कोई न भाया रे
कि भँवरा भँवरा आया रे...

ये इश्क़ नहीं आसाँ
अजी 'एड्स' का ख़तरा है
ओ पतवार पहन जाना
ये आग का दरिया है
कि दुनिया डूबे ना, रे भँवरा काटे ना
रे भँवरा काटे ना, कि नैया डूबे ना...

सुखविन्द सिंह - कैलाश खेर / **विशाल भारद्वाज** / 2009

हाल-चाल ठीक-ठाक है

मेरे अपने

हाल-चाल ठीक-ठाक है
सब कुछ ठीक-ठाक है

बी.ए. किया है, एम.ए. किया
लगता है वह भी ऐवें किया
काम नहीं है वरना यहाँ
आपकी दुआ से सब ठीक-ठाक है
हाल-चाल ठीक-ठाक है...

आब-ओ-हवा
आब-ओ-हवा देश की बहुत साफ़ है
क़ायदा है क़ानून है, इंसाफ़ है
अल्लाह मियाँ जाने कोई जिए या मरे
आदमी को ख़ून-वून सब माफ़ है...

और क्या कहूँ?
छोटी-मोटी चोरी, रिश्वतख़ोरी
देती है अपना गुज़ारा यहाँ
आपकी दुआ से बाक़ी ठीक-ठाक है
हाल-चाल ठीक-ठाक है...

गोल-मोल रोटी का पहिया चला...
गोल-मोल रोटी का पहिया चला
पीछे-पीछे चाँदी का रुपैया चला
रोटी को बेचारी को चील ले गयी

चाँदी ले के मुँह काला कौवा चला
गोल-गोल रोटी का पहिया चला...

और क्या कहूँ?
मौत का तमाशा, चला है बेतहाशा
जीने की फ़ुर्सत नहीं है यहाँ
आपकी दुआ से बाक़ी ठीक-ठाक है
हाल-चाल ठीक-ठाक है
वेरी गुड

हाल-चाल ठीक-ठाक है
सब कुछ ठीक-ठाक है

बी.ए. किया है, एम.ए. किया
लगता है वह भी ऐंवें किया
काम नहीं है वरना यहाँ
आपकी दुआ से सब ठीक-ठाक है
हाल-चाल ठीक-ठाक है...

मुकेश - किशोर कुमार / **सलिल चौधरी** / 1971

कैसी-कैसी राम मिलाये जोड़ी

जस्ट मैरिड

ओ... किसने ये बाँधी डोरी
देखा ना सोचा ना माँगा झोली में आन पड़ी
देखा ना सोचा ना माँगा डोली में आन चढ़ी

ना तो ढूँढ़ा है, ना तो पाया है
ना तो खोया था, ना बुलाया है
फिर किसने बाँधी ये डोरी
हे...कैसी-कैसी राम मिलाये जोड़ी...

अरे देखा ना सोचा ना...

अरे ताँबे जैसी होगी कोई लाली
या गेहूँ जैसी गोरी
और काग़ज़ जैसी कोरी
दिलाना
बात करे तो फूल झड़ें
कि फूल नहीं तो मोती
और मोती एक कटोरी
रोज़ाना

घोड़ी पे चाहे ना आए
ख़्वाबों का रेशम उड़ाए
ऐसा कहीं से बुलाए मुझे
तो मैं आँखों में रखूँ उसे

हे... किसी ने ये निंदिया तोड़ी
हो... कैसी-कैसी राम मिलाए जोड़ी
अरे देखा ना सोचा ना...

हाथों की रेखाएँ चलते-चलते
ये कैसी मुड़ जाती हैं
पैरों से जुड़ जाती हैं
सपनों में घरों में मेरे अपनों में
और चैन की नींदें ऐंवीं आँखों से उड़ जाती हैं

माँगा नहीं हूर होती
हल्का सा तो नूर होती
चाहे चिराग़ों की वो रोशनी हो
या हो वो सितारा कोई
हो... किसने ये बाँधी डोरी
हे... कैसी-कैसी राम
हो... कैसी-कैसी राम मिलाये जोड़ी
अरे देखा ना...

सुखविन्दर सिंह - शान - सुनिधि चौहान / **प्रीतम** / 2007

डार्लिंग

सात ख़ून माफ़

डार्लिंग
आँखों से आँखें चार करने दो...
रोको ना रोको ना मुझको प्यार करने दो...
बेकैफ़ हैं बहाराँ बेचैन जान-ए-याराँ
बुलबुलों को अभी इन्तज़ार करने दो
डार्लिंग, आँखों से...

डार्लिंग, सॉरी तुझे संडे के दिन ज़हमत हुई
डार्लिंग, मिलना तेरा फज़्ले-खुदा रहमत हुई
डार्लिंग, सॉरी तुझे आते हुए ज़हमत हुई
डार्लिंग, मिलना तेरा फज़्ले ख़ुदा रहमत हुई, रहमत हुई
हे डार्लिंग,
ख़ादिम को दिल पर तो इख़्तियार करने दो
डार्लिंग, आँखों से...

डार्लिंग, छोड़ो ज़रा शरमाने का ये क़ायदा
हे, डार्लिंग, हैरत भी है ग़ैरत भी है क्या फ़ायदा
डार्लिंग, छोड़ो ज़रा शरमाने का ये क़ायदा
हे, डार्लिंग, हैरत भी है ग़ैरत भी है क्या फ़ायदा, क्या फ़ायदा
डार्लिंग,
पब्लिक में सनसनी एक बार करने दो
डार्लिंग, आँखों से...

उषा उत्थुप - रेखा भारद्वाज / **विशाल भारद्वाज** / 2011

दूसरी डार्लिंग

सात ख़ून माफ़

मीलों चल के, मीलों से आया
रूस का कोई पुश्किन है
मेरी ख़ातिर मॉस्को छोड़ा
इश्क़ में ये भी मुमकिन है

डार्लिंग, आँखों से आँखें चार करने दो...
रोको ना रोको ना मुझको प्यार करने दो...
बेकैफ़ है बहाराँ, बेचैन जान-ए-याराँ
बुलबुलों को अभी इन्तज़ार करने दो
डार्लिंग, आँखों से...

कोहरे वाली एक पहाड़ी
जिसमें परियाँ रहती थीं
ख़ायबर-पार मिलेगी तुझको
सारी परियाँ कहती थीं

डार्लिंग, ख़ादिम हूँ शहज़ादी को तैयार करने दो
बेक़रार बेक़रार है क़रार करने दो
दिल-ए-यार, दिल-ए-यार, इख़्तियार करने दो
डार्लिंग आँखों से आँखें चार करने दो
बेकैफ़ हैं बहाराँ, बेचैन जान-ए-याराँ
बुलबुलों को अभी इन्तज़ार करने दो
डार्लिंग, आँखों से...

उषा उत्थुप-रेखा भारद्वाज-क्लिंटन सेरेजो-फ्रैंक्वायज़ कैस्टेलिना/ **विशाल भारद्वाज** / 2011

बन्दोबस्त है, ज़बरदस्त है

हू-तू-तू

बन्दोबस्त है, ज़बरदस्त है...
ख़ून की ख़ुशबू...बड़ी बदमस्त है
हमारा हुक्मराँ अरे कमबख़्त है
बन्दोबस्त है, ज़बरदस्त है
बन्दोबस्त है, बन्दोबस्त है
ख़ून की ख़ुशबू...बड़ी बदमस्त है...
हमारा हुक्मराँ अरे कमबख़्त है...

समय बराबर कर देता है समय के हाथ में आरी है
वक़्त से पंजा मत लेना, वक़्त का पंजा भारी है...
सींग हवा के
ना पकड़ो
आँधी है ये
ना पकड़ो
जड़ों के टाँके कट जाएँगे
काल-कुल्हाड़ी ना पकड़ो
काल की, अरे काल की लाठी बड़ी ही सख़्त है
बन्दोबस्त है
हमारा हुक्मराँ... अरे कमबख़्त है
हे हे हे

जो मिट्टी में उगते हैं उनको दफ़ना के क्या होगा
जो नंगे तन जीते हैं उनको कफ़ना के क्या होगा
दफ़्न करो ना भट्टी में

जड़ें हैं अपनी मिट्टी में
मिट्टी में दिल बोए हैं
हम उगते हैं मिट्टी में
कोख की, अरे कोख की मुट्ठी बड़ी ही सख़्त है
बन्दोबस्त है, ज़बरदस्त है
बन्दोबस्त है...
ख़ून की ख़ुशबू
बड़ी बदमस्त है
हमारा हुक्मराँ
अरे कमबख़्त है...

रूप कुमार राठौड़ / **विशाल भारद्वाज** / 1999

भला बुरा, बुरा भला है

अक्स

भला बुरा, बुरा भला है
खोटे पर सब खरा पला है।

झूठ सच का क्या पता है
एक ग़म एक बड़ी बला है

चाल-ढाल सब एक जैसी
सारा कुछ ही नपा तुला है

सच के सर जब धुआँ उठे तो
झूठ आग में जला हुआ है

भला बुरा, बुरा भला है
खोटे पर सब खरा पला है।

काला है तो काला होगा
मौत का ही मसाला होगा

चूना कत्था ज़िन्दगी तो
सुपारी जैसा छाला होगा

पाप ने जना नहीं तो
पापियों ने पाला होगा

थूक से निगल गया था
भूख से निकाला होगा

वो जो अब कहीं नहीं है
उस पे भी तो यक़ीं नहीं है

रहता है जो फ़लक-वलक पे
उस का घर भी ज़मीं नहीं हैं

अक़्ल का ख़याल है अगर वो
शक्ल से भी हसीं नहीं है

पहले हर जगह पे था वो
सुना है अब वो कहीं नहीं है

भला बुरा, बुरा भला है
खोटे पर सब खरा पला है...

अमिताभ बच्चन / **अनु मलिक** / 2001

घपला है भई

हू-तू-तू

केम भाऊ, तबियत-पाणी केम छे
केम छे मत बोलो भाई, स्कैम छे स्कैम छे
हर बात में स्कैम, हर बात में घपला
कलियुग आए तो लिखा है
नहीं लिखा तो लिख दो...
पूजा में भी कम-से-कम एक आँख तो खुली रखो!

घपला है भई
घपला है...हो
घपला है, घपला है, घपला है जी घपला...
हे अग बाई घपला है, घपला है जी घपला...

छोड़ गजापत पकड़ पूँछ का, घपला है
साधु-सन्त की दाढ़ी-मूँछ का, घपला है
आटे में घपला है, बाटे में घपला है...या
घपला है...

जी रे जी रे जी रे जी रे...
आटे में घपला जी बाटे में घपला
जी रे जी रे जी रे जी
रेल में घपला जी तेल में घपला
जी रे जी रे जी रे जी
आटे में घपला जी बाटे में घपला
रेल में घपला जी तेल में घपला...

एल.आई.सी. में बैंक में घपला...
जीप में घपला, टैंक में घपला...
जी रे...जी रे...जी रे जी रे
फ़ौज़ों के बूटों से लेकर बन्दूकों में, घपला है
तीन करोड़ के नोट-भरे इन सन्दूकों में, घपला है
अरे हे...
पौडर, फौडर, भाई दमोदर, घपला है
भाई भतीजा, पर्मिट आर्डर, घपला है
काले में घपला, हवाले में घपला...है
हे अग बाई घपला है, घपला है जी घपला...
जी रे जी रे जी रे जी...

हूँ... दुकानें बेचीं तो बिक गए साथ गवर्नर
गाय-भैंस का चारा खा गए यार मिनिस्टर...
अदल-बदल, दल बदल-बदलकर लड़ते हैं
हू तू तू तू, हू तू तू तू...हू तू तू तू...तू...
अरे हाथ कहीं और पाँव कहीं पर पड़ते हैं
हू तू तू तू, हू तू तू तू...हू तू तू तू...तू...
अदल-बदल, दल बदल-बदलकर बदल-बदलकर लड़ते हैं
अरे हाथ कहीं और पाँव कहीं पर पड़ते हैं
अरे हे हे...हो
डॉलर-वोलर, भाई दमोदर, घपला है
सारा सोच के देख सरासर घपला है
अर्ज़ी में घपला है, मर्ज़ी में घपला
आई गो...

घपला है घपला है...

हे अग बाई घपला है, घपला है, जी घपला
घपला है भई घपला है भई घपला है भई
देवा रे... ए...ओ...ओ
लोग बेचारे तिन-तिन तारे
तिन-तिन तारे लोग बेचारे...
तिल-तिल मरनेवाले, तिल-तिल तरने वाले
कीड़ों और मकोड़ों जैसे, लोग बेचारे...
तिन-तिन तारे...
तिन-तिन तारे हे हे...

घिसते-घिसते फट जाते हैं
जूतों जैसे लोग बेचारे
तिन-तिन तारे लोग बेचारे...
पैरों में पहने जाते हैं, जलसे और जूलूसों में
संगीनों से सिले सिपाही, वर्दी के मलबूसों में
गोली से जो फट जाते हैं
चीथड़ों जैसे फेंक दिए जाते हैं सारे...
तिन-तिन तारे...
तिन-तिन तारे लोग बेचारे...
तिन-तिन तारे...

रूप कुमार राठौड़ - नाना पाटेकर की आवाज़ / **विशाल भारद्वाज** / 1999

गोलमाल है भई सब गोलमाल है

गोलमाल

गोलमाल है भई सब गोलमाल है...
सीधे रस्ते की हर टेढ़ी चाल है...गोलमाल है भई सब गोलमाल है ये
गोलमाल...

भूख रोटी की हो तो, पैसा कमाइए
पैसा कमाने के लिए भी पैसा चाहिए
माँगे से ना मिले तो पसीना बहाइए
बहता है जब पसीना तो रूमाल चाहिए
ओ गोलमाल है भई...

रूमाल बन गया भी गर कमीज़ फाड़कर
कमीज़ के लिए भी तो फिर कपड़ा चाहिए
अरे कपड़ा किसी ने दान ही में दे दिया चलो
दर्ज़ी के पास जा के वो पहले सिलाइए
ओ गोलमाल है भई..

बिन सिली कमीज़ पे तो कुछ नहीं लिया
सिली हुई कमीज़ पे सिलाई चाहिए
सिलाई देने के लिए फिर पैसा चाहिए
पैसा कमाने के लिए फिर पैसा चाहिए

ओ, गोलमाल है भई सब गोलमाल है...गोलमाल गोलमाल...
गोलमाल है भई सब गोलमाल है
सीधे रस्ते की ये टेढ़ी चाल है...गोलमाल है सब गोलमाल है...
गोलमाल!

आर. डी. बर्मन - सपन चक्रबर्ती / **आर. डी. बर्मन** / 1978

आख़िर में

यों तो यह किताब फिल्मों के लिए लिखे गये गुलज़ार साहब के गीतों का एक पुनरावलोकन है। पर इस क्रम में उनके गानों को अक्सर बार-बार सुना– कभी आनंद के लिए, कभी सही लफ़्ज़ों को पकड़ने के लिए, कभी लफ़्ज़ों के सही मानी समझने के लिए। कभी-कभी संगीत या साउन्ड-ट्रैक के हावी होने पर एक-आध लफ़्ज़ या तो छिपे रह जाते थे या अस्पष्ट, और ऐसे में मानी खो जाने की आशंका बनी रहती थी। जहाँ संभव हुआ वहाँ ख़ुद कोशिश कर गीतों की मूल पंक्तियाँ तय कर पाया। इस पूरी प्रक्रिया में अक्सर पत्नी शम्पा, बेटी अन्विता और बेटे अनन्य से मदद ली और कई दोस्तों से भी। और फिर ख़ुद गुलज़ार साहब से कई मौक़ों पर वक़्त लेकर– कभी फोन से, कभी रू-ब-रू– अपने संशय दूर करता रहा।

उनका वक़्त क़ीमती है और उनके गानों के लफ़्ज़ और मानी बेशक़ीमत। वक़्त मिलता रहा– कुछ मुझपर स्नेह और कुछ लिखे से लगाव की वजह से। उनका शुक्रगुज़ार हूँ– हमें ऐसे ख़ूबसूरत गाने देने के लिए और मुझे वक़्त देने के लिए।

इस तज्वीज़ में फिल्मी गानों के बारे में कुछ ख़याल आते रहे। और बिना विस्तार में जाए, यहाँ इतना कहना मौज़ूँ होगा कि सुर, संगीत, शब्द और गायकी– इन सारी विधाओं का यह एक ऐसा संगम है कि एक के बिना दूसरा या तो कमतर हो जाता है या एकांगी। अक्सर एक से दूसरे की, दूसरे से तीसरे की चमक बढ़ती है या कभी-कभी कुछ ऐसे प्रयोग भी हो जाते हैं कि बात नहीं बनती। कोई एक जितना चाहिए उससे कम रह जाता है या फिर कभी अनुपात से ज़्यादा भी। फिर जो अंतिम लक्ष्य है कि फिल्म दर्शकों तक पहुँचे और गाने दिलों तक, वह फिल्म की सफलता-असफलता की वजह से भी तय होता है और कभी-कभी जो चाहिए वो हासिल नहीं होता। उदाहरण के लिए पिछले दशक में बनी दो फिल्मों का नाम लेना मौज़ूँ होगा, जो उतनी नहीं चलीं–'नो स्मोकिंग' और 'झूम-बराबम-झूम', पर मेरे ख़याल में इन दोनों फिल्मों के गीतों में गुलज़ार

साहब की शायरी एक अद्‌भुत ऊँचाई पर है। शायद हर रचना की अपनी क़िस्मत होती है। वरना 'लिबास' जैसी ख़ूबसूरत फिल्म सबको देखने को मिलती (ये तो अच्छा है कि इसके गाने हमें सुनने को मिल पाए)। ख़ैर! इन सबका संपूर्ण विवेचन एक अलग तरह की साधना और सामर्थ्य की माँग करता है। इसलिए सिर्फ संदर्भ के उद्देश्य से हर गीत के पन्ने पर उसके गायकों, संगीतकारों और रचनाकाल का ज़िक्र भर है। मसलन, जब एक ही गाने को दो गायकों ने अलग-अलग गाया हो तो उसे यों इंगित किया गया है– "भूपिन्दर / लता मंगेशकर" और एक से ज़्यादा गायकों ने एक ही गाने में साथ गाया हो तो उसे दूसरी तरह से यों इंगित किया गया– "भूपिन्दर - लता मंगेशकर"। फिर संगीतकार का नाम है। और फिर रचनाकाल। पूरे प्रयास के बाद भी इसमें कोई चूक हुई हो तो मुझे वे गुणीजन माफ़ कर दें, जिनकी ये रचनाएँ हैं।

एक और बात। मुझे ऐसा लगता है कि गुलज़ार साहब की रचनाओं को सबसे ज्यादा विस्तार और रचनात्मक आज़ादी मिली– आर. डी. बर्मन, विशाल भारद्वाज, ए. आर. रहमान और शंकर-एहसान-लॉय के साथ। पर हम श्रोताओं/पाठकों का सौभाग्य है कि कोई पाँच दशक में उन्होंने न जाने कितने हुनरमंदों के साथ अपनी अनूठी क़लम को हमसफ़र बनाया। एस. डी. बर्मन, हेमन्त कुमार, सलिल चौधरी, मदन मोहन, वसन्त देसाई, कनु रॉय, जयदेव, पं. हृदयनाथ मंगेशकर, ख़य्याम जैसे स्वनामधन्य संगीतकारों के साथ-साथ कई पीढ़ियों के साथ वे जुड़े रहे। लक्ष्मीकान्त-प्यारेलाल, कल्याणजी-आनन्दजी, शंकर-जयकिशन, दान सिंह, राजेश रोशन, इलैयाराजा, भूपेन हजारिका, वनराज भाटिया, जगजीत सिंह, शारंग देव, जतिन-ललित, अनु मलिक, आनन्द-मिलिन्द, उत्तम सिंह, शान्तनु मोइत्रा, साजिद-वाजिद, एम. एम. क्रीम, प्रीतम आदि– संगीत के सफ़र में इन सबके साथ लफ़्ज़ों के कई-कई चाँद खिलते रहे और ये पड़ाव गुलज़ार होते रहे। हम खुशनसीब हैं कि यह ख़ूबसूरत सफ़र जारी है।

एक और ख़याल का ज़िक्र करना ज़रूरी समझता हूँ। इस किताब में आलोचना का कोई शास्त्रीय मापदंड नहीं अपनाया गया। ये कोशिश नहीं की गयी कि बहुत अच्छे गानों पर तालियाँ बजाई जाएँ और कम अच्छे पर निर्ममता के साथ उनके लिखे को ख़ारिज कर दिया जाए। गुलज़ार साहब के गानों को समझने की जो एक कोशिश मन में चलती रहती है, उसी कोशिश को शब्द दिए

गए हैं। ज़ाहिर है इस प्रक्रिया में आलोचनात्मक टिप्पणियाँ कम मिलेंगी। दुहराते हुए यह कहना चाहूँगा कि फिल्मों के लिए लिखे गीतों में कविता-तत्त्व की मौज़ूदगी ही वह एकमात्र सूत्र है, जिसमें मैंने अपने ख़यालों को पिरोया है।

यहाँ यह भी याद करना होगा कि फिल्में कभी तो कल्पना को विस्तार देती हैं और कभी कविता को अपनी ऊँचाइयों से उतार एक ऐसे मुक़ाम पर ला खड़ा करती हैं, जहाँ संदर्भ और प्रसंग के तार तो जुड़ जाते हैं, पर कहीं कुछ खो भी सकता है– *"देखना मेरे सर से आसमाँ उड़ गया है, देखना आसमाँ के सिरे खुल गए हैं ज़मीं से"* में उड़ते-उड़ते फिल्म के धरातल पर आकर उसके किरदारों की ज़ुबान में आख़िर में कहना होता है *"बंटी की बबली और बबली का बंटी, बंटी की बबली हुई"*। इसलिए फिल्मी गीतों का यदि कोई आलोचना शास्त्र हो तो भी वह कविता की आलोचना से अलग तो होगा ही। इसलिए मैंने यही बेहतर समझा कि इस किताब को दिल से लिखा जाए– भेजा वैसे भी शोर करता है– और ना-ना करते भी गुलज़ार साहब के सैकड़ों गानों में से कोई ढाई सौ गाने दिल के आस-पास इकट्ठे हो गए। मन मारकर इनमें से पचास-पचपन गाने कम किए, पर और ज़्यादा कम करना गवारा नहीं हुआ। कितना चलना है और कहाँ रुकना है– यह तय करना आसान नहीं था। जो गाने छूट गए हैं, उन गानों और उनके प्रशंसकों से माफ़ी चाहता हूँ। और जो गाने शामिल हुए, उनमें ग़लतियाँ न हों– इसकी ईमानदार कोशिश की है। फिर भी यदि कहीं चूक हुई हो तो क्या करे ज़िन्दगी!

हिन्दी के प्रतिष्ठित कवि केदारनाथ सिंह ने एक बार यों ही बातचीत के क्रम में कहा था कि कविता तर्क की परिणति (Q.E.D. यानी *quod erat demonstrandum*) की तरह नहीं होनी चाहिए। यानी कुछ ऐसा अनकहा भी हो जो बस छू कर निकल जाए। गुलज़ार के गीतों में ऐसा अक्सर पाया है मैंने। मेरा यह प्रयास बस कहे को अपने संदर्भ में और स्पष्ट करना और अनकहे की छुअन को महसूस करने की एक उत्सुक चेष्टा है। अक्सर ऐसा लगा *"राज़ खुलता ही नहीं कोई तो चाबी लगे"*– जो चाबी मैंने बनायी, वह आपको सौंपता हूँ, राज़ खुलें तो बताइएगा!

आभार

सबसे पहले उसका शुक्रगुज़ार हूँ, जो इस काइनात के साथ-साथ ख़यालों की दुनिया का भी स्रष्टा है। फिर उनका जो इस किताब के लिखे जाने के सफ़र में साथ रहे– कभी हौसलाअफ़ज़ाई करते हुए और कभी बेबाकी से सलाह देते हुए। सुरेश ऋतुपर्ण, प्रियदर्शन, विनोद विपुल, आलोक मोहन, शिव चौधरी, ललित दर, हरीशचंद्र शर्मा, धनंजय सिंह, पवन झा और मुझे हिन्दी का संस्कार देने वाले प्रोफ़ेसर जगदीश नारायण चौबे जानते हैं कि मैं इस किताब को लेकर कितना बेचैन रहा। चित्तरंजन न सिर्फ़ छोटे भाई हैं, बल्कि अक्सर साहित्यिक यात्राओं के दोस्त भी।

अशोक भौमिक प्रतिष्ठित चित्रकार और लेखक हैं। किताब को सजाने के लिए न सिर्फ़ उन्होंने अपना वक़्त निकाला, अपने चित्रों से इस किताब के मिज़ाज को और विस्तार दिया। उनकी 'हाँ' के लिए विशेष आभार।

अरुण माहेश्वरी न सिर्फ़ 'वाणी प्रकाशन' से महत्त्वपूर्ण किताबें छापते हैं, बल्कि साहित्य की समझ और प्रोडक्शन का सलीक़ा भी दीखता है उनमें। और अब उनकी बेटी अदिती 'वाणी' की नयी ऊर्जा में शामिल हैं। दोनों का आभार।

और शम्पा! वो ख़ुद भी गुलज़ार साहब की प्रशंसक है। शायद इसलिए भी उसने मुझे सँभाले रखा कि मैं थक कर कहीं यह काम अधूरा न छोड़ दूँ। वैसे भी उसने मेरे घर की चाबियाँ बख़ूबी उड़स रखी हैं। मेरे हर लेखन की वह पहली श्रोता और अनौपचारिक आलोचक भी है। काफ़ी कुछ सँवारा है उसने मेरा।

और गुलज़ार साहब, आपको क्या कहूँ! आपने मेरी जामातलाशी में 'एक बूँद चाँद' मिलने पर मुझे उम्र-क़ैद की सज़ा देकर बड़ी मेहरबानी की। शुक्रिया!

विनोद खेतान

फिल्म/अलबम (वर्णक्रम में) और संचयित गीत

संचयित गीत (वर्णक्रम में)

❑❑